미디어 발명의 사회사

미디어 발명의 사회사

2019년 3월 5일 초판 1쇄 펴냄

펴낸곳 도서출판 **삼인**

지은이 김평호
펴낸이 신길순

등록 1996.9.16 제25100-2012-000046호
주소 03716 서울시 서대문구 연희로 5길 82(연희동 2층)

전화 (02) 322-1845
팩스 (02) 322-1846
전자우편 saminbooks@naver.com

디자인 디자인 지폴리
인쇄 수이북스
제책 은정제책

©2019, 김평호
ISBN 978-89-6436-156-6 93000

값 18,000원

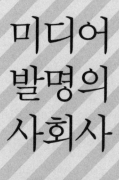

미디어
발명의
사회사

김평호 지음

삼인

1.

　우리는 스마트폰과 함께 일어나고 스마트폰과 함께 잠든다. 오늘날 스마트폰은 이미 우리 몸의 일부이다. 이런 풍경을 담기에 '미디어 사회'라는 말은 너무 식상해졌다. '무한 미디어', '미디어 과잉'이라는 표현도 새로운 느낌을 주지 못한다. 전문용어로는 '미디어화(mediatization)'라 부르기도 하지만, 그 역시 우리가 직접 체험하고 목격하는 오늘날의 미디어 환경을 생생하게 묘사하는 말로 들리지 않는다. 적합한 용어를 찾기 어려울 만큼 개인적 차원에서든, 사회적 차원에서든 거의 모든 것은 이제 미디어화되었다. 또 4차 산업혁명이 상징하는 다가올 미래사회 역시도 핵심에는 디지털 미디어와 IT가 있다. 도대체 이러한 미디어 환경은 어떤 과정을 거쳐 만들어진 것인가? 앞으로 미디어 환경과 미디어 기기는 어떻게 달라질 것인가? 누가 변동의 주역이며, 그 배경에는 어떤 사회적, 정치적, 경제적 힘들이 작용하고 있는가? 우리는 미디어와 어떤 관계를 맺고 있는가?

　이런 질문들을 통해 미디어를 제대로 이해하는 것은 이제 누구에게나 중요한 과제가 되었다. 소비자로 만족한다면 능수능란한 미디어 사용으로 충분할지 모르나, 미디어 변동의 사회와 시대를 살아가는 주체로 그것은 절반에 불과한 자세이다. 오늘날은 물론 다가올 디지털 시대와 환경은 모두에게 미디어에 대한 좀 더 진전된 이해를 요구한다. 그 물음에 답하는 경로로 이 책은 미디어의 역사, 그리고 각 미디어와 연관된 기술과 과학에 눈을 돌리고자 한다.

저 먼 고대의 문자로부터 오늘날의 스마트폰에 이르기까지 각각의 미디어가 등장하고 발전한 역사를 해당 미디어와 연관된 기술과 과학의 원리와 발전 과정, 시대와 사회적 배경을 연결해 설명하는 것이 책의 주요 내용이다. 여기서 다루는 미디어의 시간적, 공간적 배경은 서양 세계이다. 동양에 미디어가 없었다는 뜻에서가 아니라, 오늘날 우리가 이해하는 형식과 내용과 성격의 미디어가 그곳에서 싹트고 성장하였다는 점을 감안한 것이다.

각종 미디어의 역사적 발전 과정과 함께 특히 미디어 관련 기술과 과학에 주목하는 이유는 미디어가 기본적으로 기술과 과학에 토대하여 만들어진 거대한 규모의 물리적 존재이기 때문이다. 특히 디지털 시대, 미디어는 IT와 본격적으로 접목되면서 더욱 복잡한 기술과 과학의 구성물로 진전되고 있다. 기술과 과학이 미래를 규정할 가장 중요한 요소가 되고 있는 지금, 그에 대한 일정 수준의 이해는 시대적 요청이기도 하다. 그런 뜻에서 이 책은 '미디어의 사회사'이며 동시에 '미디어 기술과 과학의 사회사'이기도 하다. 제목에 '발명'을 부가한 이유도 두 주제를 함께 묶는 용어로 가장 적절하다고 생각했기 때문이다.

책은 문자 이전, 선사시대의 기호에 대한 이야기로 출발한다. 이어서 등장한 주요 미디어들을 연대기적 순서에 따라 살펴보고, 마지막 결론은 두 가지 이야기로 마무리하였다. 하나는 미디어의 미래 환경 변화에 대한 전망, 또 하나는 미디어와 IT 분야에서 타의 추종을 불허하는 미국의 지적 패권에 대한 관찰과 분석을 담았다. 선사시대의 기호는 유적으로 남은 최초의 미디어라는 점에서 책을 여는 이야기로 삼았고, 미래에 대한 이야기는 역사를 성찰하는 기본적인 까닭이 현재를 이해하고 미래를 준비하는 것이라는 점에서 짚어본 것이다. 그리고 미국의 힘에 대한 이야기를 담은 이유는 전신에서부터 시작해 전기전자 기술에 기초한 미디어가 오늘날 스마트폰에 이르기까지 거의 예외 없이 미국에서 등장하고 성장했으며 꽃을 피웠기 때문이다. 그리고 오늘날의 핵심 기술과 과학의 영역인 디지털 IT 분야 역시 미국의 패권이 압도적인 점에 주목, 그 배경에 대한 물음이 반드시 필요하다는 생각 때문이다. 이 책이 담고자 하는 미디어 발명의 사회사, 미디어 기술의 사회사는 이처럼 각각의 미디어에 대한 미시적, 거시적 차원의 이해를 모두 포괄한다. 곧 이들 미디어가 등장하고 발전해온 시대와 사회의 배경을 파악하는 것, 그리고 이들을 구성하고 있는 소프트웨어와 하드웨어의 내용과 구조적 성격, 그리고 기술과학적 원리를 포함한다.

성격상 이 책은 우선 미디어, 커뮤니케이션 분야를 전공하는 대학(원)생들을 기본 독자로 상정한 입문서 성격의 교재이다. 필자가 지난 10여년 진행해온 '미디어 테크놀로지의 이해'라는 수업 자료들을 기초로 주요한 미디어의 등장과 발전 역사, 당대의 사회적 배경, 연관된 기술과 과학, 그리고 주요한 인물들을 종합적으로 정리한 것이다. 한편, 이 책은 미디어와 연관된 과학과 기술의 역사를 담고 있으며 또 미디어의 차원에서 서양과, 나아가 세계의 역사를 담고 있다는 점에서 과학기술과 역사에 관심 있는 일반 독자들, 또한 미디어 사회인 오늘날의 요구에 부합하는 교양서의 성격도 품고 있다.

사실 미디어를 다룬 책은 차고도 넘친다. 커뮤니케이션의 관점에서 미디어 역사에 접근해 커뮤니케이션 과정과 틀의 차이와 변화, 형식과 내용, 개인적 사회적 효과 등을 다룬다거나, 개별적으로 하나의 미디어를 선정, 그것의 등장과 기술의 문제, 발전 과정 등을 짚은 연구들이 적지 않다. 그러나 각종 미디어의 역사적 발전 과정을 한데 묶어 기술과 과학의 측면 전반적으로 짚어본 책은 희소하다. 한편, 미디어와 연관된 전기, 전자, 통신, 컴퓨터 공학 분야의 전문 저술은 헤아릴 수 없이 많지만, 비전공자들에게 그것은 너무나 먼 외국어이며, 사회적 배경과 접목시켜 관련 기술과 과학을 전체적으로 설명한 책은 사실상 없다고 해도 과언이 아니다. 문과와 이과의 구분이 사라지고, 인문학과 과학, 사회과학과 기술 등의 통섭·융합·복합적 관점의 중요성이 특히 강조되는 오늘날 이는 문제적 상황이 아닐 수 없다.

이에 주목하여 이 책에서는 문자부터 스마트폰에 이르기까지 각 미디어의 발전 과정, 그리고 이들 미디어와 연관된 기술과학의 이야기를 당대의 사회적 배경과 함께 엮어 서술하였다. 이 책을 미디어 사회사인 동시에 미디어 기술과 과학의 사회사라고 한 이유는 그 때문이다. 책의 주제를 좀 더 구체적인 질문형식으로 풀어쓰면, 1.어떤 계기와 맥락에서 누구에 의해 시작된 것일까? 2.이들 미디어들은 어떤 기술, 또는 과학적 원리에 기초하고 있으며 이 기술들의 바탕에는 어떤 과학 지식이 자리하고 있는가? 3.이들 각각의 미디어들이 등장하고 발전·확산된 시대의 사회적, 정치적, 경제적 배경은 무엇일까? 등이다.

그런 질문을 염두에 두고 책은 각각의 미디어가 등장하고 확산되는 당대의 사회, 정치, 경제, 나아가 문화적 배경과 함께, 물리적 실체를 가진 기술적 도구 또는 기술 시스템으로서 미디어가 기초하고 있는 공학적, 과학적 토대를 하나의 줄기로 엮어본 것이다. 따라서 이 책에는 사회와 역사라는 인문학적인 요소와, 기술과 과학이라는 자연과학적 요소가 융합되어 있다. 여기에는 또 미디어를 바라보는 우리의 시야가 이민큼 넓어져야 한다는 뜻도 담겨 있다.

2.

미디어란 무엇일까? 복잡한 논의에서 잠깐 벗어나 상식적으로 말하면 미디어는 소통의 채널이다. '누구와 어떤 방식으로 무엇을 어떻게 말하거나 듣는, 또는 전달하거나 수신하는 것'을 소통, 커뮤니케이션이라 한다면 미디어는 이런 커뮤니케이션이 이루어지는 경로, 기기, 수단, 도구, 체계, 최근의 전문적인 용어를 쓰자면 '플랫폼'을 지칭한다. 이렇게 생각하면 한없이 간명한 것임에도 미디어를 이해하는 것은 매우 복잡한 일에 속한다. 왜 그럴까?

그것은 무엇보다 미디어라는 경로, 기기, 수단, 도구, 플랫폼이 때로는 점진적으로, 때로는 매우 빠르게 변하고 그에 따라 소통의 방식, 내용 등이 복잡다기하게 달라지기 때문이다. 여기에 또 미디어와 관련된 법과 제도, 정책 등 정부와 관련된 부분, 미디어를 활용할 기술과 기반 시설을 제공하는 서비스 기업, 각종 콘텐츠를 만들고 제공하는 기업, 미디어 기기와 그 기기를 만드는 기업, 미디어를 이용하는 수용자 혹은 이용자 등의 영역이 서로 겹치거나 독자적으로 작동하기 때문이다. 달리 말하면 미디어 환경을 구성하는 각 부분들이 서로 복잡하게 얽혀있는 것이다. 나아가 국가별로 다를 수밖에 없는 미디어 환경 속에서, 국제적인 차원으로 진행되는 상호 교환, 거래, 교통, 교역은 더더욱 난해한 문제를 야기한다. 여기에 오늘날 우리가 목격하고 경험하는 미디어 과잉의 시대를 접목해본다면 난해함의 정도는 더욱 증가한다. 미디어를 이해한다는 것은 이 많은 부분을 이해한다는 뜻이기 때문에 다소 복잡한 일이다.

사실 이 많고 복잡한 부분을 빠짐없이 제대로 이해한다는 것은 불가능한 일에 속한다. 특히 디지털 시대, 미디어의 범위와 종류도 넓고 다양할 뿐 아니라 오늘날처럼 관련 기술과 과학이 크고 신속하게 변하는 상황에서 모든 부분을 일일이 추적할 수는 없다. 때문에 미디어 전문가들도 각 부분의 전문가일 뿐 미디어의 모든 분야에 통달할 수는 없는 실정이다. 그렇기 때문에 특정한 부분이나 영역 또는 주제에 초점을 두고 특정한 방식으로, 특정한 관점에서 접근하게 된다.

이 같은 영역별 분절화, 전문화 현상은 오히려 미디어 전반을 통괄하는 거시적이고 입체적인 이해를 요구하며 그러한 이해가 대학에서는 물론 미디어 현장에서도 매우 요긴한 과제가 되고 있다. 뿐만 아니라 일취월장하는 디지털 기술에 의해 재편성, 재조직화되고 있는 오늘날의 사회에서 미디어에 대한 포괄적인 이해는 누구에게나 필수적이다. 이런 뜻에서 '미디어 발명의 사회사'는 융합적 시각에서 각종 미디어의 등장과 확산, 관련 기술과 과학 발전의 역사를 종단하고 당대의 사회를 횡단해 보려는 시도이다. 이 같은 연구 작업의 취지를 이해하고 책의 저술 작업에 지원을 아끼지 않은 방송문화진흥회에 이 자리를 빌려 감사를 표한다. 그리고 책을 마무리 하는 동안 미리 원고를 읽고 격려와 조언, 지적과 비판을 아끼지 않은 단국대학교 커뮤니케이션 학부 김종무 교수, 대학원생 이도율, 그리고 후배 박채은과 이진순에게 고맙다는 말을 전한다. 이들의 도움으로 책이 더욱 알차게 채워질 수 있었다.

2019년 봄 김평호

목차

1장

미디어, 기술, 역사
그리고 사회

1964년. M. 맥루한은[1] 그의 책 『미디어의 이해(Understanding Media)』에서 이렇게 말했다. '전자 미디어와 책이 부딪치고 있는 지금, 책과 함께 살아온 우리들은 그 앞에서 무엇을 보아야 하는지, 무엇을 말해야 하고 들어야 하는지, 어쩔 줄 몰라 하고 있다.' 당시 그가 지칭한 전자 미디어는 텔레비전이었다. 텔레비전뿐 아니라 모바일을 필두로 미디어 과잉과 무한 질주의 양상을 보이고 있는 오늘날, 미디어에 묶인 채 우왕좌왕하고 있는 우리의 모습은 맥루한이 바라보았던 60년대의 상황과 얼마나 다른지 묻게 된다.

미디어의 문제를 인간 존재 방식의 문제와 연결해서 바라보았던 맥루한의 생각은 사회가 미디어의 사회로, 사람들의 일상이 미디어에 의해 좌우되는 일상으로, 매우 빠르고 강하게 바뀌고 있는 오늘날 더욱 실감나는 문제의식이다. 그 책의 부제가 '인간의 확장(Extensions of man)'

---

1 그의 이름은 '매클루언'이라고 발음한다. 그러나 여기서는 우리 사회에 이미 널리 알려진 대로 '맥루한'이라고 표기한다.

이었던 것도 그런 연유에서였을 것이다. 이 같은 문제의식을 좀 더 확대하면 미디어를 이해한다는 것은 인간을 이해한다는 의미를 포함하는 것은 물론, 사회와 세계를 이해하는 하나의 경로라는 뜻도 담고 있다.

미디어란 무엇일까? '매개자, 중간자, 연결자'라는 용어의 뜻이 말해주듯 간명하게 정의하면 미디어는 소통의 채널이다. 커뮤니케이션이 이루어지는 경로, 기기, 수단, 도구, 체계 등을 지칭한다. 정의는 쉽게 이해된다. 그러나 미디어를 이해한다는 것은 매우 복잡한 일이다. 그 이유 중 하나는 위에서 언급했듯 그것이 인간의 이해, 사회와 세계의 이해라는 자못 난해한 주제와 연결되어 있기 때문이다. 사회문화적 관점에서, 또 정치적, 경제적 관점에서 미디어를 설명하는 것이 가장 일반화된 이유도 바로 그러한 맥락 때문이다.

그러나 미디어를 어떠한 성격의 존재로 바라보든 매우 분명한 사실 중 하나는 그것이 엄청난 물리적 규모를 가진 기술과 과학의 구현체라는 점이다. 예를 들어 우리 손 안의 이동전화는 작고 간편한 기기이지만 그것은 세계에서 가장 큰 기술체제이기도 하다. 시간과 거리를 막론하고 전 지구적 범위로 연결되어 있는 통신 시스템의 한 부분인 것이다. 다만 그것이 너무나 안락하게 우리 손 안에 있기 때문에 거대한 존재로 인식치 못할 따름이다. 방송에 대해서도 같은 이야기를 할 수 있다. 위성으로 연결되어 전 세계로 중계되는 프로그램을 실시간으로 수신할 수 있는 안방의 텔레비전 역시 지구적 범위로 연결되어 있는 거대한 물리적 기술체제의 일부이다.

물리적으로 그렇게 거대한 만큼 미디어는 매우 복잡하고 정교한 기술과 과학의 구조물이다. 미디어가 흔히 '사회기반시설(social infrastructure)', 또는 '사회간접자본(social overhead capital)'으로 불리고 그렇게 기능하는 이유도 바로 그 때문이다.[2] 따라서 미디어를 온전히 이해하기 위해서는 각종 미디어와 미디어를 기술적으로 뒷받침하는 시스템의 구조, 물리적 구조의 성격, 연관된 기술의 발전 과정과 원리, 그리고 이 기술체제가 등장하게 된 사회적, 시대적 배경에 대한 인식이 필수적이다.

그러나 미디어에 연관된 기술과 과학의 문제는 대체로 관련 전문가들의 영역으로 미뤄져 있거나, 간단하게 설명하고 넘어가는 정도로 다루어진다. 일반 독자들에게는 물론, 미디어를 전공하는 학생들에게조차 이 문제는 '블랙박스blackbox'처럼 취급된다. 블랙박스라는 용어는 보통 사용자들이 잘 모르거나 이해하기 힘든, 그러나 사용하는 데는 전혀 문제없는, 그렇기 때문에 알 필요가 없는 것처럼 취급되는 기계나 장비, 또는 부품이나 구성 요소를 지칭한다. 이렇듯 기술과 과학이 일상에서는 몰라도 무방한 것, 보통사람들의 생활에서 멀리 떨어진 전문가의 영역으로 취급되어 온 것은 어제 오늘의 일이 아니며 한국사회만의 문제도 아니다. 그러나 바로 이 때문에 기술과 기계문명의 힘은 가장 강력한 것이고, 기계문명에 대해 사람들이 느끼는 두려움 또는 그 반대의 경박한 태도는 이 같은 블랙박스 현상, 즉 사회적 무지에 기인하는 까닭이 크다.

기술과 과학의 이해

여기서 우리가 잘 알고 있다고 생각하는 질문을 던져보자. 흔히 기계 또

---

2 '기반 시설'과 '간접자본'은 실질적으로 같은 의미를 품고 있다. 기반 시설은 사회와 경제의 원활한 작동을 위해 필수적인 교통, 통신, 전력, 항만 나아가 공공병원, 학교 등을 포함한다. 한편 이들을 '사회자본(social capital)'이라고 부르기도 하는데 이유는 이 시설들이 특정 분야나 기업, 또는 개인을 위한 것이 아니라 사회 전체의 이익과 관련된 것이기 때문이다.

는 자연현상에 대한 이론적 설명 등으로 이해하는 기술과 과학은 정확히 무엇을 말하는 것일까? 또 이들을 이해한다는 것은 무슨 의미일까?

　기술은 영어로 technology, 과학은 science로 쓴다. 테크놀로지는 그리스어 tekhne와 logia의 합성어로 tekhne는 '기능, 재능, 방법, 체계' 등을, logia는 '이성, 논리, 규칙' 등을 뜻한다. 이에 따르면 테크놀로지의 뜻은 '어떤 업무를 수행하는 조직적 능력 또는 체제'이다. 특정한 기능을 가진 물리적 도구나 기기 등의 뜻도 당연히 포함되어 있지만 더 넓게 보면 지식을 갖추고 업무를 수행하는 조직화된 체계를 의미한다. 한편 기술과 불가분의 관계에 있는 과학, 즉 사이언스는 18세기 들어 널리 쓰이기 시작한 용어인데, '지식, 아는 것, 전문성' 등의 뜻을 품은 라틴어 sciens, scientis에서 기원한 용어로 '연구를 통해 획득한 지식'을 뜻한다. 흔히 과학은 이론, 기술은 이론의 실제적 응용으로 나누어 이해하지만 사실 그 둘은 분리하기 어렵다. 그러한 분리는 사고와 논의의 편의를 위한 것이다. 도구나 기기가 먼저 만들어지고 도구나 기기 작동과 관련된 이론이나 공식이 나중에 정리되는 경우도 있고, 그 반대의 경우도 있듯이 기술과 과학은 결국 많은 부분에서 교집합을 이룬다.

　그러나 기술과 과학의 중요성은 아무리 강조해도 지나치지 않다. 역사학자 H. 버터필드는 '종교개혁이나 르네상스는 과학 혁명에 비하면 중세사회 내부에서 일어난 작은 에피소드에 불과하다.'고 평가할 정도다. 약간 과장된 측면이 있지만 기술과 과학이 인류의 삶과 역사를 형성, 유지, 확대, 발전시켜 온 가장 중요한 동력 중 하나라는 사실은 누구나 인정할 것이다. 또 기술과 과학의 역사적 전환점은 인간 역사의 전환점이기도 하였다. 기술과 과학이 인류 역사의 흐름을 바꾼 사례는 무수히 많지만 두 가지 일화를 들어 이 문제를 생각해 보자. 첫째는 G. 갈릴레이[3]의 망원경, 둘째는 J. 왓트의 증기기관이다.

갈릴레이의 망원경

우리에게 너무나 잘 알려져 있는 갈릴레이(1564-1642)의 지동설은 근
대 천문학, 근대 물리학, 더 크게 말하면 근대 자연과학의 제 1장에 해당
되는 이야기이다. '지구는 그래도 돈다.'라는 말을 남긴 것으로 전해지면
서 갈릴레이가 마치 지구의 태양 공전을 발견한 것으로 알려지기도 했
지만, 그것은 그보다 90여 년 정도 앞선 선배 천문학자 코페르니쿠스
(1473-1543)의 관찰이었고, 갈릴레이의 가장 큰 업적은 1610년 유로파,
칼리스토 등 4개에 이르는 목성의 위성들을 발견한 것이다. 코페르니쿠
스는 대학시절부터 천문학에 관심을 가지고 꾸준히 공부했다. 16세기까
지 아리스토텔레스의 원형우주론과 프톨레마이어스의 복잡한 천체구
조론 같은 것이 당시의 정통 이론이었다. 그러나 실제와 이론이 다른 모
순점이 무수히 발견되었고, 이를 해결하는 과정에서 코페르니쿠스는 움
직이는 것은 태양이 아니라 지구라는 지동설을 발표하게 된다. 1543년
이었다.

이를 이어받은 갈릴레이는 천문 관측을 위해 100여개의 망원경을
만들었고, 그중에서 1610년 목성의 위성을 발견할 때 사용한 것은 길이
1미터, 원통 지름 대략 4센티미터 정도의 것이었다.(오른쪽 사진 참조) 이를
통해 지구의 움직임과 관계없는 천체운동을 관찰하고 발견함으로써, 즉
지구가 천체의 중심이 아닐 수도 있다는 코페르니쿠스의 우주론을 뒷받

---

3 우리에게 '갈릴레오'로 널리 알려져 있지만, 갈릴레오는 그의 이름이고 성은 '갈릴레이(Galilei)'이다. 서양 사
람을 성으로 부르는 우리 사회의 관행으로 보면 갈릴레오가 아니라 갈릴레이라 불러야 마땅할 것이다.

침하는 강력한 증거를 제시한 것이다.

지동설이 문제가 되는 것은 그것이 과학을 넘어 새로운 사상의 파도를 불러일으키는 것이었기 때문이다. 교회도 갈릴레이의 재판 이후 그의 천문학을 수학공식이라는 이름으로는 계속 연구하고 출판하도록 허락하였다. 물리학을 넘어 지동설의 사상적 핵심은 인간이 우주의 중심이 아니라는 것이었다. 하느님이 창조한 인간이 우주의 중심이 아니라 변방

갈릴레오 갈릴레이의 망원경

의 미미한 존재라는 것은 기독교 입장에서 도저히 인정하거나 받아들일 수 없는, 신을 모독하는 이단이었다. 신이 자신의 형상을 따라 창조한 인간을 세계의 중심이 아니라 주변의 존재로 만들 리는 없었던 것이다.[4] 따라서 지동설은 절대신에 기대어 지상의 정치경제적 권력과 천상의 정신적 권위를 독점하고 있던 교회의 근간을 무너뜨리는 매우 위태로운 주장이 아닐 수 없었다. 출전을 밝히지 않은 아쉬움이 있지만 위키 백과사전에 따르면 괴테는 갈릴레이가 대중화한 코페르니쿠스의 지동설, 즉 코페르니쿠스적 사고의 전환이 가지는 철학적 의미에 대해 이렇게 말했다고 한다. '지구는 이제 우주의 중심이라는 특권을 포기해야 했다. 인간은 전례 없는 위기에 직면하게 되었다. 낙원으로의 복귀, 종교에 대한 확신, 죄의 용서, 이런 것들은 이제 어떻게 되는가? 새로운 우주관을 받아

4　물론 이에 대한 이견도 있다. 단테의 『신곡』 등에서도 나오듯이 우주의 중심은 당시 기독교의 관점에서 오히려 배척받은 귀양지 또는 형벌의 장소로 여겨졌다는 것이다. 중심이 아니라 하늘에 가까운 위치를 더욱 중시했다는 뜻이다. 그러나 물리적 위치보다 정신적 위치라는 비유적 의미에서 본다면 그러한 이견은 흥미로운 관찰 정도라고 해야 할 것이다.

들인다는 것은 사상 유례가 없는 사고의 자유와 감성의 위대함을 일깨우는 일이었다.'

　이후의 이야기는 우리가 잘 알고 있는 사태의 연속이다. 1615년 교회는 지동설을 이단이라 규정하고, 1616년 갈릴레이를 종교재판에 회부했으며, 재판 결과 그는 종신 가택연금에 처해졌다. 생각해보면 이 모든 사태의 시작에는 그가 만든 망원경이 있다. 17세기 초 네덜란드에서 처음으로 만들어진 망원경과 그 망원경의 기능에 대한 소식은 매우 빠르게 유럽 전역으로 확산되었고, 갈릴레이가 활약하고 있던 이탈리아 베니스까지 전해졌다. 이미 물리학자로서 연구와 관찰을 지속하고 있던 그는 소식을 듣자 스스로 렌즈를 깎고 다듬어 자신의 망원경을 만들었다. 그리고 무엇보다 중요한 행동, 즉 망원경을 들어 하늘을 관찰하기 시작한 것이다. 그 전까지 망원경은 멀리 있는 물체를 보는 것이었지 하늘을 보는 것이 아니었다. 그의 관찰은 이전에 없던 새로운 하늘을 사람들에게 활짝 열어 보였다. 이제 하늘은 더 이상 이전의 하늘이 아니었다. 현재의 기준으로 보면 조악하고 원시적인 그 망원경 하나로 갈릴레이는 세상을 바꾸는 사상의 씨앗을 뿌린 셈이고, 그 첫걸음을 뗀 것이다. 종교적 세계관의 기초를 허물고 과학적 세계관을 여는 근대의 천문학, 새로운 우주관의 시작, 즉, 근대라는 거창한 시대 변화를 연 것은 망원경, 그리고 렌즈와 광학의 발전이었다.

왓트의 증기기관

갈릴레이의 망원경이 17세기를 대표하는 기술이라면 J. 왓트(1736-1819)의 증기기관은 18세기 산업혁명 전체를 상징하는 기술이다. 잘 알려져 있듯 18세기는 1차 산업혁명의 시대이고 증기기관은 산업혁명의 실체이자 동시에 상징이다. 증기기관은 지금까지 인간이 사용한 가축이나 수력 등 모든 종류의 동력원을 압도적으로 능가하는 새로운 힘의 원천이다. 같은 시간에 이전보다 몇십 배 분량의 재화를 만들어 내거나 엄청난 작업을 수행할 수 있는 폭발적인 생산력 증가가 가능해진 것이다. 1·2·3차, 그리고 최근 화두가 된 4차 산업혁명까지 포함하여 산업혁명의 핵심은 생산력의 혁명적 증가가 그 본질이다.

증기기관은 1712년 영국의 T. 뉴코멘이 처음 설계하고 제작하였다. 초등학교 자연시간에 배우듯 증기기관의 기본 원리는 물이 끓는 주전자와 그때 발생하는 (수)증기의 힘 때문에 들썩이는 뚜껑, 바로 그것이다. 뉴코멘의 증기기관은 그러한 원리를 기초로 설계되었다. 즉 물을 끓이는 보일러와 그 보일러의 수증기가 밀어 올리는 피스톤, 그리고 찬물을 부어 수증기를 식히면 내려오는 피스톤, 이렇게 만들어진 피스톤의 운동에너지를 필요한 작업에 적절하게 전달하는 것, 이것이 뉴코멘 증기기관의 작동 방식이었다. 문제는 비효율성이었다. 찬물을 분사하여 보일러, 즉 엔진룸 전체를 냉각하고 처음부터 다시 가열하는 방식이기 때문에 열 손실이 많고, 보일러를 처음부터 다시 가열해야 했기 때문에 다량의 연료를 소모하는 문제를 안고 있었다.

이를 개선한 것이 바로 1769년에 만들어진 왓트의 증기기관이었다. 개선의 핵심은 진공의 힘을 도입한 것이다. 뉴코멘 기관처럼 냉각수를 분사하여 실린더 내부의 증기를 식혀 없앤 다음 보일러를 다시 가열하는 방식이 아니라, 별도로 냉각수 탱크를 부착, 여기에 설치된 증기 콘덴서(우리말로는 응축기)와 진공펌프가 증기를 빨아들여 실린더 내부를 진공상태로 만듦으로써 외부 대기의 압력과 함께 진공의 힘이 피스톤을 강하게 끌어내리는 방식이었다.(다음 그림 참조) 콘덴서에서 증기를 처리

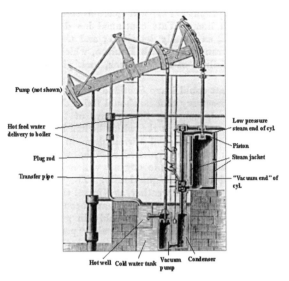

와트의 증기기관 도면. 아래쪽 중앙 부분이 냉각수 탱크

하기 때문에 보일러를 재가열할 필요가 없어 석탄 소모량도 훨씬 적을 뿐 아니라 엔진의 효율도 매우 높았다. 특히 진공의 원리를 효과적으로 활용했다는 점에서 와트의 증기기관은 '진공 증기기관'이라고 불러야 마땅할 것이다.

동력의 원천으로서 증기기관은 공장을 가동하고 재화를 생산하는 방식을 바꾸었고, 교통기관의 엔진으로(예: 증기선, 증기 기관차) 사용되면서 생산된 재화를 필요로 하는 시장에 빠르게 운반하고 유통할 수 있게 되었다. 1825년 영국의 G. 스티븐슨은 증기기관차를 발명하였고 이는 '철도'라는 육상교통 시스템의 본격적 시작을 의미한다. 이보다 앞서 1807년 미국의 R. 풀턴은 증기선을 만들었다. 증기기관은 이제 생산의 동력기계를 넘어 다양한 용도의 보편적 동력기계로 전환되었으며 이는 산업혁명을 완성시키는 또 하나의 기술혁신을 의미하는 것이었다. 이와

미디어 발명의 사회사

같은 기술혁신을 통해 생산과 유통의 영역에서 새로운 일자리가 만들어지고 그에 따라 대규모의 산업노동자 계급이 탄생하게 되었다. 사람들은 이제 이전과는 매우 다른 경제체제에서 새로운 방식으로 노동하고 소비하는 삶을 영위하게 된 것이다.

갈릴레이의 망원경은 근대의 서막을 알리는 존재, 왓트의 증기기관은 본격적으로 내달리는 근대 산업 자본주의 시대를 뒷받침하는 기술과학의 산물이라는 역사적 의미를 품고 있다. 이처럼 기술과 과학의 변화는 시대와 사회의 변화와 궤를 같이 하며 그 역 또한 마찬가지이다.

기술 사회학, 또는 기술의 사회적 형성

기술의 형성과 발전, 기술체제의 구조 등을 사회적 맥락에서 파악하고자 하는 기술 사회학의 핵심 명제는 '기술은 사회적으로 만들어진다.'는 것이다. 더 간명하게 말하면 기술사회학은 '기술은 사회적 존재다.'라는 개념의 축약이기도 하다. 기술사회학의 명제는 기술이 사회적으로 재구성될 수 있다는 것이다. 과감하게 내세우자면, 지금까지 인류가 수립해온 기술과학 체제를 온통 뒤엎고 다시 구성할 수도 있다는 뜻이다. 인간의 역사는 기술의 역사이지만 그 기술의 역사를 재검토한다면 인류는 전혀 다른 역사를 만들 수도 있었다는 뜻이다.

이런 점에서 기술사회학은 매우 급진적이고 발본적이지만, 온화하게 표현하자면 기술과 과학에 대한 깊은 반성적 태도를 의미한다. 상식의 수준에서 기술은 공학적, 과학적 산물이지만, 좀 더 깊이 생각하면 사회적 산물로 이해해야 한다는 것이 기술사회학의 출발점이다. 물론 기술체제가 특정한 구조로 설계되고 구축되는 데에는 공학적인, 또는 과학적인 기술 자체의 내적 논리가 핵심이지만 여기에는 다양한 사회적 요소들이 동시에 작용한다. 그렇다면 여기서 '사회적'이란 구체적으로 무엇을 의미하는가. 기술사회학은 해당 기술체제와 연관된 집단들 간의 정치경제적 권력관계, 정부·기업·연구소·전문가 집단 등 관련 당사자들의 이해관계, 이들 상호간에 형성되는 각종 네트워크의 경쟁관계, 기술체제의 구축과 관련해 이들 집단들이 전개하는 협상과 타협의 과정, 해당 기술과학에 대한 사회적 담론의 내용과 방식 등 여러 요소들을 지칭하는 것이라 설명하고 있다. 이렇게 본다면 기술은 권력의 산물인 것이다.

따라서 기술과 과학을 사회적으로 이해한다는 것은 기술공학의 단단한 내적 논리와 조건들은 물론, 해당 기술과학의 등장과 발전에 작용하는 사회적 맥락, 나아가 그 기술과학이 존재하는 시대적 상황에 대한 관찰을 모두 포괄하는 작업이다. 이렇게 해야만 기술체제와 과학에 대한 보다 복합적이고 다차원적인 이해가 가능해진다는 것이 기술사회학의 기본 출발점이다. 달리 말해, 이러한 이해가 부족한 상태에서 기술에 대한 이해는 절반의 무지에 속한다는 뜻이다.

갈릴레이가 활약하던 17세기는 어떠한 시대인가? 긴 역사의 굽이에서 르네상스를 막 넘긴 이 역사의 무대는 말 그대로 격변의 현장이었다. 이미 루터로부터 시작된 종교개혁의 바람이 100여년 가까이 유럽을 강타하고 있었다. 콜럼버스로 상징되는 대항해 시대, 대발견의 시대를 거치면서 한층 넓어진 지구에선 네덜란드의 동인도회사가 상징하듯 국제적 범위의 상업혁명이 전개되고 있었다. 이런 배경에서 자본 축적을 핵심 목표로 하는 중상주의가 각국의 가장 중요한 정책기조가 되었고, 이에 따라 경제와 산업을 둘러싼 유럽 내부의 각축전은 유럽뿐 아니라 지구 곳곳으로 확장되고 있었다. 가히 침략적 글로벌리제이션의 시대였다. 이것이 당시를 첫 번째 제국주의 시대라 부르는 배경이다. 이즈음 정치적으로 크고 작은 규모의 왕정국가나 귀족의 통치지역, 도시국가, 교회령 등으로 사분오열되어 있던 유럽은 1648년까지 30년 동안 거의 전 지역에 걸친 혹독한 종교전쟁을 치르면서 근대적 의미의 국제관계, 국제법, 국가의 정체성의 틀을 갖추게 된다. 이 과정에서 오늘날 유럽의 민족국가 또는 국민국가의 틀, 곧 '웨스트팔리아 체제(Westphalian system)'라 불리는 새로운 정치 지도가 만들어졌다.[5]

격변의 시대에 걸맞게 과학 혁명, 지식 혁명도 함께 전개되었다. 시대와 사회의 변화를 설명할, 또 변화된 시대와 사회의 필요에 부응하는 지식과 정보에 대한 탐구와 모색이 왕성하게 진행되었던 것이다. 이 시기 프랑스에서는 왕립아카데미, 영국에서는 왕립협회, 현대의 용어로는 국립 과학기술 연구재단 정도의 기관들이 생겨난 것은 격변의 시대에 대한 국가의 답변이었다. 이러한 배경에서 바라볼 때 비로소 갈릴레이의 물리학, 그의 천문학은 제 위상을 확보하게 된다. 다시 말해 그의 과학은 어느 위대한 천재가 자신의 연구실에서 고독하게 관찰하고 깊게 생각한 산물이라기보다 격변의 시대와 사회 속에서 태어난 것으로 해석해야 정확한 의미를 찾을 수 있다는 뜻이다.

5　1618년부터 1648년까지 30년 동안, 유럽은 신구를 망라한 기독교 각 종파 간의 대립과 각국의 정치경제적 패권이 얽히면서 혹독하고 파괴적인 전쟁을 겪었다. 이는 20세기 양차 대전 이전까지 유럽에서 가장 참혹한 양상으로 전개된 갈등이었다. 전쟁의 핵심은 프랑스와 신성로마제국(오늘날의 독일, 오스트리아, 이탈리아와 동부 유럽지역 일부를 포괄하는 합스부르크 왕가의 제국) 간의 패권다툼이었다. 1648년 스페인, 스웨덴, 독일, 프랑스, 네덜란드, 오스트리아 등이 독일 북서부 웨스트팔리아(독일어로는 베스트팔렌) 지역에서 외교협상과 조약으로 전쟁을 종결지었으며, 이후 만들어진 유럽의 정치질서를 '웨스트팔리 체제'라 부른다. 오늘날 유럽의 지정학적 모태는 여기서 기원한다. 주목할 것은 최초로 국가 주권 개념을 채택, 각국의 동등한 주권을 인정하는 근대적 의미의 국제법적 질서가 만들어진 점, 종교적 자유를 허용해 가톨릭과 개신교의 오랜 대립에 적어도 정치적으로는 종지부를 찍었다는 점 등에서 매우 중요한 유럽 역사의 분기점이다. 사족이지만 전쟁터였던 독일은 참혹한 피해를 입었으며 조약에 따라 300여 개의 독립국가로 분열되었다. 그러나 이 와중에 직접적인 피해를 입지 않은 동북부의 프러시아는 이후 독일 통일의 주도자로 나서게 된다.

왓트에 대해서도 같은 이야기를 할 수 있다. 18세기는 어떤 시대인가? 르네상스를 거치면서 서유럽에는 근대라는 시대를 열 수 있는 정치적, 경제적, 문화적, 사회적 조건들이 이미 형성되었다. 18세기는 그 기반 위에서 근대로의 항해가 본격적인 궤도에 진입하던 시기였다. 16세기까지 유럽과 대서양을 석권하던 스페인 제국은 1588년 그 위용을 자랑하던 무적함대가 F. 드레이크가 지휘하는 영국 해군에 격파되었고, 30년 종교전쟁의 패배로 1648년 네덜란드가 독립하면서 결정적으로 무너졌다. 이제 유럽의 정치경제적 패권은 영국과 네덜란드로 이전되었다. 무적함대를 물리침으로써 영국은 유럽의 군사 강국으로 부상하는 첫 번째 관문을 통과하였다. 이것을 토대로 영국은 동인도회사로 대변되는 해상무역의 패권을 쥐게 되었고, 프랑스와 함께 유럽 중상주의 강국으로 부상하였으며, 산업혁명을 거쳐 19세기 '해가 지지 않는 나라'로의 진전을 기약하였다.

앞선 시대의 지식 혁명, 과학 혁명에는 이제 가속도가 붙었고, 그것을 상징하는 대표주자는 I. 뉴턴이다.[6] 뉴턴은 마치 갈릴레이의 뒤를 잇는 듯 그가 사망한 1642년에 태어나 인류 역사상 가장 위대한 물리학자 중 한 사람이 되었다. 과학과 기술 분야에서도 혁신적 연구와 실험들이 진행되면서 자연철학으로 뭉뚱그려졌던 학문의 세계 역시 각 분야별로 세분화되었고 새로운 학문들이 우후죽순 솟아오르고 있었다. 동시에 이들의 지식과 정보는 우편을 통해 국경을 넘어 공유·교환·유통되면서

---

6 이 부분에서 우리가 잊지 말아야할 인물은 J. 케플러(1571-1630)이다. 이론적 역량으로 볼 때 케플러는 갈릴레이를 훨씬 능가하는 인물이다. 코페르니쿠스나 갈릴레이가 태양계 행성들의 움직임을 관찰하고 그들이 어떻게 움직이는지 서술한 것에 그친 반면, 케플러는 왜 태양계의 행성들이 그렇게 움직이는지 원인을 설명하고 그것을 수량적 공식으로 법칙화한 사람이다. 천체 움직임의 원인에 대한 케플러의 설명을 '중력'이라는 이름으로 더욱 발전시키고 완성한 사람이 바로 뉴턴이다. 케플러가 없었다면 뉴턴도 없었을지 모른다.

미디어 발명의 사회사

유럽과 미국을 아우르는 국제적 범위의 지식 공동체가 형성되었다.[7] 사회적으로는 새로운 지식과 정보를 기초로 새로운 사상이 파도처럼 펼쳐지는 계몽주의 시대가 전개되면서 유럽은 또 한 차례 정치적 격변을 예비하였다. 그리고 상업혁명과 중상주의에 기초한 지구화 물결이 확장되면서 산업은 이전보다 훨씬 큰 규모로 확장되거나 새로운 것들로 발전하였다. 제 1차 산업혁명이 전개되고 있었던 것이다. A. 스미스의 국부론이 이러한 시대의 변화를 담아낸 이론적 결정판이라면 J. 왓트의 증기기관은 이러한 시대의 변화를 담아낸 물리적 결정판이었다. 갈릴레이의 망원경처럼 증기기관 역시 왓트, 또는 왓트 이전 뉴코멘이라는 사람의 개인적 노력의 산물이기도 하지만, 동시에 당시의 시대적 상황이 빚어낸 사회적 산물이었다.

기술과 과학을 이해한다는 것, 그리고 기술과 과학의 내용과 원리를 이해하는 것, 그리고 이 기술과 과학을 보다 거시적인 사회적 배경과 시대적 맥락에서 바라보는 것은 기술과 과학, 그리고 사회를 폭넓고 풍성하게 이해하는 하나의 방식이다. 기술사회학, 또는 기술의 사회적 형성이라는 개념의 핵심은 여기에 있다.

미디어 발명의 사회사

미디어에 대한 이해 역시 마찬가지다. 커뮤니케이션을 수행하는 조직적 체제로서의 미디어는 시대와 사회의 변화를 따르는 경로를 밟아왔다. 동시에 미디어는 시대와 사회를 변화시키는 인자로 작용해왔다. 위

---

7 이의 가장 적절한 사례는 1660년 왕의 칙허장을 기초로 설립된 영국의 왕립협회다. 협회는 설립된 지 5년만인 1665년부터 학술지를 발간, 국제적으로 배포해왔으며 유럽 각지의 학자들로부터도 논문을 접수, 심사를 거쳐 수록해왔다. 협회 각 분야의 학술지는 그 권위를 인정받으면서 현재도 발행되고 있다.

에서 간략하게 설명한 갈릴레이의 망원경이나 왓트의 증기기관은 갈릴레이나 왓트라는 개인의 천재성도 작용한 것이지만, 이는 또 당시 유럽 사회를 가로지르는 시대적·사회적 격변의 산물이기도 하다. 이 과정에서 책으로 대표되는 인쇄매체가 핵심 역할을 수행했음을 강조하지 않을 수 없다. 앞서 언급했듯 18세기에 작동하고 있었던 국제적 범위의 지식 공동체란 유럽 각국은 물론 미국의 기술과학 전문가나 연구자들, 그리고 이들을 아우르는 학술단체들이 서한이나 논문, 학술지 등을 교류하면서 형성한 지식과 정보 교환의 네트워크를 말한다. 이 공동체를 이어주는 가장 핵심적인 매개물은 인쇄매체인 책이었고, 이들이 없었다면 지식 공동체는 존재할 수 없었다. 그리고 지식 공동체가 존재하지 않았다면 근대의 사상, 근대의 기술과 과학은 아예 발전되지 못했거나 고립적인 존재로 마무리되었을 것이다.

그 반대의 경우도 마찬가지다. 근대의 기술과 과학이 없었다면 오늘날의 미디어는 물론 미디어에 기초한 사회는 존재할 수도, 작동할 수도 없었다. 특히 19세기에 본격화된 전기·전자기술에 기반을 둔 미디어는 근대 기술과학의 산물이다. 전기에 대한 이해, 그것이 보다 심화되면서 시작된 전자에 대한 이해는 20세기 거대한 과학의 뿌리였으며, 동시에 20세기가 이룩한 전자기술 혁명, 정보기술 혁명의 기반으로 작용했다. 전기와 전자에 대한 심화된 이해는 무선 전신과 라디오, TV 방송 같은 새로운 미디어를 가능케 했고, 이어지는 컴퓨터와 인터넷, 그리고 오늘날의 스마트폰 등은 모두 여기서 그 첫 번째 싹을 틔웠다. 이런 점에서 오늘날 우리가 경험하고 있는 디지털 혁명의 여로는 작금에 만들어진 짧은 길이면서 동시에 오랜 역사의 과정 속에서 닦여온 긴 경로이기도 하다.

여러 차례 강조하지만 미디어는 무엇보다 거대한 물리적 구조물이다. 이러한 인식을 바탕에 두고, 이 책에서 다루는 미디어는 인류문명의 기원과 함께 하는 고대의 문자에서부터, 15세기에 등장한 인쇄 기술과 책, 19세기 전기·전자 기술과학의 발전에 힘입어 만들어진 전신(유선과 무선), 전화(유선), 화학과 광학의 산물인 사진과 영화, 이후 20세기에 등장한 라디오와 텔레비전, 컴퓨터와 네트워크, 그리고 오늘날의 인터넷과 이동(무선)전화, 스마트폰 등이다. 그리고 마무리 부분에서 「미래의 역사」라는 제목으로 현재 미디어판의 변화 양상과 그것이 가지고 올 미래의 파장, 그리고 최근에 등장하고 있는 새로운 미디어들과 그들의 발전 전망 등을 조심스럽게 정리해보고자 한다.

이들 미디어 중에는 놀랍게도 해당 기술이나 과학 분야와 전혀 관계없는 아마추어나 문외한들의 호기심 또는 독학의 산물도 있다.(예: 전신) 또 엔지니어나 과학자 등과 같은 전문 연구자들이 원래 생각했던 것과는 전혀 다르거나 예상치 않았던 결과물로 만들어진 것도 있다.(예: 전화) 또 국가 같은 거대조직이 특정한 계획에 따라 의도적으로 투자하여 만들어낸 결과물도 있다.(예: 인터넷) 유념해야 할 것은 어떤 경우라 해도 거기에는 사회적, 시대적 배경과 맥락이 작동한다는 점이다. 그리고 각각의 미디어는 이러한 배경과 맥락에 대한 기술과학적 대응 또는 답변의 구체적 결과물이라는 점이다.

책머리에서도 언급했지만, 지금까지 미디어 역사에 대한 연구들은 개별 미디어에 대한 탐구, 또는 분야별 미디어에 대한 연구 등으로 나뉘어 있었다. 이 때문에 시대와 사회, 그리고 개별 미디어를 종횡으로 넘나드는 총체적 시각에서 미디어를 파악하는 것이 용이하지 않았다. 또 미디어와 관련된 기술과 과학은 공학 또는 자연과학의 전공 영역으로 취급되면서 좁은 범위의 전문 지식에 머물러 있었다. 뿐만 아니라, 미디어 역사와 미디어 기술은 상호 별개의 부분으로 다루어져 왔다. 이런 점에서 미디어의 사회사, 미디어 기술의 사회사를 동시에 엮는 것은 그동안 상호 분리되어 소홀하게 취급되었던 두 영역을 포괄적으로, 그리고 균형적으로 파악함으로써 보다 풍성한 미디어의 이해를 도모하는 작업이다.

2장

지식의 여명, 문명의 진화
- 문자의 등장

미지의 기호들 – 문자 이전

'미디어'는 비교적 현대적인 뉘앙스를 가진 용어로 들린다. 또 디지털 기술과 컴퓨터과학, 네트워크의 발전으로 새롭고 다양한 서비스들이 계속 등장하면서 미디어는 늘 앞으로 나아가는 미래형이라 생각된다. 또 소셜 미디어가 대세로 자리 잡으면서 사용자 자신이 주도적으로 미디어 사용 환경을 설정하게 되자 미디어는 개인의 사적 도구처럼 여겨지기도 한다. 특히 오늘날 스마트폰이 다른 매체들을 압도하면서 조성하고 있는 미디어 환경은 그러한 종류의 편견을 강화시키고 있다.

그러나 미디어는 과거로부터 시작해 언제 어디에나 존재해왔고 크게 짚어보면 인류의 역사는 미디어의 역사이기도 하다. 사회학, 인류학, 역사학에서 말하듯 미디어와 커뮤니케이션이야말로 인류를 지구상 어떤 생물종보다 강력한 존재로 만들어준 핵심 토대였다. 높은 수준의 추상적 역량을 갖춘 존재, '생각하는 인간(homo sapiens)'은 곧 '소통하는 인간(homo communicatus)'이었다. 인류가 강할 수 있었던 것이 협력하는 조직, 즉 사회를 구성할 수 있는 역량을 가졌기 때문이라면 협력조직이 가능했던 것은 미디어를 기반으로 전개된 소통, 즉 커뮤니케이션 덕분이었다.

이런 점에서 인쇄기와 책에 대해 말하기 전에 먼저 그것들과 가장 가까운 미디어로서의 문자에 대해, 시대를 더욱 거슬러 올라가 문자 이전의 어떤 기호, 선사시대 빙하기 인류가 남긴 흥미로운 기하학적인 문양과 기호들에 대해 언급하지 않을 수 없다. 남아있는 기록을 따라 거슬러 올라가면 만날 수 있는 인류의 선배들은 대략 4만 년에서 1만 년 전 '빙하기'라는 생존의 위기에 맞닥뜨렸다. 이를 극복하고 살아남은 우리 조상들은 무엇으로, 어떤 미디엄으로 소통했을까?

그것은 말과 몸짓, 그리고 시각 매체들이었다. 말과 몸짓은 별도로 언급할 필요가 없을 정도로 자명하겠지만, 우리의 조상들은 문자의 원형이라 할 수 있는, 우리 눈에는 아직 문자라고 하기에 적합지 않은 기호 또는 기하학적 문양을 남겨주었다. 아래 사진은 스페인, 프랑스, 이탈리아 등 유럽 각지의 고대 빙하기 동굴에서 공통적으로 발견되는 바로 그 기하학적 문양의 일부이다.[8]

저 유명한 알타미라나 라스코 동굴의 들소벽화 바로 옆에는 이러한 기호와 문양들이 함께 기록되어 있었던 것이다. 지금 우리는 이 기호나 문양들이 무엇을 의미하는지 전혀 해석할 수 없다. 그러나 멀리 떨어진 서로 다른 지

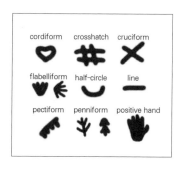

___
8 이와 관련한 고고학자 Petzinger의 2015년 강연은 아래 TED 참조.
https://www.ted.com/talks/genevieve_von_petzinger_why_are_these_32_symbols_found_in_ancient_caves_all_over_europe

역의 동굴 주거지에서 ―유사한 기호들이 심지어 동남아시아나 호주에서도 발견되었다.― 같은 문양들이 발견된다는 것은 우리의 상상을 자극한다. 특히 이 기호들 중에는 오늘날 우리가 사용하는 것도 있고, 그 밖의 다른 것들도 전혀 낯설지 않은 모양임을 감안하면 상상은 더욱 크게 부풀어 오른다. 서로 다른 지역이지만 공통적으로 발견되는 이들 기호나 문양들은 숫자일 수도, 사람일 수도, 동물이나 식물일 수도, 집일 수도, 지역일 수도, 지도일 수도, 특정한 무엇을 지칭하는 것일 수도, 또 어떤 의미를 전해주는 것일 수도 있다. 그리고 어떤 경로를 통해서인지는 알 수 없으나 수만 년이 지난 오늘날의 우리도 그들과 같은 기호를 사용하고 있다는 것 역시 놀라운 일이다.

이들을 전문용어로는 상형문자, 표의문자, 심리문자 등으로 구분해 부르기도 하지만 그보다 흥미로운 것은 이들 기호나 문양을 남긴 빙하기 인류의 조상들이 같은 종족이거나, 같은 문화권에 속해 있거나, 나아가 당시 서로 다른 부족들끼리 소통할 수 있는 국제적 공통언어가 있었던 것 아닐까 하는 상상과 추론이다. 상상과 추론을 역사적 사실로 확인할 수는 없다. 이들 기호나 문양도 끝내 해석할 수 없을 것이다. 다만 이들은 인류의 역사와 미디어와 커뮤니케이션의 역사가 하나로 묶여 있는 장대한 흐름임을 분명하게 보여주고 있다. 나아가 미디어는 인간과 인간을 묶고 관계 맺게 해주는 가장 중요한 기제라는 사실을 말해준다. 인류가 지구상에서 가장 고등한 힘을 가진 존재로 지금까지 살아올 수 있었던 가장 큰 원동력은 바로 이 같은 미디어의 발명과 그에 바탕한 커뮤니케이션의 역량이었다.

문자의 세계

발견된 기록의 분량 자체가 적기도 하고, 무엇보다 우리가 해독할 수 없다는 것이 가장 큰 이유겠지만 선사시대의 기하학적 문양 또는 기호는 이후 역사시대의 미디어인 문자의 세계보다는 빈곤하고 취약하다. 당연히 본격적인 인류문명 또는 문화의 역사는 문자와 함께 시작된다. 2011년 국제적 베스트셀러가 된 『사피엔스(Sapiens:A brief history of mankind)』를 쓴 Y. 하라리는 '인간의 역사는 인간이 신을 발명해냈을 때 시작되었다.'고 말한 바 있다. 여기서 신은 종교적인 의미만을 뜻하는 것은 아니다. 신은 사회를 움직이는 철학, 규범, 가치기준, 원리, 법과 제도 등을 함께 의미한다. 즉 인간이 사회를 구성하고 조직을 운영하는 여러 차원의 기본 틀을 갖추었을 때 비로소 개인과 사회의 삶은 일정한 질서와 위계를 갖게 되고, 그것이 바로 인류의 모듬살이가 시작되는 첫걸음이었다는 뜻이다. 이 첫걸음의 토대는 커뮤니케이션이고 그것을 담당하는 것은 미디어라는 점을 유념해야 할 것이다.

그렇다면 사회라는 조직이 적절한 질서와 위계를 구축하면서 존속하기 위해 필요한 규범과 가치, 윤리와 도덕을 사회의 구성원들에게 무엇으로 어떻게 전할 것인가? 이러한 문제는 규모가 어떻든 목적이 무엇이든, 동서고금을 막론하고 모든 조직의 주체들이 첫 번째로 맞닥뜨리는 과제이다. 바로 이 지점에서 비로소 문자의 세계가 열리게 되었다는 것이 고고학자, 언어학자들의 연구결과이다. 시대가 흐르면서 인구는 점차 증가하였으며, 증가한 인구는 특정한 지역에 모여 도시를 형성했고, 이제 도시에 정착한 인구의 생존과 번영을 위한 집단적 노력, 즉 정치와 경제의 조직화가 개시되었으며, 그것을 우리는 통상 '문명'이라 부른다. 문자의 발명은 이처럼 점차 복잡해지고 확대되는 사회의 필요에 대한 하나의 대응이다. 즉 정치
적인 이유, 경제적인 이유, 사회적인
이유와 같은 여러 상황을 조절하기
위한 필연적인 장치로 문자가 만들
어진 것이다. 문자는 곧 문명의 토
대인 것이다.

　문자와 관련해 흥미로운 또 하나의 질문은 고대의 문자들을 오늘날
우리가 어떻게 해석할 수 있었을까 하는 것이다. 예를 들어 위 사진과
같은 모양의 가장 오래된 문자 중 하나인 쐐기문자를 해독할 수 있게 된
결정적 계기는, 서기전 522년부터 486년까지 페르시아의 제위에 있었
던 다리우스 왕이 자신의 치적을 기록한 거대한 베히스툰[9] 암벽 유적(아
래 사진 참조)의 발견이다.

9　베히스툰(Behistun)은 오늘날 이란 테헤란에서 약 460킬로미터 서쪽으로 떨어진 지역으로 이라크의 바그다
드와 테헤란의 중간 정도에 위치하고 있다. 약 4만 년 전부터 사람이 거주했던 유적이 남아 있으며 베히스툰 암벽
기록은 현재 세계 문화유산으로 지정되어 있다.

이 베히스툰 암벽에는 당시 페르시아
가 다스린 지역의 언어, 즉 페르시아 쐐기
문자[10]는 물론, 엘람(오늘날 이란의 남서부 지
역)과 바빌론(오늘날의 이라크) 지역에서 사
용하던 쐐기문자로도 왕의 치적이 기록되
어 있다. 이 중에서 오늘날까지 그 흔적을
남기고 있어 비교적 쉽게 해독할 수 있는
페르시아 문자를 먼저 해석하고, 그에 기
초하여 나머지 쐐기문자들을 독해, 그 문자 전체를 이해할 수 있게 된
것이다.

마찬가지로 이집트 상형문자를(아래 사진 참조) 오늘날 우리가 해석할
수 있는 것은 위 사진에 보이는 '로제타 비석(Rosetta Stone)'에 새겨진
당대 프톨레마이오스 왕가의 정치적 기록 덕분이다.[11]

10　페르시아 제국은 서기전 550년 키루스(Cyrus, 또는 사이러스)왕이 바빌론 제국을 무너뜨리며 세운 나라이
다. 쐐기문자는 지역별로 약간의 차이가 존재하지만 오늘날 중동지방 거의 전역에서 이미 오래 전부터 사용해온
언어이다.

11　'작은 장미'라는 뜻을 가진 로제타는 1799년 나폴레옹의 이집트 원정대원들이 비석을 발견한 지역에 붙인
이름이다. 본래 라쉬드(Rashid)라는 도시로 알렉산드리아에서 북서쪽 65킬로미터 떨어진 곳에 위치하고 있다.

그것은 서기전 196년 프톨레마이오스 5세가 왕위를 계승한 이후 베푼 여러 치적과 명령 등을 적은 것으로 이 역시 세 가지 언어, 즉 이집트 상형문자, 그리스 문자, 그리고 일반 이집트 상형문자로 기록하였다. 로제타 비석 역시 이미 잘 알려진 그리스 문자와 상형문자의 대조를 거쳐 최종적으로 해석할 수 있게 되었다.

이렇게 암벽이나 비석에 여러 언어로 내용을 기록한 이유는 페르시아나 이집트처럼 다민족으로 구성된 사회에서 각 종족별, 계층별로 지배층의 뜻을 충실하게 전파하기 위해서였다. 페르시아 제국은 다민족 국가였기 때문에 제국에 속한 각 지역과 민족의 언어에 맞추어 기록한 것이며, 로제타 비석의 경우 그리스어는 당시 이집트의 프톨레마이오스 왕가가 그리스계였기 때문에, 정통 상형문자는 파라오와 신에 대한 경배를 표현하기 위해, 그리고 일반 상형문자는 말 그대로 보통사람들이 쉽게 이해할 수 있도록 쓴 것이었다.

이 이야기는 정치적 배경에서 문자가 형성·전파된 것임을 보여주는 아주 적절한 사례지만 사회경제적 요소 또한 그에 못지않게 중요한 작용을 했다. 오늘날까지 남아있는 쐐기문자 점토판의 유물에 기록된 내용 중 절반 이상은 상거래 기록, 차용증, 재산 목록 등의 내용을 담고 있는데 이것은 문자가 만들어진 사회적, 경제적 맥락을 짐작해 볼 수 있는 증거들이다. 여기서 알 수 있듯이 '문자'라는 미디어는 정치적, 경제적으로 당대의 사회를 존속시키고 운용하는 데 필수적인 요소였다. 국가의 뜻을 알리며, 정부의 정당성을 강조하고, 사회경제적 차원에서 집단 내부, 그리고 개인 대 개인 차원의 모듬살이 질서를 구축하는 매개 역할을 수행한 것이다. 문자의 등장에서 문화적인 요소 또한 필수적인 것이었음은 말할 나위 없다. 죽음과 그 이후 저승 세계에서 전개되는 심판과 구원의 여정을 제사 의식처럼 기록한 이집트의 『사자의 서(Book of the Dead)』나, 천지창조의 웅대한 우주관을 서술하고 있는 바빌론의 『길가메시 서사시(Gilgamesh Epic)』[12] 등은 종교와 문화의 차원에서 고대 문자의 위상을 보여주는 빼어난 기록들이다. 고대사회에서도 미디어는 오늘날과 다르지 않은 역할을 수행하고 있었다.

알파벳의 등장

알파벳은 통상 표음문자, 즉 소리, 발음을 기록하거나(속기가 아니라) 발음 나는 대로 표기한 문자를 말한다. 그리스 문자, 라틴 문자(예: 영어), 키릴 문자(예: 러시아와 동유럽 국가 언어), 한글 등 여러 종류의 알파벳이 존재한다. 그렇다면 가장 최초의 알파벳은 언제 어디에서 등장했을까? 지금까지의 고고학 유물연구에 따르면 최초의 알파벳은 서기전 1900년에서 1800년 사이, 고대 이집트 중왕국에서 최초로 등장하였다. 아래 사진의 돌에 새겨져 있는 글귀들이 그 사례인데, 카이로 남쪽으로 약 650킬로미터 즈음 떨어진 나일강 중류 룩소르 인근의 와디 엘 홀Wadi el hol('공포의 계곡'이라는 뜻) 지역에서 발견되었다.

표음문자인 알파벳과 비교할 때 상형문자나 쐐기문자는 예컨대 '…의' 또는 '…을'을 어떻게 표기할 것인가, '가고 있다'를 어떻

와디 엘 홀 유물과 글씨

---

12 『길가메시 서사시』는 호머의 『일리아드』와 『오디세이』보다 1500여년 정도 앞선 시기, 고대 메소포타미아 수메르 지역에서 기원한 웅장한 스케일의 서사문학 작품이다. 후일의 이집트, 그리스 신화의 원조 격으로 간주되고 있으며 성경에도 유사한 내용이 반복되어 있는 등 고대 문학의 모범적 원형으로 평가받고 있다.

게 표기할 것인가, '처벌'을 어떻게 표기할 것인가, '신'과 '종교'를 어떻게 표기할 것인가 등 추상적 개념은 물론이고 일상적인 말까지 표기할 수 없는 것이 너무나 많았다. 그래서 어떤 상징을 동원하거나(예: 태양을 빌어 신을 의미화), '그림 맞추기'라 부르는 이전의 상형문자를 활용하는 방식을 쓰거나[13] 또는 아예 생략할 수밖에 없었다. 따라서 상형문자나 쐐기문자는 특별히 훈련받은 사람들만 쓰거나 해독할 수 있었다. 실제로 고대 이집트나 바빌로니아, 페르시아에서는 기록 업무를 담당할 전문 사서 교육기관도 존재했다. 이집트에서 쓰이기 시작한 이래 표음문자들은 다른 중동 지역과 그리스 등지로 확산되었고 이 과정을 밟으면서 알파벳, 즉 표음문자는 점차 보편적인 표현과 소통의 미디어로서 사회적 위상을 확보하였다.

그렇다면 표음문자인 알파벳으로 어떤 내용이 기록되었다는 것은 무슨 의미일까? 알파벳도 문자라는 점에서는 이전의 상형문자나 쐐기문자와 본질이 전혀 다르지 않다. 그러나 문자가 가진 표현의 힘이나 정도, 표현의 역량과 내용에서 차원이 다르다. 표음문자로서 알파벳이 표현하지 못할 것이 없었기 때문이다. 즉, 우리가 말로 할 수 있는 모든 것을 표기할 수 있는 문자가 알파벳이었다. 또 배우고 쓰기가 쉬워서 기록의 미디어로도 매우 효율적이었던 것은 표음문자의 막강한 이점이었다. 이런 점에서 표음문자의 등장은 '언어의 민주화'라고도 부를 수 있을 것이다.

---

13 'rebus principle'이라 불리는 그림 맞추기 방식은, 예를 들면 신앙을 뜻하는 영어의 'belief'를 표기할 때, 앞의 'be'는 같은 발음을 가진 'bee', 즉 벌로, 뒤의 'lief'는 같은 발음의 'leaf' 즉 나뭇잎으로 그려 벌과 나뭇잎을 함께 이어붙이면 'belief'를 의미하는 식으로 쓰는 것이다. 신라시대에 쓰인 이두의 표기방식도 원리상 이와 동일하다.

문자는 기술인가?

오늘날의 관점에선 이해하기 어렵지만 고대사회에서 문명과 문화의 버팀목 또는 토대로 문자가 발전하고 확산되는 일이 반드시 환영받은 것만은 아니었다. 언어학자 W. 옹은 구술 문화와 비교하여 문자의 시대로 접어들면서 문자 문화가 확장되는 것을 '언어의 체계화 또는 기계화 (technologizing of the word)' 현상이라 기술하고 있다.

언어의 기계화와 관련하여 우선 W. 옹은 문자는 기술, 즉 테크놀로지라고 지적하고 있다. 왜 문자가 기술인가? 문자는 의미 전달을 위해, 즉 커뮤니케이션을 위해 사회적으로 정해진 언어의 규칙, 즉 인위적인 문법(grammar)을 따라야 한다. 이처럼 인공적 틀을 가지고 있다는 점에서 문자는 기술체제라는 것이다. 두 번째, 기록하기 위해 문자는 반드시 다양한 도구(예: 붓, 펜, 종이, 양피지, 나무, 잉크, 물감 등)를 동원해야 한다. 도구는 일회적 생산물이 아니기 때문에 그것을 지속적으로 생산, 조달하는 체제를 갖춰야 한다. 이런 점에서 문자는 기술체제이다. 즉, 문자라는 것은 본질적으로 일정한 규칙과 조직에 의해 구성되는 소통의 체계이며, 반드시 그것이 만들어지고 이용되는 사회체제를 전제하고 있는 것이다. 앞선 장에서 정리한 테크놀로지의 정의와 적절하게 부합하는 표현이다.

그러나 중요한 문제는 문자가 기술이냐 아니냐가 아니라, 구술 문화와 문자 문화가 어떤 점에서 차이가 있으며 그 차이에 어떤 의미가 있느냐이다. 구술 문화, 또는 구연의 세계는 인간이 스스로 동원할 수 있는 커뮤니케이션 도구 즉, 몸짓과 표정과 말 등을 총체적으로 활용한다. 통상적인 글이나 문자 이상으로 넓은 의미에서 풍성한 언어적 체험, 이를 통해 얻어지는 상상력과 창의력의 증대, 그리고 표현의 역량 강화 등 다양한 장점과 의미가 있다. 뇌과학자, 언어학자, 유아교육 전문가들의 연구를 통해 밝혀졌듯 구술 문화의 풍성한 언어경험을 가진 어린이들과 그렇지 못한 어린이들의 인지능력에는 심각한 차이가 발생한다.[14] 물론 적대적으로 대면하는 커뮤니케이션의 상황도 있지만 기본적으로 구술 문화의 세계는 풍성하고 섬세한 맥락, 흥미와 관심의 강도와 느낌 등으로 전달되는 언어, 즉 말의 깊이를 체험할 수 있는 곳이다.

이런 관점에서 문자의 발전과 확산, 즉 문자기술 체제의 형성과 확산에 대해서는 일찍이 고대 그리스나 이집트 사회에서부터 비판적 문제제기가 있어왔다. 그중에는 그들이 남긴 문자기록을 통해 오늘날 우리가 접할 수 있는 소크라테스나 플라톤 같은 철학자들도 있다. 소크라테스는 '글은 침묵의 존재인지라 질문을 던질 수 없고, 그런 점에서 일방향적인 것이며, 이미 쓰여 있는 얘기만 계속 반복한다.'는 이유를 들어 말이 살아있는 것이라면 글은 죽은 것이라고 하였다. 반면에 대화는 열려있으며 동시에 살아있는 의미의 교환으로 간주되었다. 문자의 기록은 기억하는 능력을 불필요하게 만들고 이윽고 감퇴시킨다는 것이 소크라테스의 생각이었다. 플라톤 역시 같은 생각을 가지고 있었다. 이는 오늘날 디지털세대가 컴퓨터와 인터넷 같은 기계에 사고 행위를 위임하고 있기 때문에 지적 능력이 쇠퇴하고 있다는 일부의 우려와 본질적으로 같은 것이라 할 수 있다.

---

14   2009년에 개봉한 영화 「슬럼독 밀리어네어(Slumdog Millionaire)」는 인도를 배경으로 이러한 사례를 생생하게 보여준다. 주인공은 학교가 아니라 빈곤한 거리의 비참한 삶 속에서 순전히 먹고 살기 위해 듣고 배운 지식만으로 엄청난 상금이 걸린 인도 최대의 TV 퀴즈쇼에 참가해 우승한다. 일종의 신데렐라 스토리이다. 지식의 전승에서 기록이나 책이 아니라 기억이 발휘하는 역할과 의미를 생각해볼 수 있는 작품이다.

문자와 새로운 지식의 세계

구술 문화의 깊은 뜻, 그리고 문자 문화가 가지고 있는 단순기능화의 문제점을 충분히 감안하고도 문자에 바탕을 둔 인류의 역사는 그러한 우려를 불식시킬 만큼 이전에 없던 새로운 지식의 세계, 나아가 새로운 문명의 세계를 낳았다.

구술 미디어 시대, 또는 구술 문화의 시대에서 문자 미디어의 시대, 또는 문자 문화의 시대로 나아간 인류의 역사에 담긴 가장 중요한 의미는 W. 옹이 언급하듯 새로운 지식 세계로의 이동, 바로 그것이다. 그 새로운 지식 세계의 핵심 중 하나는 분석적 이성의 능력이었다. 기록의 작성·보관·전승 체제가 확립되면서 지식을 습득하기도 쉬워졌으며, 기록의 검증과 재검토를 통한 비판과 반성의 작업 역시 용이해졌다. 뿐만 아니라 구술 미디어 시대에서의 구체적이고 체험적인 언어 환경에서 이제는 보다 추상적인 언어생활이 가능해졌다. 이와 같은 문자 문화의 발전 과정에서 이전과는 다른 비판적이고 분석적인 사고의 패러다임이 만들어졌으며, 이 지점에서 새로운 지식 세계가 구축될 수 있었다.

그렇다고 지식 세계, 나아가 문명의 변동이 모두 문자에 의해 이루어졌다는 문자결정론을 주장하는 것은 아니다. 문자의 등장·발전·확산의 사회적 결과가 동양과 서양의 차이에서 보듯 모든 고대 세계에 동일하지는 않았다. 또, 이집트 상형문자는 파라오, 즉 권력의 언어,[15] 중동의 쐐기문자는 관료, 즉 통치의 언어, 표음문자는 상인, 즉 생활의 언어라고 연구자들이 지칭하듯 문자 문화가 반드시 분석적 사고로 연결되었던

15 　이집트 상형문자는 영어로 'hieroglyph'라고 부른다. '신 또는 신성한'을 뜻하는 hiero와 '새기다, 쓰다'를 뜻하는 glyph가 결합된 그리스어인데, 이집트 사람들이 이미 자신들의 문자를 '신의 말'이라 부르고 있었던 것을 직역한 것이다. 이집트 상형문자의 사회적 성격과 잘 부합하는 명칭이다.

것만도 아니다. 다만 여기서 강조하는 것은 문자 문화가 새로운 지식 세계를 형성하는 필요조건이었다는 점이다. 역으로 말하면 문자의 등장과 발전, 여기에 기초한 문자 문화가 생겨나지 않았다면 인류의 역사, 문명의 역사는 이룩될 수 없었다는 뜻이다.

　문자의 시대, 문자 문화의 시대는 인쇄 기술이 완성되는 15세기 중반까지 완만하게 점진적으로 성장했다. 현재 남아있는 유물을 기준으로 볼 때 오늘날과 유사한 형태의 책이 등장한 것은 대략 서기 4세기 무렵이다. 그 이전에 책은 대체로 낱장이나 낱장의 묶음, 또는 두루마리 형태였다. 서양의 경우 책은 주로 수도원에서 만들어졌다. U. 에코의 소설을 원작으로 1986년에 제작된 영화 「장미의 이름(The name of the rose)」에서 묘사되었듯이 중세 유럽 수도원에서의 가장 중심적인 활동은 책을 제작하는 일이었다. 수도사들은 필경사가 되어 성경은 물론이고 이전 시대부터 전해 내려오던 온갖 주제의 희귀한 원전을 손으로 옮겨 쓰고 제본하는 등의 작업을 수행하였다. 책을 만드는데 필수적인 양피지, 종이, 잉크, 펜, 붓과 같은 문구 역시 고대의 여러 지역에서 각각 매우 오랜 역사적 발전 과정을 거친 것임은 물론이다. 이렇게 수공업으로 이루어지던 책의 제작과 제본, 책의 유통 환경은 1453년 독일 마인츠에서 J. 구텐베르크가 인쇄기를 발명하면서 완전히 새로운 모습으로 탈바꿈하게 된다. '근대'로의 거대한 사회적 도약이 시작된 것이다.

3장

지식 혁명과 근대의 시작

- 인쇄 기술과 책

시대와 사회를 바꾸어 놓은 미디어와 미디어 기술은 적지 않다. 그러나 미디어 역사상 요하네스 구텐베르크(1395?-1468)와 그의 인쇄기만큼 가장 크게 주목받는 인물이자 기술체제는 없다 해도 과언이 아니다. 인쇄기와 책은 그 어떤 미디어도 따라올 수 없을 만큼 커다란 사회적, 역사적 변화를 가져왔기 때문이다. 결론부터 말하자면 그 변화의 본질은 지식의 혁명이고 그것이 근대 세계를 낳은 출발점이라는 것이다. 이런 점에서 인쇄 기술과 책이 가져온 변화를 단순히 '인쇄혁명'이라 칭하는 것은 좁은 의미의 규정이다. '인쇄혁명'이 아니라 '장기적 지식 혁명'이라 부르는 것이 더 적확한 명칭이다. 인쇄 기술과 그 산물로서의 책은 점진적으로, 때로는 질풍노도처럼 지식 혁명과 근대의 길을 닦아놓았다.

1450년경부터 인쇄기가 책을 찍어내기 시작한지 180년 정도 지난 1620년, 영국의 학자 F. 베이컨은 '인쇄술과 화약과 나침반은 각각 지식과 전쟁과 항해술의 차원에서 세계를 바꾸어버린 발명품'이라고 말했다. 이 기술과 과학이 중세의 막을 걷고 지식 혁명과 사회 변화를 추동하기 시작했으며 그것이 근대의 문을 연 핵심적 계기가 되었다는 뜻이다. 물론 당시 유럽사회의 높은 문맹률이나 책을 만드는데 필요한 종이 조달 문제 등으로 인해 인쇄기와 책이 보통사람들에게까지 널리 확산되는 데는 상당히 오랜 시일이 걸렸다. 인쇄기가 만들어진 후에도 여전히 필사본으로 책을 만드는 방식은 활용되었다. 그러나 15세기부터 18세기까지 유럽 근대 세계의 형성기에 가장 중요하게 기여한 것이 인쇄기와 책이라는 사실은 분명하다.

무수한 이야기를 품고 있는 인쇄 기술과 책 이야기에 앞서 단도직입적인 질문을 하나 던져보겠다. 구텐베르크는 왜 인쇄기와 활자를 만들었을까? 무엇이 그로 하여금 그런 생각을 하도록 이끈 것일까? 전하는 이야기에 따르면 그는 "인쇄기 아이디어가 한줄기 섬광처럼 뇌리를 스쳤다."라고 말했다고 한다. 당연히 그것이 전부는 아닐 것이다. 인쇄기와 책은 역사학자 E. 아이젠슈타인이 강조하듯 중세를 넘어 근대로 나아가는 혁명적 기술체제로 당대를 강타한 만큼 무수히 많은 연구와 저작과 풍성한 이야기를 남기고 있다. 이를 예감한 것인지는 모르겠지만 구텐베르크는 자신의 인쇄기가 '무지의 어둠을 깨치는 빛'이 될 것이라 믿었다고 한다.

인쇄기와 그 부속도구들

인쇄기란 그 기계 자체만으로는 아무런 의미가 없다. 인쇄기는 플랫폼일 뿐 잉크, 종이(또는 종이 대용품), 활자, 그리고 원고에 맞게 활자를 배치하고 인쇄면을 제작하는 활판 등이 제대로 갖추어져야만 비로소 그 역할을 수행할 수 있다. 인쇄 이후 제본이라는 최종 단계까지 감안하면 인쇄는 매우 복잡한 과정이다. 특히 활자는 무엇보다도 인쇄기와 가장 직접적으로 연결된 요소이다. 따라서 인쇄 기술이란 인쇄기 자체는 물론, 인쇄에 필요한 도구 또는 재료들이 모두 갖추어진 일관된 작업공정의 구축을 의미한다. 1440년대 구텐베르크가 독일의 마인츠에서 인쇄기와 활자를 발명했다는 것은 전체적 인쇄공정 구축에서 가장 핵심적인 부분이 일단 완성되었음을 뜻하는 것이다.

잘 알려져 있다시피 인쇄술은 서양보다는 동양에서 훨씬 먼저 발달하였다. 기록에 따르면 최초의 잉크는 서기전 2500년, 종이는 서기 105년, 목판인쇄술은[16] 868년, 활자는 1041년, 모두 중국에서 최초로 만들어졌다. 이런 발전에 힘입어 당나라는 세계 최초로 서책을 인쇄하기 시작했으며 당시 인쇄된 불경(금강경)은 발행 일자와 연도가 분명히 기록된, 오늘날 남아있는 가장 오래된 목판 인쇄물로 인정받고 있다.[17] 이어 송나라 때는 종이 화폐를 찍어내기도 했으며, 국가뿐만 아니라 민간에서도 책을 인쇄하고 판매할 수 있었고, 기록에 따르면 당시 수도 카이펑에는 종이 판매상과 서점들이 줄지어 늘어서 있었다 한다. 그러나 종이는 중국에서도 매우 중요한 자원으로 간주되어 제지술은 엄중한 기밀로 다뤄졌으며, 초기의 활자는 진흙을 굽거나 나무로 만든 것이었다. 한편 금속활자를 이용하여 인쇄한 최초의 서책은 1234년 한국 고려에서 발간된 것으로 확인되고 있다.

이와 같은 동양의 인쇄술은 이후 중앙아시아와 중동 지역을 거쳐 유

---

16 목판인쇄는 하나의 나무판에 한 면의 내용 전체를 새겨 찍는 것을 가리키는데, 합천 해인사에 보관되어 있는 『팔만대장경』이 대표적인 사례이다. 목판 인쇄의 문제는 목판을 준비하고 판을 깎는 비용도 비용이지만 일정 수효 이상으로 인쇄를 하면 글자가 이지러지거나 나뭇결이 드러나는 등 인쇄품질에서 문제가 발생한다는 점이다. 때문에 인쇄공정의 효율화를 기하는 차원에서 진흙이나 나무로 활자가 만들어졌고, 내구성 문제를 극복하는 차원에서 금속활자가 만들어지게 된다.

17 경주 불국사 석가탑의 보수작업 내역을 기록한 『무구정광대다라니경』이 대략 740년대 발간된 것으로 추정되면서, 이것이 『금강경』보다 더 오래된 목판 인쇄물로 알려져 있다. 그러나 발행연도 표기가 분명한 문서를 기준으로 『금강경』이 최고의 목판 인쇄물이라는 점에서는 변함이 없다.

럽으로 전달되었다. 특히 종이가 중동으로 전래된 최초의 경로는 '탈라스'라는 당시 중국의 최북서부 변경 지역—오늘날의 키르기스스탄과 카자흐스탄 경계 지역—에서 벌어진 당나라와 이슬람 제국 간의 전쟁에서 시작된 것으로 알려져 있다. 전쟁에서 포로가 된 중국의 종이 기술자가 이슬람 국가에 제지술을 전해주었다는 것이다. 이슬람 국가들이 유럽보다 수학, 천문학, 철학 등의 학문 분야에서 훨씬 앞설 수 있었던 것은 중요한 자료나 서책들을 기록·재생하는데 필수적인 종이 생산 기술을 일찍이 확보했던 것에도 크게 기인한다. 물론 인쇄술과 관련해 서양이 전적으로 무지했던 것은 아니며, 다만 인쇄에 필요한 각 구성 요소들이 동양보다 훨씬 늦은 15세기 중엽에 구텐베르크에 의해 하나의 기술 체계로 완성되었을 뿐이다.

한국의 경우

인쇄술 논의에서 빠질 수 없는 것이 고려에서 만든 세계 최초의 금속활자이다. 나무활자에 비해 금속활자는 내구성이나 선명도에서 비교할 수 없을 만큼 압도적이다. 이 금속활자를 1234년 고려에서 세계 최초로 만든 것이다. 놀라운 업적이다. 그러나 고려의 금속활자 이야기는 만들었다는 것, 거기까지 뿐이다. 그 뒤를 잇는 조선의 금속활자 역시 마찬가지다. 국문학자 강명관의 연구에 따르면 그 이유는 첫째, 활자는 있었지만 인쇄기가 없었고, 둘째, 활자가 한자였으며, 셋째, 그런 연유로 금속활자로 찍은 책들이 목판 등 다른 기록물에 비해 특별하게 두드러질 것이 없었기 때문이다. 활자만 있고 인쇄기가 없다면 인쇄공정을 손으로 작업해야 하기 때문에 나무활자나 목판과 다를 것이 없어 출판 작업 자체의 측면에서는 사실상 큰 의미가 없다. 또, 한자는 활자가 글자 수만큼 굉장히 많아야 하기 때문에 그것을 제조할 광물자원의 채굴부터 제련에 이르는 체계적 과정이 없으면 수급이 원활할 수 없다. 이는 한글의 경우도 마찬가지다. 영어 알파벳을 열 가지 서로 다른 서체로 활자를 만들 경우 대문자와 소문자까지 대략 600여개면 충분하지만, 한글은 영어 알파벳처럼 분합활자로 만든다는 것이 사실상 불가능하기 때문에 전체 활자 수가 엄청나게 많아질 수밖에 없다.[18] 또 금속활자 제조에 필요한 광물자원 채굴과 제련 등 원료를 조달하고 생산하는 문제 때문에 금속활자를 주조하는 일은 커다란 국가적 사업이었다. 조선조에서 인쇄를 국가가 독점할 수밖에 없었던 것도 이것이 가장 큰 이유라 할 수 있다. 이는 조선뿐 아니라 중국도 마찬가지였다. 그런 이유로 이들 나라에서는 금속활자보다 목판인쇄를 더 많이 사용했고, 차라리 그것이 더 효율적이었다.

세계 최초로 한국에서 금속활자를 만들었다는 것은 충분히 의미를 부여할 수 있는 역사적 업적이다. 그러나 서양과 같이 인쇄 기술과 책이 가지는 문명사적 차원의 위상을 차지하기에는 몹시 부족했다. 정치와 사회의 틀부터 기술제도와 기술에 이르기까지, 내실이 갖추어지지 않은 상태에서 활자만 가지고 지식의 혁신을 이룰 수는 없었던 것이다.

구텐베르크와 그의 인쇄기

앞서의 질문으로 돌아가서 그렇다면 구텐베르크는 왜 인쇄기를, 더 정확히 왜 인쇄기와 활자를 만들었을까? 도대체 그는 누구인가? 그가 만든 금속활자를 별도로 설명할 필요는 없을 것이고, 먼저 주목할 것은 그

18　분합활자란 서양의 알파벳처럼 자음자와 모음자를 각각 따로 만든 것으로 이들을 조합하면 하나의 문자가 만들어지는 것을 말한다. 예를 들면 '김'을 찍기 위해 'ㄱ', 'ㅣ', 'ㅁ' 활자를 따로 만들어 조합하는 식이다.

의 인쇄기이다. 인쇄 작업을 신속하고 반자동적으로 수행할 수 있었던 인쇄기 아이디어는 그가 포도주 압착기에서 착안한 것으로 알려져 있다.(오른쪽 사진 참조) 두 번째는 그가 만든 활자이다. 인쇄공정은 우선 원고에 맞추어 활자로 조판작업을 마친 후, 완성된 활판에 잉크를 바르고, 활판 위에 종이를 놓은 다음 압착기를 돌려 누르는 인쇄방식이었

다. 기계적인 구조 자체는 매우 단순한 것이었으나 대량이든 소량이든 거의 반자동으로 간편하고 빠르게 인쇄 작업을 수행할 수 있는 기계가 완성된 것이다.

일일이 손으로 쓰고 묶는 과거의 필사본 방식에 비하면 가히 혁명적인 진전이 아닐 수 없다. 그런데 정작 반자동 인쇄기를 만든 구텐베르크에 대해서는 이렇다 할 기록이 없다. 때문에 그가 독일 마인츠 태생이라는 것 외에는 태어난 해도 1395년 또는 1398년으로 추정할 뿐 정확하지 않으며, 그의 부친에 대해서도 연구자마다 교회 기념물 제작소에서 일했던 금속·보석 세공사라거나 평범한 상인이라 말하고 있다. 구텐베르크 본인에 대해서는 금속 세공 도제, 또는 인쇄업 도제로 일했다고 저마다 조금 다른 기록이 전해지는 정도이다. 어쨌든 그는 작업장의 도제 과정을 거치면서 금속세공과 금속공구 작업, 기계작동 분야에서 필요한 기능과 지식을 습득하였고 이것이 훗날 인쇄기와 활자를 설계·제조하

는 데 가장 큰 자산이 되었다. 생애 후반기에 구텐베르크는 인쇄기, 활자용 금속에 대한 연구와 실험·제조를 위해 빌렸던 돈을 끝내 갚지 못해 재판에 회부되었으며, 결국 투자자들에게 자신의 인쇄기와 활자를 압류당하는 고초를 겪기도 했다. 이렇게 그의 삶은 대체로 행복한 편이 아니었지만 말년에는 인쇄기 발명의 공로를 인정받아 마인츠 백작과 대주교로부터 약간의 연금, 식량과 기타 생필품 등을 지원받으며 지낼 수 있었다. 인쇄기와 활자라는 위대한 업적을 남긴 인물로서는 의외로 착잡한 인생이 아닐 수 없다.

한편, 구텐베르크가 인쇄기와 활자를 만든 이유와 배경을 추적해보면 그의 말마따나 어느 날 갑자기 인쇄기 아이디어가 섬광처럼 떠올랐다는 것이 전혀 불가해한 설명은 아니지만 그것으로 충분하지는 않다. 장인의 이력을 지닌 그가 아이디어를 구체화하려는 발명가, 기술자로서의 욕구가 있었음은 당연한 일이다. 그러나 그보다 중요한 것은 빚을 내어서까지 인쇄기와 활자에 대한 연구와 실험, 제조에 매달린 이유가 무엇인가 하는 것이다. 후에 채무로 인해 재판에 회부되기도 하고 끝내 자신의 발명품과 인쇄물을 채권자에게 넘길 수밖에 없었던 정황을 보면 인쇄기는 자신의 모든 것을 쏟아 부은 것임에 틀림없다. 이에 대한 구텐베르크 본인의 기록이 남아 있지 않은 것은 아쉽지만 그가 실험실의 연구자가 아니라 현실적인 사업가였음을 감안한다면, 그가 인쇄기의 사업적 성공 가능성이 충분하다고 판단했으리라는 것은 합리적 추론이다. 즉, 대량으로 빠르게 인쇄물을 만들어야 하는 수요가 있었고 사회적으로 그 해결책이 요구되고 있었다. 이렇게 보면 그는 당시 인쇄기라는 최첨단 정보기술의 역량과 아이디어를 가진, 요즘 말로 하면 '벤처사업가'였고 자신의 기술과 아이디어에 투자를 받은 것이다. 물론 구텐베르크는 인쇄 기술로 대단한 사업적 성공을 거두지는 못했다. 인쇄기 자체는 누구나 쉽게 제작할 수 있었고 당시에는 특허제도도 없었기 때문에 선두주자로서의 이점을 누릴만한 상황이 아니었기 때문이다. 그러나 아래 사진에서 보듯 인쇄기는 발명된 지 불과 50여년 만에 유럽 전역으로 빠르게 확산되었다.

인쇄기의 확산: 1500년 당시 인쇄소가 설치된 유럽의 도시들.

면죄부와 인쇄기의 확산

이 같이 빠르게 인쇄기가 확산되었던 당대의 정치적, 경제적, 문화적 배경에 대해 역사는 매우 풍부한 정황증거를 제시해주고 있다. 많은 연구자들이 지적하듯 가장 직접적인 요인은 카톨릭 교회의 면죄부 발행이다.

먼저 유의할 것은 면죄부를 종교개혁과 연관시켜 타락한 종교의 증거라는고만 이해해서는 안된다는 점이다. 면죄부는 본래 서기 3세기경부터 오랫동안 신학적 교리와 이론을 갖춰가면서 나름대로 만들어진 카톨릭 교회의 전통이었다. 죄의 용서를 구하는 방도로 행하는 자선 행위, 참회를 위한 고행의 순례여행, 십자군 전쟁 참전 같은 것도 면죄부의 한 형식이었다. 교회를 위한 헌금이나 기부도 마찬가지였다. 이런 신자들의 행위를 공식적으로 인증해주는 차원에서 카톨릭 교회는 '면죄부'라는 증서를 발행했다. 공고한 교회지배 체제의 중세시대를 감안한다면 면죄부는 간단한 증서가 아니었다.

그러나 다른 한편 교회 입장에서 면죄부는 돈과 같은 것이었다. 면죄부를 찍는 것은 곧 현금을 찍어내는 일이었다. 1626년 성 베드로 대성당 건축을 가능케 한 가장 큰 재원은 면죄부 판매대금이었다. 이 뿐 아니라 면죄부는 돈이기 때문에 용서를 팔고 사는, 심지어는 교회의 인사나 세속의 인사에 개입하는 대가로 주고받는 뇌물로 타락할 수밖에 없었다. 역설적으로 이 때문에 면죄부 인쇄는 더더욱 늘어났고, 이 사태가 결국 M. 루터가 추동한 종교개혁 운동의 한 원인이 되었다. 이러한 정황에서 짐작할 수 있듯 면죄부 발행은 금액 측면에서도 압도적이었을 뿐 아니라, 인쇄물량의 규모 역시 엄청난 것이었다. 여기서 카톨릭 교회의 면죄부 발행이 구텐베르그가 인쇄기를 만들고 인쇄사업을 추진했던 직접적 배경 중 하나임을 충분히 짐작할 수 있다.

당대의 새로운 상황들

면죄부 발행은 인쇄기의 발명과 이후 빠른 속도로 전개된 인쇄기 확산을 설명해주는 의미 있는 조건이지만 그것이 전부는 아니다. 책이든 또 다른 형태든 방대한 양의 인쇄물을 가능한 한 신속하게 만들어야 했던 당대 유럽의 또 다른 사회적 조건들이 있었다.

우선 '중세 문화의 꽃'이라 불리는 대학의 설립과 확산을 들 수 있다. 오늘날 가장 대표적인 고등 교육기관인 대학은 11세기 이후 유럽에서 시작되었다. 1088년 이탈리아의 볼로냐에서 세계 최초의 대학이 설립된 이후 1150년 무렵 파리대학, 그 직후 영국의 옥스퍼드, 1209년 케임브리지, 스페인의 살라망카와 프랑스의 몽펠리에, 이탈리아의 파두아가 1222년 뒤를 이어 속속 문을 열었다.[19] 대학에서는 기하학, 음악, 천문학, 언어문법, 논리, 수사학 등을 가르쳤고 곧이어 법, 신학, 의학 등의 과목이 추가되었다. 새로운 교육기관인 대학이 생겨나고, 학생들과 교수들이 모이고, 다양한 과목의 교육이 진행되었다는 것은 곧 학교 교재의 수요가 폭발적으로 늘어났다는 것을 의미한다. 다량으로 빠르게 책자를 만들어 낼 수 있는 인쇄 기술에 대한 요구, 그리고 인쇄물에 대한 요구가 늘어날 수밖에 없었던 사회적 배경이 조성되었다.

두 번째와 세 번째는 대략 11세기부터 시작되는 상업혁명과, 상업혁명이 지리적으로 빠르게 확대되면서 15세기경에 이르러 전개되는 소위 지리상 대발견이다. 십자군 전쟁을 계기로 중동, 나아가 아시아와 접촉하게 되면서 유럽인들은 후추, 생강, 마늘, 겨자, 계피 등의 향신료나 비단 같은, 그동안 몰랐던 물품들을 경험하게 되었다. 이로부터 향신료 등을 주요 품목으로 하는 상업과 무역이 이탈리아 동부 베니스로부터 비잔틴에 이르는 지중해 동쪽을 중심으로 확대되기 시작하였다. 이는 점차 이탈리아의 다른 도시는 물론 유럽 전역으로 확대되었다. 당연히 육지뿐만 아니라 바다에서 새로운 무역로를 개척하게 되면서 점점 더 큰

---

19   대학 이전에 유럽에는 어떤 교육기관이 있었을까? 크게 네 곳을 들 수 있다. 첫 번째는 수도원, 두 번째는 교회, 세 번째는 궁정과 성, 네 번째는 작업장에서의 도제식 훈련이다. 문제는 여기서 길러진 인력이 중세를 벗어나 새로이 형성되는 유럽의 정치경제 질서를 감당할 만큼의 고급인력은 아니었다는 점이다. 대학의 설립은 이러한 배경에서 이루어졌다.

규모로, 더 멀리까지 나아가는 국제적 교역이 성행하게 되었고 이는 15~16세기의 대항해, 지리상의 대발견으로 이어졌다. 또한 15세기 후반 비잔틴 제국의 콘스탄티노플이 오스만 제국에 의해 점령되면서 동쪽 육로가 사실상 봉쇄된 것도 중요한 계기였다. 이와 같은 맥락에서 요즘의 용어를 빌자면 15~16세기의 '글로벌리제이션'이 전개되었던 것이다. 콜럼버스는 이 역사적 무대에서 가장 유명한 인물 중 하나이다. 어쨌거나 중요한 것은 상업혁명과 지리상의 대발견에 잇따른 국제교역이 그와 연관된 산업의 발전으로 이어졌다는 사실이다. 이때부터 유럽에서는 이미 은행, 보험, 투자 등의 금융업과 보험업이 발전하기 시작했고 그것들은 18세기 산업혁명 이전까지 유럽에서 가장 중요한 경제 활동이었다. 르네상스를 논할 때 빠뜨릴 수 없는 이탈리아의 메디치 가문은 바로 여기서 부를 축적하였다. 이러한 사회적 변화와 산업의 발전은 정보의 수집과 처리 및 관리, 다른 지역은 물론 해외 여행기와 탐험기를 비롯한 전문지식의 생산과 전파를 요구했고, 이것이 자료나 책자 등의 형태로 된 인쇄물에 대한 요구로 이어진 것이다.[20]

네 번째로 르네상스다. 대략 14세기부터 길게는 17세기까지 장대한 유럽사회의 변동을 뜻하는 르네상스. 이전 중세시대와는 확연하게 다른, 더 먼 고대 그리스와 로마로부터 받은 영감에서 출발한 새로운 지식과 문화, 사고의 출현을 의미하는 르네상스. 사람으로는 다 빈치(1452-1519)와 미켈란젤로(1475-1564), 지역으로는 이탈리아의 피렌체로 대

---

20   이러한 인쇄물 중에서 가장 앞선 것이면서 가장 널리 알려진 것이 마르코 폴로의 『동방견문록』이다. 1300년 경 베니스에서 출간된 원래의 책 제목은 『세계 이야기』였다. 실제로 그가 쓴 책이 아니라는 설도 분분하지만 진위 여부는 확인할 수 없다. 제목 그대로 오늘날의 중동 지방, 중앙아시아, 중국 각 지역에 대한 설명과 묘사를 담고 있다. 흥미로운 것은 10대 때 콜럼버스가 이 책을 읽고 선원이 되기로 결심했다는 것이다. 콜럼버스의 유품 중에는 중간 중간 꼼꼼하게 메모를 해놓은 『동방견문록』 한 권이 포함되어 있다.

변되는 르네상스. 그런데 짚어보면 르네상스의 역량은 유럽에서 자생적으로 성장한 것이라기보다 이슬람이라는 먼 길을 돌아 배운 것이었다. 대략 8세기부터 13세기까지를 역사에서는 '이슬람의 황금기(Golden age of Islam)'라 부른다. 이슬람은 중동은 물론 오늘날 북아프리카 전역부터 스페인 남부, 이탈리아의 시칠리아까지 뻗어나가 커다란 정치적 세력권을 이루고 있었다. 유럽이 중세시대를 마감하고 막 새로운 시대와 사회의 무대로 옮겨갈 즈음 이슬람 세계는 이미 그리스 고전부터 중동에서 발전한 천문학, 수학, 과학, 의학, 그리고 실크로드를 통해 전래된 중국의 화약과 종이에 이르기까지, 학문적으로나 문화적으로 정상을 영위하고 있었다. 이것이 유럽으로 전해지기 시작하면서 르네상스는 꽃을 피우게 되었다. 다시 말해 다양한 분야의 무수히 많은 정보와 지식이 유럽사회에 전파되었던 것이다.[21]

대학의 설립부터 르네상스로, 상업혁명에서 당대의 지구화에 이르기까지 유럽사회는 커다란 변동의 물결을 타고 있었다. 이 물결은 정치와 경제 영역에서 출렁거렸지만 한편으로는 교육과 문화의 영역에서 솟아오르는 것이기도 했다. 이 물결을 밀고 나아가는 요체 중 하나는 새로운 지식과 정보였고, 당대의 사회는 빠른 속도로 방대한 분량의 지식 생산 및 유통 체계를 요구하고 있었다. 인쇄 기술의 발명과 등장, 그리고 확산은 이러한 배경에서 전개된 역사적 대응이었다.

---

21 유럽에 르네상스가 있다면 거의 같은 시기 조선에는 세종의 치세, 곧 '세종 르네상스'가 있었다. 세종의 빼어난 업적들은 본질적으로 유럽 르네상스의 그것과 다르지 않다. 예술부터 문화, 학술, 과학기술에 이르기까지 근본적으로 무척 유사하다. 그 역사적 배경은 무엇일까? 이희수 등의 연구에 따르면 이슬람의 영향이 있었다고 한다. 이슬람과 한반도의 관계는 매우 오랜 것이지만 특히 고려 말부터 조선 초에 이르기까지는 매우 다양한 형식과 내용의 교류를 해왔다. 과학을 비롯한 학문 역시 그 중요한 요소였다. 이렇게 본다면 이슬람 사회는 자신들의 학문으로 동과 서 모두에 커다란 영향을 미친 중간연결자였던 셈이다.

책의 대행진

구텐베르크의 인쇄기가 독일의 마인츠에서 만들어진 지 겨우 30여년 정도 지났을 즈음인 1481년 네덜란드에서는 벌써 스물한 군데 도시에, 이탈리아와 독일에서는 마흔 군데 도시에 인쇄소가 생겼다. 50여년이 지난 1500년도에는 1000대의 인쇄기가 유럽에서 돌아가고 있었으며, 여기서 발행된 책이 무려 8백만 부나 되었다고 역사학자 E. 아이젠슈타인은 말하고 있다. 이후 16세기 100년 동안 발행된 책의 총 부수는 1억 5천만에서 2억 부에 이르는 것으로 집계되고 있다. 이와 같은 인쇄기의 확산과 책 발행은 유럽에만 국한된 것이 아니라 아시아와 아메리카에까지 이어졌다. 물론 서양의 필요에 의한 것이었지만 오늘날의 인도와 멕시코, 일본에까지 인쇄기가 퍼져나갔고, 그 시기도 유럽에 비해 그리 늦은 편이 아니었다.[22]

그러면 어떤 책들이 인쇄되어 유통되었을까? 구텐베르크가 인쇄기로 처음 찍어낸 책은 라틴어 성경이었다. 그러나 당시 발행되고 유통된 책은 흔히 생각하듯 성경이나 과학, 또는 철학 책뿐만이 아니었다. 책의 형태 또한 낱장부터 낱장을 여러 번 접은 형태, 오늘날의 책과 같은 모양까지 무척 다양했다. 영국에서 최초로 출판된 책은 1476년 G. 초서의 『캔터베리 이야기(Canterbury Tales)』였고, 이후 연극대본이나 노래 악보와 가사집 같은 유인물 형태, 또 요즘 말로 하면 '야담과 실화'류의 이야기를 담은 책들, 그리고 처세술을 담은 책들도 굉장히 크게 유행했다. 1640년대에 이르러서는 시사와 정치뉴스를 담은 주간 단위 유인물이 발

---

22 예수회 선교사들은 1590년 일본 나가사키에 인쇄소를 설치했다. 이런 전통에서 이곳은 17세기 에도막부 시절 난학이 자라난 토대가 되었다. 한편 미국에는 식민지 개척이 시작된 이후인 1638년 매사추세츠 주 케임브리지에 첫 인쇄소가 설립되었다. 발명된 지 200여년 만에 인쇄기는 전 세계로 확산된 셈이다.

행되어 도시는 물론 지방에도 배포되었고, 그 즈음부터 영국뿐 아니라 유럽 각지에서 오늘날의 신문과 유사한 인쇄물이 널리 유통되었다. 이러한 대중적 인쇄물의 다른 한편에는 성경을 비롯한 종교서적을 비롯해 셰익스피어와 같은 문학서적, 지식과 정보를 담은 과학서적과 묵직한 주제의 철학서적이 발행되었다. 르네상스 이후의 새로운 학문과 사상적 연구와 탐색의 기초가 되는 그리스 로마 시대의 고전들도 인쇄되었다.

이들 중에는 전에 없는 새로운 사상을 담아내 세상을 뒤엎는 결과로 이어진 것들이 적지 않았다. 인쇄 기술 등장 초기라고 할 수 있는 16세기의 가장 대표적인 사례로는 「95개조의 반박문」으로 알려진 M. 루터(1483-1546)의 종교 팸플릿과 마키아벨리(1469-1527)의 정치학 책인 『군주론』이 있다. 우선, 루터와 그의 팸플릿은 당시 유럽 각지에서 꾸준하게 전개되고 있던 새로운 기독교 운동의 연장선상에서 정점에 올라선 인물이자 선언이었다. 오늘날의 관점으로 보면 대자보와 팸플릿 같은 대중적 형태의 인쇄물을 시의적절하게 배포·활용하여 당시 가톨릭교회의 부패와 타락상을 고발한 것이 종교개혁이라는 놀라운 결과로 이어진 것이다. 또, 최초의 근대 정치학 교과서라 불리는 『군주론』은 현실주의적 정치 테크닉을 담고 있어 당시로서는 도발적인 내용인데다 '목적은 수단을 정당화한다.'는 식의 급진적인 주장으로 인해 마키아벨리 사후에야 출간되었고, 출간되자마자 가톨릭교회에 의해 금서로 지정되기도 했다. 그러나 흥미롭게도 이 책은 이탈리아에서 출판된 지 6개월 만에 영어로 번역되어 매우 훌륭한 통치술을 담고 있다는 평가와 더불어 당시 영국 국왕 헨리 8세에게 전달되었다. 그즈음 이미 폭넓게 존재하고 있었던 유럽사회의 번역 문화, 국제적 도서 유통 상황 등을 알 수 있는 사례라 하겠다.

일일이 책 제목을 들지 않더라도 17세기에 발행된 서적의 규모와 범위, 수준이 어느 정도인지는 우리에게 잘 알려진 과학자와 철학자들의 이름으로 충분히 짐작할 수 있다. 더 이상 설명이 필요 없는 코페르니쿠스(1473-1543)를 필두로 갈릴레이(1564-1642), 케플러(1571-1630), 파스칼(1623-1662), 뉴턴(1642-1727), 라이프니츠(1646-1716) 등, 이들 과학 혁명의 거장들은 오늘날 고전이 된 저작물을 남겼다. 16세기 중반부터 18세기 직전까지 과학혁명의 시대를 만들어낸 이들은 오늘날까지 과학사의 정상을 차지하고 있다. 한편 이들과 다른 편에는 그에 버금가는 또 다른 위대한 이름들이 있다. 홉스(1588-1679), 데카르트(1596-1650), 스피노자(1632-1677), 로크(1632-1704) 등. 정치학과 철학, 윤리학 등의 분야에서 이들은 거대한 산맥을 이룬 고전을 남겨주었다.

이들의 면면만으로도 17세기는 확실히 놀라운 시대였고, 이 경이로운 시대는 당시뿐만 아니라 그 이후, 오늘날까지 커다란 영향을 끼친 역사의 분기점이었다. 이 분기점의 바탕에는 이들이 저술한, 그리고 이들이 서로 지식과 정보를 교류한 서책과 자료들, 곧 인쇄 미디어가 자리하고 있음은 물론이다. 그리고 이것이 이후 18세기로 이어지면서 '지식의 공화국(Republic of letters)'이라 불리는 범유럽적인, 나아가 대서양 건너 미국까지 포괄하는 지식 공동체가 탄생하는 계기가 되었다.

근대란 무엇인가

앞서 말했듯 인쇄기와 책은 유럽사회에서 대학의 등장과 르네상스의 전개, 상업혁명의 진전과 지리상의 대발견과 더불어 시대의 동반자로 역사의 궤적을 함께 밟아왔다. 이윽고 그 궤적은 16세기에 종교개혁과 과학혁명이라는, 두 갈래의 커다란 시대적 불길로 이어졌다. 종교적 믿음이 거의 모든 것을 결정하던 이전 시대나 사회와는 다른 새로운 사상과 지식의 세계가 열리기 시작한 것이다. 그것은 인간 중심적 문화와 실험과 관찰에 입각한 지식, 세속적 현실정치와 초기 자본주의 경제형태를 포괄하는 '근대'라 불리는 문명적 전환이었다.

그렇다면 이 근대의 사상과 지식, 즉 '근대'라는 문명적 전환은 구체적으로 어떻게 나타난 것일까? 인쇄기와 책이 나타났다고 자동적으로 근대의 사상이 형성되거나 근대의 지식이 축적되는 것은 아니다. 그 질문에 답하기 전에 먼저 물어야 할 것은 '도대체 근대란 무엇인가?' 하는 것이다. 근대와 중세의 다름은 방대한 논의의 대상이고 지금까지 사회, 경제, 정치, 문화 등 다양한 영역에서 무수한 학자들이 이야기를 펼쳐온 주제이다. '근대론'이라는 웅장한 산맥은 또 다른 책의 주제이기 때문에 여기서 다 섭렵할 수는 없고, 다만 그 산맥을 관통하는 핵심을 짚어내자면 그것은 '개인'이다.

일반적으로 근대란 정치적으로는 봉건적 체제로부터 민주주의 체제로의 이행을, 경제적으로는 시장 자본주의 체제의 형성으로, 사회적으로는 세습적이고 신분적인 계급구조로부터의 탈피를, 문화적으로는 개인주의적 가치관의 발현으로 이행하는 것을 의미한다. 이는 물론 16~18세기에 걸친 장기간의 과정이다. 정치적 자유주의, 경제적 자본주의, 시민사회의 성립, 개인의 자유와 권리의 존중 같은 근대사회의 틀이 형성되는 과정에서 가장 핵심적인 존재는 바로 '근대적 개인'이다. 근대성의 핵심 규범은 '사람은 누구에게나 똑같은 가치와 의미가 있고, 그로 인해 보편적으로 상호 존중받아야 한다.'는 가치관이다. 그 규범의 기본 전제는 '근대적 개인'이라는 인간관, 즉 이성적 판단 능력을 가진 합리적 주체로서의 인간이다. 근대는 바로 이러한 생각을 가진 개인들이 등장하고, 동시에 이러한 개인들이 스스로의 책임 하에 자유롭게 자신의 삶을 개척하며 역사를 만들어가는 사회적 시간과 공간을 의미한다.

그러나 근대적 개인이 말처럼 그리 자유로운 존재는 아니다. 어느 시대 어떤 사회든 늘 비동시적인 것이 동시적으로 공존한다. 진전과 반동은 늘 함께 한다. 모든 것을 제거하고 새롭게 시작한다는 것은 불가능한 일이다. 때문에 개인과 사회는 기본적으로 불화 또는 대립의 관계를 만들어낼 수밖에 없다. G. 루카치가 지적했듯 16세기 유럽에 등장하기 시작한 근대 소설의 기본 주제가 바로 사회와 불화 또는 대립하는 개인이었던 것도 이러한 상황을 반영했기 때문이다. 중요한 것은 적어도 '근대적 개인'이라는 이상적 인간형에 대한 사상이 움텄다는 사실이다.

책 읽는 사람과 근대

그러면 근대적 인간은 어떻게 형성되었는가? 즉, 근대적 개인은 어떻게 탄생하였는가? 그리고 새로이 탄생한 근대의 개인들은 무엇을 하였는가? 거창한 질문에 비해 소박하게 들리지만 답은 '책'에 있다. 즉, 책 읽는 사람들이 등장한 것이다. 사람들이 책을 읽고 공부하면서 새로운 인간 존재로 거듭나는 과정, 그것이 곧 근대사회 형성의 핵심이었다. M. 맥루한을 비롯한 미디어 이론가들은 이런 사람들을 '활자형 인간(typographic man)'이라 불렀다. '활자형 인간'이란 '미디어가 곧 메시지'라는 논리의 확대판이다. 즉 책의 내용을 떠나 책이라는 미디어 자체가 그것을 접하는 사람들의 사고와 행태를 바꾸는데, 그렇게 달라진 사람을 '활자형 인간'이라고 부른 것이다.

아주 단순한 행위처럼 보이는 책 읽기는 대체 어떤 의미를 품고 있을까? 책 읽기란 언어와 기호, 상징과 비유를 이해하고 거기에 담긴 의미를 추출해 내는 매우 복합적인 사고의 과정이다. 읽는 작업에는 언어 습득은 물론이고, 용어와 정보를 이해해야 하고, 거기에 자기 나름의 창의적이고 비판적인 분석 작업이 추가된다. 매우 높은 단계의 추상적 사고 행위인 셈이다. 앞서 말했듯 활자형 인간에게는 책의 내용을 이해하는 것보다, 책을 접한다는 사실 자체가 오히려 더 중요하다. 사회적으로 말하자면 책의 등장과 확산이란 기존의 사회에 책이 추가되는 단순 덧셈이 아니라 기존의 사회와 화학반응을 일으키면서 세계가 달라지는 것을 뜻한다. 그 화학반응의 첫 단계가 바로 책을 접하는 방식, 즉 사람들이 책을 읽는 방식이다.

책을 읽는 방식은 크게 두 가지이다. 낭독과 묵독. 책이 귀하던 시절의 책 읽기는 낭독의 형태였고 집단적인 방식이었다. 예를 들어 성경은 전문적인 훈련을 받은 사제나 수도사들이 낭송해야 하는 경전이었다. 인쇄기와 책이 퍼져나갈 때에도 정규교육 체계가 갖춰지기 전까지 문자를 독해할 수 있는 사람들은 그리 많지 않았기 때문에 낭독은 여전히 보편적인 책 읽기 방식이었다. 물론 혼자 읽는 경우도 있었고 스스로 낭독하면서 새로운 발견을 하기도 하지만 기본적으로 낭독은 집단적으로 듣는 일방적이고 수동적인 행위이다. 그런데 책이 더 널리 확산되고 글을 깨우치는 사람들이 늘어나면서 점차 묵독의 형태가 일반화되기 시작한다. 물론 문헌학자인 P. 생어가 지적하듯 낭독은 책 읽기의 편의에 따른 것이기도 하다. 아직 쉼표, 따옴표, 띄어쓰기 등 문장 표기법이 정립되기 전, 책은 아래 문장처럼 인쇄되었다.

Ancientandmedievalmanuscriptslookedlikethisanditwaseasier toreadthemaloud. 이 문장을 눈으로 읽는 것은 사실상 불가능하다. 낭독이 훨씬 수월하다. 띄어쓰기가 시작되고 14세기 이래 표기법이 제대로 갖추어지는 것은 낭독의 편의를 위해 시작되었다 해도 과언이 아니다. 그러나 이 과정에서 묵독이 책을 접하는 더 쉽고 보편적인 방식으로 자리 잡았다. 그러나 낭독과 묵독은 독서방식의 외형적 차이만 지칭하지 않는다. 무엇보다 묵독은 낭독과 달리 개인적 행위로서의 책 읽기라는 점에서 매우 큰 의미를 담고 있다.

이를 쉽게 이해할 수 있는 사례를 보자. 1543년 당시 영국 국왕 헨리 8세는 '종교진흥법(The Act for the Advancement of True Religion)'을 만들어 성직자, 귀족계급, 부유층 상인 등을 제외하고 여성, 도제, 장인, 노동자, 농부 등은 성경 읽는 것을 금지했다. 이들이 책을 읽게 되면 스스로 나름의 해석을 하고 성경의 권위를 의심하게 되며, 나아가 왕의 권위까지도 의심과 비판의 대상이 될 것이고, 이는 반역에 해당한다고 생각한 때문이다.

'사생활의 역사'라는 흥미로운 주제를 연구한 P. 아리에스나 G. 뒤비 같은 학자들이 지적하듯, 독서는 우선 다양한 사상과 해석에의 노출을 의미한다. 개인적 행위로서의 독서, 특히 묵독은 자유롭게 자기의 생각을 펼쳐나가는 동시에 독자적 해석의 경지를 열어나가는 것이다. 묵독과 같은 개인적 행위를 통해 독자는 자유로운 해석과 비판적인 행위를 -겉으로는 아닐지라도- 실천할 수 있는 내면의 상상세계를 구축할 수 있게 된다. 자유로운 해석과 비판의 대상에는 정치적·종교적 권위, 나아가 권력도 예외가 될 수 없다. 권위와 권력이 무너지기 시작하는 것은 그것이 개인의 판단과 비판의 대상이 되면서부터이다.

한편 묵독은 독서와 사유를 위한 개인적인 공간을 요구한다. 즉, 개인의 주체적 영역과 공간의 확보가 필수적인 과제로 대두되며 이 지점에서 개인의 사적인 공간, 나아가 개인의 주체성, 곧 프라이버시에 대한 요구가 태동하게 된다. 이로써 근대적 의미의 사생활 영역이 등장하게 되고, 독서와 사유를 실천하는 고독한 주체로서의 개인이 나타나게 된 것이다. 이러한 이유로 금지서적 목록이 등장하게 되고 이것이 독서의 정치화, 즉 이성적 판단능력을 갖춘 주체적 개인의 탄생 배경이다.

책 읽는 사회와 근대

이어지는 질문은 '그렇다면 책 읽는 근대인들은 그 후로 무엇을 하였는가?'이다. 독서하는 개인들은 책을 읽은 이후 어떤 존재가 되었는가? 결론부터 말하자면 독서하는 개인들은 토론하는 개인들로 나아갔다. 개인의 사적 공간에 그냥 머물러 있는 것이 아니라 공적인 광장으로 나아가 다른 개인들과 함께 독서행위의 범주를 넓혀나간 것이다. 그것이 집단적 차원에서 근대사회로 나아가는 견인차 역할을 하였다.

토론하는 개인들에게 무엇보다 필요한 것은 지식과 정보에 대한 접속, 그리고 유통과 교환, 공유의 과정과 장치나 체계 등이다. 집단적으로 모여 토론과 대화, 실험과 검증 같은 절차탁마의 과정을 거치면서 비로소 지식은 새로워지고, 새로운 지식을 토대로 새로운 사상이 만들어진다. 이러한 집단적 상호과정을 통해 대학이 성장하고 르네상스가 꽃피었으며, 상업혁명은 더욱 정교하게 진전되고, 지리상의 대발견은 이들이 속한 사회에 더욱 새로운 자극으로 작동하게 되었다.

그 첫 번째 사회적 장치는 많은 사람들이 책을 접할 수 있도록 해주는 도서관이었다. 유럽에서 17~18세기는 도서관의 황금기라고 불릴 정도로 왕실, 교황청, 교회, 귀족들, 대학 등에 의한 공공적 성격의 도서관이 각지에 건립되었다. 물론 학자들이나 허가받은 시민들에게만 제한되는 곳도 있었고, 모두가 책을 대출할 수 있는 것은 아니었지만 기본적으로 도서관은 공공의 성격을 지니고 있었다. 그리고 이보다 앞선 15세기 피렌체에는 메디치 가문에서 설립한 공공도서관이, 밀라노에는 교회에서 세운 도서관이 있었다. 또, 당시 귀족들의 저택이나 왕실에는 접속범위가 제한적이긴 하지만 개인 도서관이나 사설 도서관이 있기도 하였다.

두 번째로 지식의 생산, 공유와 교환이라는 측면에서 가장 중요한 사회적 기능을 수행한 곳은 과학 연구기관, 또는 학술단체였다. 과학 연구소나 학술단체의 활동은 기본적으로 책을 중심으로 이루어진다는 점에서 인쇄기와 책이 큰 역할을 수행하였다. 가장 대표적인 곳은 프랑스 학술원, 그리고 영국의 왕립협회이다. 1634년 프랑스 학술원(아카데미 프랑세즈)를 필두로, 1666년의 왕립과학협회를 비롯해 그 무렵 인문학술원, 미술원, 음악원 등이 속속 설립되었다. 영국에서는 1660년 왕립협회가 설립되었고, 이후 협회는 국왕의 칙허장을 가지고 거의 모든 형태의 학술활동을 주관하거나 인증하는 역할은 물론 다양한 주제와 분야의 연구자들을 하나로 집결하는, 학술분야의 국가 대표기관이라는 위상을 갖게 되었다. 특히 주목할 것은 이들 기관이 정기적인 학술지를 발행·배포하였다는 점이다. 학술지 배포의 범위는 국제적이었고 이것은 유럽과 미국을 아우르는 국제적 지식공동체를 형성하는 핵심적 역할을 맡았다.[23]

세 번째, 보다 대중적인 범위의 지식 확산에 당시 가장 크게 기여한 곳은 바로 커피하우스coffee house였다. 커피하우스는 말 그대로 사람들

---

23 16세기 유럽 각국에서는 정부가 직간접적으로 운영에 관여하는 공립 또는 민간의 정기우편 체제가 가동되고 있었고, 이 시스템은 부족한대로 충분히 국제적으로 가동되고 있었다.

이 모여 커피를 마시면서 온갖 종류의 사교활동을 하는 곳이다. 도서관이나 학술단체는 상대적으로 사용자층이 협소하거나 회원모임의 형태로 이루어질 수밖에 없었다. 그러나 커피하우스는 런던의 경우 당시 돈 1페니 정도만―오늘날 2~3천 원 정도― 내면 누구나 입장할 수 있었고, 얼마든지 머물 수 있었기 때문에 모두에게 개방된 곳이나 마찬가지였다. 사람들은 커피하우스에서 연설부터 토론, 대화, 나아가 실험, 그리고 구전이든 신문과 같은 유인물 형태든 새로운 뉴스와 정보를 교환하였다. 이런 배경에서 커피하우스는 J. 하버마스가 말하는 바로 그 '공론장(public sphere)'이었고, 입장료만 내면 거의 모든 것을 무료로 배울 수 있었기 때문에 '공짜대학(Penny University)'이라 불리기도 하였다. 1500년대 초 이슬람 오토만 제국에 대중적 음료로 등장한 커피는 1600년대 초 드디어 유럽에 수입되었다. 베니스를 시작으로 1650년에는 옥스퍼드, 이후에는 런던, 1675년에는 무려 3천 개가 넘는 커피하우스가 영국에서 문을 열었다. 프랑스 파리에서는 1686년에 처음으로 생겨나 루소, 볼테르, 디드로 같은 계몽사상가들의 회합 장소로도 널리 알려지게 되었다. 커피하우스는 오늘날의 동유럽, 마침내 1676년 최초로 미국 보스턴에도 문을 열면서 새로운 지식의 공유와 교환, 학습의 장소라는 사회적 역할을 충실히 수행하였다.

네 번째로 빠트릴 수 없는 지식의 사회적 확산장치는 이미 발행되고 있었던 신문과 함께 18세기 초 영국에서 처음 등장, 매우 빠른 속도로 보급된 정기 간행물, 즉 종합교양지 성격의 잡지들이다. 시작은 1711년부터 1714년까지 3년여 동안 이어진 《스펙테이터(The Spectator)》다. 짧은 발행기간에도 나중에는 전체가 책으로 묶여 판매되면서 18세기 내내 큰 대중적 관심을 끌었으며 '미디어 공론장'의 모범적 사례라는 평가를 받고 있다. 한편 1731년 출발한《젠틀맨(The Gentleman's Maga-zine)》[24]은 20세기 초까지 200여 년 동안이나 지속되었고, 다음 해 출발한《런던(The London Magazine)》은 지금도 발행되고 있다. 또 1791년 첫 호를 펴낸 주간《옵서버(The Observer)》역시 오늘날까지도 이어지고 있다. 이들 외에도 주간, 격주간, 월간, 반년간 등 다양한 형태로 발행된 수많은 잡지들은 정치에서 종교, 여성과 취미, 교양과 스포츠, 국제, 금융, 문예 등 폭넓은 영역을 담아냄으로써 사회 전체의 지식과 교양의 증진, 정보교류 등에 큰 역할을 담당했다. 문화적 측면에서 잡지를 18세기의 가장 '위대한 발명'이라 부르는 것은 이러한 배경에서이다.

역사의 진전

책머리에서 강조했듯 인류의 생존은 커뮤니케이션, 특히 지식과 정보의 소통에 있다. 인쇄기와 책은 그 어느 미디어보다 가장 대표적인 지식과 정보의 상징이다. 특히 중요한 것은 인쇄기와 책이 지식과 이성의 집단화, 보편화, 사회화를 추동하는 가장 중요한 틀이었다는 점이다. 그리하여 책은 새로운 생각과 사상의 마중물 역할을 하였고 혁신과 창조의 자원으로 기능하였다. 인쇄 기술을 통하여 수많은 책이 만들어지고 이 책들이 널리 확산되면서 새로운 생각과 사상의 자원이 현실에서 구현되었다.

인간과 사회의 진보에 대한 굳센 믿음은 이때부터 커다란 힘으로 사람들에게 각인되었다. 이것이 중세를 넘어 근대라는 인류사의 새로운

---

24 16세기 유럽 각국에서는 정부가 직간접적으로 운영에 관여하는 공립 또는 민간의 정기우편 체제가 가동되고 있었고, 이 시스템은 부족한대로 충분히 국제적으로 가동되고 있었다.

시간과 공간을 연 결정적인 계기였다. 그리고 17세기를 넘어 18세기에 들어 책을 통해 현실로 구현된 새로운 사상과 지식은 산업혁명으로, 과학혁명의 심화로, 그리고 '계몽사상'이라는, 거의 종교의 수준으로 차오른 이성의 혁명으로 융기하였다. 자신의 인쇄기가 '무지의 어둠을 깨치는 빛'이 될 것이라 믿었던 구텐베르크의 생각은 결국 이렇게 입증되었다. 이 모든 혁명들은 18세기 말 프랑스혁명으로 정점에 오르고, 그것은 영국의 사학자 E. 홉스봄이 일컬은 '장기 19세기(the long 19th century)'의 개막을 알리는 커다란 북소리가 되었다. 근대의 입장에서 보면 인쇄기는 루터가 말했듯 '신이 인간에게 내려 준 최고의 은총'이었던 셈이다.

4장

근대의 팽창과 과학기술
– 전기전자 미디어의 진화

인쇄 기술과 책으로 시작된 근대는 17세기 과학혁명을 꽃피우고, 이후 18세기를 풍미한 계몽주의와 19세기 초반까지 이어지는 1차 산업혁명, 그리고 19세기 후반의 2차 산업혁명으로 그 화려한 열매를 이어간다. '산업혁명'이라는 용어는 본래 역사학자 A. 토인비가 붙인 이름으로, 1차 산업혁명은 '증기기관'이라는 강력한 동력원을 기반으로 광업은 물론 소비재 생산과 경공업 분야에서 공장식 생산체제가 확립된 것을 뜻한다. 동시에 새로운 노동자 계급이 등장하고 자본의 패권이 강화되는 경제 및 산업, 사회의 커다란 변화를 지칭한다.

　증기기관과 같은 기계적 동력을 토대로 한 1차 산업혁명과 달리 19세기의 2차 산업혁명 과정에서는 전기, 화학, 철강 등 보다 정교한 기술과 과학을 토대로 하는 중화학공업이 본격적으로 전개된다. 1차 산업혁명의 주무대가 유럽이었다면 2차 산업혁명의 가장 커다란 무대는 유럽과 더불어 미국이다. 그러나 1·2차 산업혁명의 여파는 이들 지역이나 국가에 머물지 않고 크고 빠르게 전 세계로 퍼져나갔다. 서구 각국의 식민지 침탈이 전개되었으며 광범위하고 신속한 제국주의적 지구화가 전개되었다.

사학자 홉스봄은 19세기를 1789년 프랑스혁명부터 1차 세계대전이 발발한 1914년까지로 길게 구획한다. 그가 '장기 19세기'라고 부르는 이 시기는 1789~1848년 혁명의 시대, 1848~1875년 자본의 시대, 그리고 1875~1914년 제국의 시대로 구분된다. 부르주아 시민혁명으로 전제왕권 시대가 무너지고 동시에 산업혁명이 눈부시게 전개되면서 부르주아, 즉 자본가들이 역사의 주인공으로 전면에 등장하였다. 이들이 국가의 후원으로 국가와 함께 주도한 자본주의 체제는 본래 시민의 뜻과는 거리가 먼 식민지와 침략, 병탄과 점령으로 점철된 완악한 제국주의 시대를 만들어내었다. 산업과 정치의 이중혁명(dual revolution)으로 시작된 세기는 1914년 1차 세계대전의 종결과 함께 막을 내린다. 부르주아, 자본주의, 제국주의라는 단어로 요약되는 19세기는 그 어느 시대보다 격동의 변화가 파도처럼 밀려왔다.

미디어의 역사도 이 시기 과학 혁명의 산물에 의해 거대한 소용돌이를 경험하게 된다. 팽창하는 근대와 함께 전에 없던 과학과 기술, 즉 전기에 기초한 미디어가 전혀 새로운 모습으로 등장한 것이다. 미디어의 측면에서 19세기는 두 가지 산물을 낳았다. 첫째는 전기과학과 공학에 기초한 전기 미디어(예: 유무선 전신과 전화), 둘째는 광학과 화학에 기초한 시각 미디어(예: 사진과 영화)가 그것이다. 이 장에서는 우선 전기 미디어의 등장과 발전 과정을 정리하고 시각 미디어에 대해서는 20세기 이후 텔레비전을 논의할 때 함께 이야기하기로 하겠다.

앞서 언급했듯 19세기 2차 산업혁명은 전기, 화학, 철강 등 흔히 중공업으로 통칭되는 분야에서 일어난 변화가 당시 시대와 사회에 불러일으킨 거대한 변동을 지칭하는 용어이다. 비중을 따질 수는 없지만 이 세

가지 분야에서 가장 핵심적인 것은 전기 분야이다. 전기는 18~19세기 대중적 흥미의 차원에서는 물론 기술과 과학의 차원에서도 가장 커다란 관심을 모았다. 과학과 기술, 산업과 경제는 물론 미디어 분야에까지 18세기가 가장 혁혁하게 기여한 것이 있다면 전기에 대한 연구의 확대와 심화였다.

이 전기를 기반으로 이전과는 전혀 다른 미디어가 탄생하기 시작하였으니 그 첫 번째가 바로 1830년대의 유선전신, 두 번째가 1870년대의 유선전화, 그리고 세 번째가 19세기 말과 20세기 초에 걸쳐 등장한 무선전신이다. 인쇄 기술이 그 이전과 이후의 미디어를 나눌 수 있는 기준이 된다면 전기는 인쇄 기술 이상으로 커다란 미디어 역사의 분수령이다. 전기가 발견되고 전기를 자유롭게 통제·조절할 수 있는 기술과 과학이 발전한 이후의 모든 미디어는 사실 전기가 낳은 부산물이라고 할 수 있다. 여기서 언급할 전신과 전화는 물론, 라디오와 TV, 컴퓨터, 인터넷, 오늘날의 스마트폰에 이르기까지 거의 모든 미디어의 원동력이자 물리적 바탕은 바로 전기이다. 역으로 말해 전기가 없다면 이들 미디어는 존재하지 못하는 것이다.

장거리 통신 미디어

전기를 토대로 만들어진 유무선 전신과 전화 등, 첫 번째 전기 미디어들은 텔레커뮤니케이션telecommunication, 즉 장거리 통신을 위한 시스템이었다. 텔레커뮤니케이션의 '텔레'는 그리스어 tele, 즉 멀리, 먼 곳을 의미하며 텔레그래프(전신), 텔레폰(전화), 텔레스코프(망원경), 텔레비전 등은 모두 이 단어에서 유래된 것들이다. 여기서 '장거리'라는 표현은 물리적 거리를 말하는 것이 아니라, 통신이 소통의 가장 원초적 장애물인 거리를 뛰어넘어 정보 송수신을 가능하게 하는 미디어임을 강조하는 표현이다.

전기통신 기기 이전에도 장거리 통신은 다양한 형태로 존재해왔다. 거울, 북, 횃불, 연기, 비둘기 등 여러 도구나 방법을 비롯해 사람의 목소리도 장거리 통신수단으로 활용되었다. 서기 전 6세기 후반 다리우스왕 시절 페르시아 제국에서는 목소리 큰 병사들을 일정 거리 간격으로 세워두고 목소리를 이어 외치는 방식으로 전방의 상태를 후방으로 전하는 통신 방법을 썼다. 또, 파발마 방식으로 각 지역을 연결한 우편제도 역시 중요한 장거리 통신 시스템이었다. 정기우편 체제는 페르시아로부터 시작되어 인도와 중국은 물론, 로마, 그리고 유럽 각국에서 오랜 기간 이어져왔다. 유럽에서는 택시 가문이 대략 13세기 후반부터 19세기 중반까지 오늘날 이탈리아와 프랑스 남부, 독일, 오스트리아 지역에서 거의 독점적으로 국가의 인정을 받는 정기우편 시스템을 운용했고, 미국에서는 1860년대까지 민간 사업자들이 운영하는 우편마차 '포니 익스프레스'가 동부와 서부를 잇는 가장 요긴한 장거리 통신 시스템이었다. 동서고금을 막론하고 장거리든 단거리든 통신은 국가 운영의 기본이 되는 기간설비이다. 국가와 사회조직 운영의 핵심은 정보 수집과 교환이며, 그것은 통신 시스템에 의해 좌우되기 때문이다. 물론 공공적 성격을 띠고 있는 통신 시스템이라도 반드시 정부가 운영한 것은 아니었지만, 어떻게 운용되든 통신이 가진 기본 성격은 달라지지 않는다.

C. 샤프의 세마포어

전기를 이용한 통신 기술 체계가 확립되기 전, 장거리 통신 시스템 중 가장 정교한 수준으로 구축되고 운용된 것은 18세기 후반부터 19세기 중반까지 운영된, '세마포어 semaphore'라 부른 프랑스의 통신 시스템이었다. 세마포어는 본래 '신호'를 뜻하는 그리스어 sema 와 '전달자'라는 뜻의 phore를 합한 것으로, 보통명사로 쓰면 통신 행위 일반을 지칭하기도 한다. 예컨대 선원들이 깃발을 활용하여 배와 배끼리 바다에서 신호를 주

세마포어 중계소

고받는 것을 세마포어라 부르며, 진출입하는 기차에 신호를 전달하는 기차역 부근의 높은 신호등 역시 세마포어라 칭한다.

그러나 여기서 말하는 세마포어는 고유명사로 1792년 C. 샤프 (1763-1805)라는 프랑스 발명가가 자신이 설계하고 구축한 통신 시스템에 붙인 이름이다. 샤프는 이 시스템을 또 텔레그래프telegraph라 명명하기도 하였는데, 이는 '멀리'를 뜻하는 그리스어 tele와 '글쓰기'를 뜻하는 graph의 합성어로, 직역하면 '멀리서 글쓰기'를 의미한다. 이때부터 텔레그래프는 장거리 통신 시스템을 지칭하는 용어로 굳어졌다.

샤프 통신 시스템의 구조는 크게 네트워크와 신호전달 방식 두 갈래로 나뉘는데, 오늘날의 통신 네트워크도 구조와 본질에서는 이와 동일하다. 첫째, 네트워크는 위 사진과 같은 모양의 신호 중계소—오늘날의 용어를 빌자면 이동통신 기지국—를 지형에 따라 가시거리 내에 연이어 설치한다. 둘째, 아래 사진에서 보듯 각 중계소 중앙의 기둥에 하

나의 수평막대와 두 개의 수직 막대를 연결한 신호표시기를 거치해, 이 막대들의 위치와 방향, 또는 자세와 각도를 정해진 문자표에(옆 그림 왼쪽) 따라 중계소 근무자들이 조작, 정보를 주

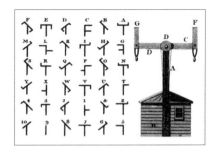

고받는 것이었다. 텔레그래프라는 이름 그대로 '멀리서 글씨를 쓰는 것'이 샤프 세마포어 운용의 핵심이었다.

수동기계식 샤프 세마포어는 1792년 파리에서 릴까지 190킬로미터 구간에 처음으로 설치되어 이전의 어떤 장거리 통신방식보다 정보의 전달 용량과 속도 면에서 압도적인 우수성을 보여주었다. 그러나 여기에도 적지 않은 취약점이 있었다. 중계소 근무자가 망원경으로 막대의 움직임을 보고 신호를 주고받는 시각통신이기 때문에, 샤프 세마포어는 악천후나 밤에는 송수신이 불가능한 문제, 문자표가 유출될 경우 발생하는 통신보안의 문제, 근무자들의 표시기 오작동이나 해독 오류의 문제, 그리고 최소 3명의 근무자들을 유지해야 하는 비용 문제 등이 있었다. 그럼에도 불구하고 샤프 시스템은 1850년대 전기 텔레그래프, 즉 전신이 도입될 때까지 프랑스 전역에 대략 550여 곳의 중계소를 두고 파리를 중심으로 프랑스 동서와 남북을 십자형태로 잇는 네트워크를 구성하였으며, 전체 길이만도 거의 4,800여 킬로미터에 이르는 장대한 통신체제였다. 프랑스에서 샤프 시스템이 본격적으로 운용되자 다른 나라에서도 유사한 형태의 통신 시스템 구축에 나섰고, 특히 나폴레옹이 프랑스 혁명 이후 유럽 각지의 전쟁에서 이를 적극 활용한 것이 알려지면

서 더욱 크게 확산되었다.[25]

전기 이야기

수동기계 방식으로 이루어지던 장거리 통신 시스템은 전기의 시대를 맞
이하면서 획기적으로 달라진다. 1830년대 등장한 전신을 시작으로 전
기통신은 정보의 전송 속도와 전송 용량에서 수동기계 방식과는 비교
자체가 불가능할 만큼 전혀 다른 미디어였다.

그렇다면 전기는 과연 무엇일까? 전기는 어떤 특성을 가지고 있기에
그런 변화를 만들어낼 수 있는 것일까? 간단한 질문이지만 복잡한 물리
학을 담고 있어 쉽게 답할 수 없는 문제이다. 전문용어로 말하면 전기란
전기적 성질을 띤 입자들(예: 전자(electron), 양자(proton))과 연관된 각종
물리적 현상을 칭하는 용어이다. 그럴듯하게 들리지만 동어반복이다. 전
기는 전기적 성질을 띤 물리현상이라는 말이기 때문이다.

그럼 전기적 성질이란 무엇을 말하는 것일까. 첫 번째는 힘, 즉 에너
지로서의 전기이다. 두 번째는 흐름, 즉 전류(current)로서의 전기다. 에
너지로서의 전기는 비교적 일찍부터 이해되었고 'electricity'라는 단어
의 어원에 그 뜻이 들어있다. 반면 '전류'라는 용어는 흐르는 전기라는 뜻
일 뿐, 무엇이 흐르는 것인지에 대해서는 설명해주지 않는다. 좀 더 오랜
연구와 실험을 거쳐 나중에야 이것이 전자(electron)임을 확인하게 되는
데, 영국의 물리학자 J.J. 톰슨(1856-1940)이 1897년에야 비로소 발견한

25　가장 대표적인 것은 영국에서 설치, 운영한 개폐형 셔터 텔레그래프(shutter
telegraph)이다. 오른쪽 그림에서 보듯 신호판을 여닫는 식으로 조작, 정보를 송수
신하는 방식이었다.

것이다. 요약하면 전기란 에너지를 가지고 빛의 속도로 움직이는 전자의 흐름이다.

먼저 전기를 뜻하는 영단어 electricity부터 풀어보자. electricity라는 단어는 그리스어로 '호박琥珀'을 뜻하는 elektron에서 기원한다. 그러면 호박은 무엇인가? 1993년 당시 최고의 흥행기록을 세운 영화「쥬라기 공원」 1편, 이야기의 발단에는 공원 설계자인 해먼드 박사의 지팡이 위에 달린 호박이 있다. 이 호박 속에 화석으로 변한 모기가 갇혀 있는데 '쥬라기'라 부르는 선사시대에 살았던 이 모기가 공룡을 물었고, 그 피를 몸속에 지니고 있었던 것이다. 여기서 생물학자들이 공룡의 DNA를 추출해 복제했고, 그렇게 복제된 공룡들이 뛰어 노는 공원에 '쥬라기 공원'이라는 이름을 붙였다. 이후 흥미진진하게 이어지는 온갖 모험과 재난 이야기의 발단이 바로 이 호박이다.

호박은 송진이 굳으며 생겨나는 일종의 광물로 장신구나 노리개를 만드는 데 쓰인다. 1600년 영국의 물리학자 W. 길버트는 자석에 대해 연구하던 중 호박이 금속은 아니지만 마찰시키면 마치 자석처럼 물체를 끌어당기는 힘, 즉 에너지를 가진 것을 보고 '호박과 같은 현상을 보인다.'라는 뜻으로 electricus라 불렀고 이것이 electricity라는 영어 단어로 정착된 것이다. 그러니까 전기를 뜻하는 electricity라는 영어 단어는 '호박 같은 것'이라는 뜻이다.[26] 머리를 빗을 때, 옷을 입을 때, 이불을 걸 때처럼 일상 생활에서 자주 경험하는 따끔한 정전기가 바로 이것이다.

자석이 아니면서도 무언가를 끌어당기거나 자극 또는 충격을 주는 에너지의 형태로 나타나는 전기적 현상은 인류가 전기를 마주한 최초의 경

---

26   호박은 영어로 'amber'라고도 하는데 이는 호박을 뜻하는 아랍어 'anbar'에서 유래되었다.

험이다. '나일강의 천둥'이니 '전기 물고기'니 하는 기이한 현상에 대한 기록은 고대 이집트나 그리스까지도 거슬러 올라간다. 그러나 전기가 과학적 관찰과 실험의 대상으로 올라선 것은 17세기부터이다. 자연현상에 대해 마술적, 또는 종교적 방식의 설명이 아니라 보다 객관적이고 검증 가능한 방식의 설명, 즉 자연철학이라 부르는 학문적 태도와 관점들이 형성되면서부터 전기라는 자연현상 역시 본격적인 탐구대상이 된 것이다. 그러나 전기를 제대로 관찰하거나 실험하기 위해 필수적인 것은 무엇보다 관찰·실험용으로 사용할 수 있도록 전기를 생산하고 저장하는 작업이었다. 처음에는 호박이나 다른 금속물체로 마찰전기 발생기를 만들어 사용했지만, 여기에 전기를 저장하는 것은 불가능했기 때문에 전기에 관한 한 17세기는 호기심 내지 관찰 수준에 머무를 수밖에 없는 상황이었다.

전기 연구의 본격화

17세기가 전기를 과학적 관찰의 대상으로 만든 시기라면 18세기는 전기를 본격적인 실험과 연구, 대중적 관심의 대상으로 만든 시기였다. 최초의 전기기기라고 할 수 있는 전기저장 장치, 즉 축전지는 네덜란드 라이덴 대학의 발명가이자 물리학자인 P. 뮈센부르크(1692-1761)에 의해 만들어졌다. 이전에도 전기를 저장하려는 여러 실험들이 있었으나 제대로 성과를 거두지 못했고, 1740년 뮈센부르크가 성공한 것이다. 그의 축전지는 저장용기 역할을 하는 금속판으로 내부를 감싼 병과 전기 발생기를 전선으로 연결, 전기를 축전하는 장치였다.(오른쪽 사진

네 개의 라이덴병 축전지

미디어 발명의 사회사

참조) 드디어 전기를 저장하는 기기가 만들어졌고, 이후 진행된 다양한 전기실험에서 라이덴병은 가장 중요한 장치였다.

축전지의 실험과 제조 과정에서 커다란 감전 사고를 겪은 뮈센부르크는 감전을 조심하라는 경고와 함께 라이덴병의 제조방법을 널리 알렸고, 이후 유럽 각지에서 축전지를 만들고 이를 이용한 전기실험 붐이 일어났다. 이 실험 중 가장 유명한 것은 훗날 파리 대학 물리학 교수가 된 J. 놀레(1700-1770)라는 과학자가 1746년에 실시한 것이다. 여러 개의 라이덴 축전지를 연결한 약 3킬로미터 길이의 긴 금속도선을 700여 명의 사람들이 일렬로 나란히 이어 잡은 상태에서 도선에 전기를 방전, 즉 전기를 흘려보낼 때 어떤 일이 발생하는지 관찰하는 실험이었다. 전기가 전달되는 속도와 그 과정에서 일어나는 효과를 관찰하기 위한 이 실험에서 예상대로 감전과 충격으로 모든 사람이 동시에 쓰러졌는데, 이는 전기가 '강력한 에너지'인 동시에 이 에너지를 실어 나르는 '무엇인가의 흐름'이라는 전기의 성질과 특성을 직접적으로 보여준 실험이었다. 한편 라이덴병은 대서양을 건너 다재다능한 인물인 미국의 B. 프랭클린(1705-1790)에게도 전해졌고, 1752년 그가 행했던 연과 번개 실험은 전기의 역사에서 빠지지 않고 언급되는 사례이기도 하다. 한쪽 끝에는 라이덴병을 달고 거기에 연줄을 연결해 연이 피뢰침 역할을 하도록 설계한 그의 실험이 실제 어떻게 행해졌는지에 대해서는 논란이 있지만, 그 실험은 번개가 전기현상이라는 것을 밝혔고 전기에 대한 사람들의 관심을 드높이는 계기가 되었다.

그런데 이것이 문제의 끝은 아니었다. 라이덴병은 전기 에너지를 저장할 수는 있었지만 전기를 지속적으로 흘려보내도록 조절할 수는 없었다. 순식간에 방전되기 때문이었다. 이 문제를 해결한 사람은 오늘날에도 전압을 뜻하는 '볼트'라는 용어로 전기분야에 자신의 이름을 남긴 A. 볼타(1745-1827)이다. 볼타는 1799년 축전지가 아니라 오늘날의 용어를 빌자면 (건)전지를 발명했다. 볼타의 전지는 여러 종류의 금속판과 전해액 헝겊을 차례로 쌓아 이들 사이의 화학적 반응을 통해 전기를 만드는 화학장치였다. 오늘날의 건전지 역시 기본 원리는 이와 같다. 전기를 저장만 하는 기계적 장치 라이덴병과 달리, 볼타전지는 화학반응이 지속되는 동안 전기의 흐름을 지속할 수 있었고, 나아가 금속판과 헝겊의 결합 방식에 따라 전기의 강도도 조절할 수 있었다. 이러한 특성이 있었기 때문에 볼타의 전지는 전기와 관련된 수많은 실험과 연구의 바탕이 될 수 있었고 '인류가 발명한 가장 경이로운 장치'라는 칭찬까지 받게 되었다.

전기에 대한 이 무렵의 연구는 실험실에서만 진행되지는 않았다. 연구 주제나 성과들을 재현하는 차원에서 같은 분야 전문가들은 물론 대중을 상대로 공개실험을 진행한 것이다. 전기가 가진 에너지를 증명하는 방법의 하나는 실험장 공중에 전선을 감은 사람을 매달고 볼타전지를 이용해 약한 전기를 흘려보내면, 밑에 있던 깃털들이 날아올라 사람 몸에 달라붙는 모습을 보여주는 방식이었다. 오늘날 우리 주변에서 흔히 볼 수 있는 정전기 현상을 이용한 것이다. 이렇게 마법같이 신기하고 놀라운 전기현상은 엄청난 관심과 흥미를 끌었으며, 19세기 들어 전기에 관한 지식은 폭발적으로 증가하고 점차 체계화되었다. 전기와 자기의 연관성이 실험적으로 확인되고 전자석이 만들어졌으며, 전류의 흐름과 관련한 여러 현상들의 원리가 밝혀졌다. 이어 영국의 M. 패러데이(1791-1867)는 전기와 자기의 연관성에 대한 이해를 더욱 발전시켜 1831년 '전자기 유도현상', 즉 전기와 자기의 상호작용을 통해 전기가 만들어지는 원리를 발견하고, 이를 실험으로 입증하면서 전기발전의 역사에 커다란 분수령을 쌓아올렸다.

전기의 실용화

전기는 이제 19세기의 증기기관이 되었다. 전기를 생산하고 전기의 흐름과 강도를 조절할 수 있게 되면서, 관심의 초점은 자연히 엄청나게 빠른 속도와 감전충격 같은 강력한 에너지를 가진 전기라는 존재를 현실에서 어떻게 활용할 수 있을까에 대한 제안과 아이디어로 모였다. 그중 첫 번째는 1800년대 초반에 등장한 조명이었다. 볼타전지를 이용해 고압의 전기합선, 즉 아크 현상을 활용한 조명등, 즉 아크등이 만들어진 것이다. 그러나 아크등은 전기도 많이 들 뿐 아니라 실내용으로는 너무 밝고 계속 스파크가 일어나 위험하기도 했다. 무엇보다도 수명이 짧아 유지·보수에 비용이 많이 든다는 문제가 있었다. 이 때문에 아크등은 외부에서만 짧게 사용되었을 뿐 널리 실용화되지 못했다. 1879년 T. 에디슨이 백열전등을 발명한 후에야 전기는 비로소 조명으로 활용할 수 있게 되었다.

한편 전기 에너지는 증기기관을 대체하는 동력원으로도 기대를 모았다. 패러데이의 전자기 유도원리에 따라 여러 형태의 발전기가 만들어졌는데 이 과정에서 발전기의 회전력을 역으로 활용하면 동력원, 즉 전동기(motor)로 활용할 수 있다는 아이디어가 등장했다. 그러나 변환 설계상의 어려움 등으로 전동기는 1875년에 이르러서야 비로소 실용화되었다. 이런 상황에서 제일 먼저 전기를 성공적으로 실용화한 것은 전기통신, 줄여 말하면 전신, 더 정확히 말하면 유선전신이다.

4-1. 전기통신의 시작
─시공간의 재구성: 유선전신[27]

길고 짧은 신호음 '돈돈돈 쯔쯔쯔 돈돈돈.' 거의 모르는 사람이 없을 정도로 유명한 긴급구난신호 'SOS'의 모르스 전신부호는 이렇게 들린다. '전신'하면 바로 모르스 부호와 연결될 정도로 모르스 시스템은 가장 대표적인 전신 시스템이다. 1837년 미국의 S. 모르스(1791-1872)는 그의 조수인 A. 베일과 함께 자신의 전신기기를 특허·등록하였다. 이후 모르스의 전신 시스템은 1851년 영국을 제외한 유럽 각국의 표준으로 채택되면서 이전에 만들어진 다양한 전신 시스템을 모두 물리치고 국제표준으로 부상했다. 그러나 모르스 기기가 만들어지기 이전에도 전신 시스템은 여러 방식으로 설계·제작되었고 설치·운용되었다.

앞서 언급했듯 전기의 실용화를 위한 여러 실험과 연구 중 19세기 들어 가장 관심을 모은 것은 전기를 장거리 통신 용도로 활용하려는 것이었다. 이와 관련해 연구자들이 주목한 것은 전기자석, 곧 전자석이었다. 특히 1820년 경 만들어진 갈바노미터galvanometer라 불린 검류계[28]─ 일종의 전자석으로 주변에 전기가 흐르면 부착되어 있는 바늘이 자석의 힘으로 움직이면서 전기 흐름 유무를 파악할 수 있는 기기─의 작동에서 착안, 전기를 보내고 이를 검류계처럼 확인할 수 있는 장치와 문자

---

27 전신에는 기본적으로 두 종류가 있다. 유선전신과 무선전신. 여기서 말하는 전신은 특별한 경우를 제외하고는 모두 유선전신을 의미한다. 본래 전신은 유선전신으로 시작되었기 때문에 전신은 당연히 유선전신이고 따라서 유선전신이라는 용어는 잘 쓰지 않는다. 무선전신에 대해서는 이 책 4장, 세 번째 주제 참조.

28 '갈바노미터'라는 이름은 개구리 다리를 이용한 전기 흐름 실험으로 유명한 이탈리아의 전기연구자인 L. 갈바니의 이름을 딴 것이다.

로 된 신호표를 함께 결합한다면 메시지를 주고받는 통신기기로 활용할 수 있다는 아이디어가 제출되었다. 여러 모양의 장치들이 만들어졌지만 1830년대 영국에서 제작된 바늘 전신기(needle telegraph)가 가장 대표적이다.(아래 사진 참조)

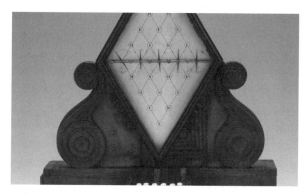

1830년대 바늘 전신기

영국의 사업가 W. 쿡(1806-1879)과 과학자 C. 휘트스톤(1802-1875)이 실용화한 바늘 전신기는 모양에서 짐작할 수 있듯이 문자판과 바늘을 설치한 다음, 전기의 흐름을 조작하여 메시지 내용에 따라 바늘이 좌, 우, 또는 수직으로 방향이 바뀌면서 해당되는 알파벳 문자를 가리킬 수 있게 하여 메시지를 주고받는 시스템이다.[29]

흥미로운 것은 바늘 전신기의 시스템이 앞서 설명한 샤프 통신 시스템을 그대로 복사했다 해도 과언이 아닐 만큼 유사하다는 점이다. 글자를 직접 쓰는 방식과 글자를 가리키는 방식이라는 점에서 차이가 있지

---

29 사진 속 바늘 전신기의 경우, 왼쪽 끝의 바늘이 오른쪽 45도로, 동시에 오른쪽 끝의 바늘이 왼쪽으로 45도 기울면 그것은 자판 제일 위의 글자를 뜻하는 식으로 메시지를 전달하게 된다.

만, 바늘 전신기의 작동 방식은 시각통신이라는 점에서 샤프 시스템과 본질이 크게 다르지 않다. 바늘 전신기에서 전기는 바늘을 움직이는 에너지원으로서의 역할일 뿐 메시지는 샤프 시스템처럼 바늘이 지칭하는 글자로 주고받았다. 다시 말해 전기는 에너지로 이해되어 시스템의 동력원으로 사용되었을 뿐 신호를 담아내는 수단으로 이용되지는 않은 것이다. 사실 이것이 바늘 전신기의 가장 큰 약점이었다. 신호를 보내는 쪽에서는 바늘 숫자만큼의 스위치를 차례로 조작하면서 바늘 위치의 알파벳 문자를 확인한 후 메시지를 작성해야 했고, 신호를 받는 쪽에서도 바늘을 확인하면서 문자를 읽어야 했기 때문에 오류는 물론이고 전송 속도도 느릴 수밖에 없었고, 따라서 같은 시간 내에 송수신할 수 있는 정보의 용량도 매우 제한적이었다. 또 바늘의 수만큼 여러 가닥의 전기선로, 즉 네트워크를 설치해야 했기 때문에 시스템은 구조적으로도 복잡했을 뿐 아니라 중복되는 선로 가설비용 문제도 만만치 않았다.

이 문제를 해결하기 위해서는 전기의 본래적 특성, 즉 전기가 에너지일 뿐만 아니라 무엇인가의 흐름이라는 점에 착안하여 전기 자체를 신호체계로 활용하는 새로운 아이디어가 나타나기를 기다려야 했다. 여기에 답을 준 사람이 화가이자 발명가인 미국의 S. 모르스(1791-1872)이다.

S. 모르스와 모르스 전신

전신을 발명한 모르스는 본래 화가였다. 어린 시절부터 예술에 흥미를 보였으며 예일대학에 진학해서도 미술을 전공했고 1810년 졸업 이후 영국으로 유학, 왕립학원(Royal Academy)에서 계속 학업에 임했다.

1815년 귀국, 뉴욕시립대 교수로 임용되고 보스턴에서 화실을 열기도 했으나 화가로서는 그다지 성공적인 경력을 쌓지 못했다. 또 개인적인 삶 또한 행복하지 못했다. 1825년 셋째 아이가 출산 중에 사망하고 연이어 부인까지 세상을 떠났으나 정작 모르스는 출장 중에 소식도 제대로 듣지 못했고, 돌아왔을 때는 이미 부인의 장례식도 끝난 상태였다. 전해지는 이야기에 따르면 모르스는 이때 신속하게 소식을 주고받을 수 있는 장거리 통신 시스템을 만들기로 결심했다고 한다.

이후 모르스는 유럽으로 3년간 여행을 떠났다가 1832년 귀국길에 올랐다. 그런데 이 여행이 인생의 전환점이 될 줄은 그 역시 알지 못했다. 기존의 전신과는 다른 방식의 전기통신 아이디어를 여행 중에 생각해낸 것이다. 귀국길에 전기에 대해 잘 알고 있는 어느 발명가를 만난 것이 계기였다. 모스와 발명가는 당시의 화두였던 전기에 대해, 특히 바로 전 해에 만들어진 패러데이의 전자기 유도장치, 즉 발전기에 관해 많은 이야기를 나누었다. 모르스는 또 전자석을 이용한 그의 전기실험을 관찰하기도 하였다. 이 과정에서 그는 오래 전에 생각했던 장거리 통신의 기억을 떠올렸고, 새로운 전기통신 시스템의 기본 아이디어를 얻게 되었다. 모르스는 사실 프랑스 여행 중에 샤프 세마포어를 보았고 시각 통신 시스템의 취약점을 이미 파악하고 있었다. 그리고 전기를 이용하면 그 문제를 쉽게 극복할 수 있다고 생각했던 것이다. 대학시절 전기에 대한 수업을 들은 정도의 지식이 전부였던 모르스는 자신의 아이디어에 뉴욕시립대 동료 교수들의 도움을 받아 조수인 A. 베일과 함께 전신기를 발명했고 1837년 특허등록을 마쳤다.(다음 사진 참조)

　모르스 전신의 핵심은 전기가 에너지이면서 동시에 전류, 즉 흐름이라는 두 가지 특성을 모두 활용한 데에 있다. 모르스의 전신 시스템은 구조적으로 송신기, 수신기, 그리고 전선으로 이들과 배터리를 연결해 구성한 거대한 전자석이었다. 키를 조작하는 것, 즉 키를 누르거나 떼면 신호를 보내게 되며 동시에 배터리를 연결하거나 단절하는 전자석 스위치의 역할도 수행하는 것이었다. 신호키를 누르면 스위치도 켜지면서 시스템이 전자석으로 작동하게 되고, 이 전자석의 인력에 끌려 수신기가 작동하는 방식이었다. 수신기는 발생한 소리를 무선기사가 듣고 받아 적거나, 또는 부착된 인쇄장치에서 수신된 메시지를 인쇄하는 방식이었다.[30]

　한편, 송수신 신호기와 더불어 전신 시스템에서 해결해야 하는 또 다른 핵심 과제는 신호를 멀리까지 안정적으로 보내는 것이었다. 기본적으로 전기신호는 제한적인 에너지를 가지고 있기 때문에 거리가 멀어질

30　모르스 무선전신기는 여러 다양한 모양으로 만들어졌다. 특히 수신용으로만 쓰이는 전신기는 '사운더 (sounder)'라고 불렸는데, 수신되는 신호에 따라 기기에 부착된 막대모양의 키가 움직이면서 소리를 내도록 만들어졌기 때문이다. 무선기사는 이 소리를 듣고 메시지를 받아 적었다.

수록 강도는 약해지고, 그 경우 신호가 정확하게 송수신될 수 없기 때문이다. 따라서 신호 강도를 안정적으로 유지하기 위한 장비를 네트워크의 일정 거리마다 비치하는 작업이 필수적이었다. 동료교수의 도움으로 '신호 중계기'라는 장비도 고안해내면서 모르스는 하드웨어 차원에서는 전신 시스템 준비를 마친 셈이었다. 그러나 신호키, 전자석, 네트워크, 중계기 같은 하드웨어보다 모르스의 전신 시스템을 여타의 전신 시스템보다 훨씬 우수한 장거리 통신매체로 만든 것은 신호의 처리방식, 즉 소프트웨어라고 할 수 있는 모르스 코드였다.(아래 사진 참조)

INTERNATIONAL MORSE CODE

1. A dash is equal to three dots.
2. The space between parts of the same letter is equal to one dot.
3. The space between two letters is equal to three dots.
4. The space between two words is equal to five dots.

모르스 코드의 핵심 개념은 전기가 가진 본래적 특성, 즉 전기의 흐름 자체를 신호로 활용하는 것이다. 신호키를 조작하여 길고 짧은 전기 신호를 만들고, 위의 표에서 보듯 문자 또는 숫자마다 신호들을 다르게 결합하는 코드방식을 택함으로써 간명한 신호체계를 만든 것이다. 일종의 디지털 신호인 셈이다. 덕분에 모르스 전신은 바늘 전신기처럼 여러

가닥의 선로를 가설할 필요 없이 하나의 네트워크로도 충분히 작동할
수 있었다. 그리고 메시지 송수신 역시 코드에 따라 키를 조작하는 것만
으로 훨씬 간명하게 처리할 수 있었다. 이처럼 단순하면서도 효율적이
었기 때문에 모르스 시스템은 장거리 통신의 국제표준 방식으로 신속하
게 자리 잡게 되었다.

전신의 이용과 확산-미국의 팽창

모르스 전신이 미국에서 공식적으로 인정받아 최초로 상용화된 시점은
1844년이다. 특허를 확보한 지 7년만이다. 그 7년 동안 모르스는 미국
각지에서 자신의 통신 시스템을 공개시범하기도 했고, 자신의 특허를
홍보하고 판매하기 위해 유럽은 물론 터키까지도 출장을 다녀올 정도로
열심이었다. 이렇게 본격적인 실용화를 위해 노력하던 중 1843년, 모르
스는 의회로부터 현재의 백만 달러에 이르는 거액을 지원받아 볼티모어
와 워싱턴 DC를 잇는 네트워크 건설 공사를 시작했다. 그리고 이를 이
용해 이듬해 5월 볼티모어에서 열린 미국 대통령 지명 전당대회 결과를
즉시 워싱턴 의사당으로 전달하는 데 성공하였다. 이 작업의 성공 이후
모르스 전신은 공식적으로 개통되었고, 모르스가 보낸 첫 번째 교신 내
용은 그 유명한 '신의 위대함을 보라!(What hath God wrought!)'라는 것
이었다.[31] 이후 모르스는 투자자들과 함께 전신망 건설을 위해 마그네틱
전신회사(Magnetic Telegraph Company)를 세우고 본격적으로 전신사업
에 뛰어들게 된다.

---

31 1792년 프랑스의 C. 샤프가 자신이 개발한 통신 시스템에서 최초로 송신한 메시지는 '그대의 성공은 영광
속에 빛나리라.(If you succeed, you will bask in glory.)'였다고 한다.

미디어 발명의 사회사

모르스 전신을 필두로 미국 각지는 전신 시스템으로 신속하게 연결되었다. 1850년에는 전신회사만도 20여 개에 이르렀으며 보스턴, 뉴올리언스, 시카고까지 연결되면서 네트워크 길이만도 2만여 킬로미터에 이르는 통신망으로 확대되었다. 이때부터 전신은 철도노선과 역 사이기차 운행의 조정과 제어를 위한 교통통제 시스템으로도 활용되기 시작하였다. 이후 1861년 남북전쟁이 터지기 직전 미국 대륙을 동서로 관통하는 웨스턴 유니언(Western Union)사의 장거리 통신망이 개설되면서 비로소 전신은 미국 전역을 망라하는 통신 시스템으로 성장하였다. 한편 미국 대륙의 동서를 잇는 장거리 횡단 철도망은 그보다 8년 후인 1869년에야 완성되었다. 아래의 지도는 1857년 미국 동부 뉴욕시를 기점으로 미국 각지를 여행하는데 걸리는 시간을 보여주고 있다. 시카고까지는 2일, 텍사스는 2주, 캘리포니아는 3주 정도 걸린다. 그런데 전신은 3주의 시간 간격을 두고 떨어져 있는 뉴욕과 캘리포니아를 순식간에 빛의 속도만큼이나 빠르게 이어버린 것이다.

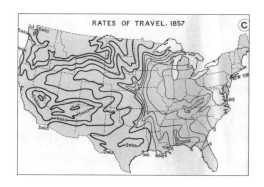

드디어 전기통신 시대의 막이 올랐다. 전기를 실용화한 최초의 응용기기이면서 전기를 활용한 최초의 미디어인 전신은 이렇게 시작되었

다. 미국은 특히 다른 어느 나라보다 전신의 확산 속도가 빨랐다. 가족과 친지의 소식을 묻는 개인들은 물론 은행, 상품 제조업체, 유통과 물류업, 농산물 기업 등의 경제주체들, 각급 정부기관들, 장거리 통신 서비스를 요구하는 고객들은 차고도 넘쳤다. 1861년 미국사회의 신경망 역할을 하는 장거리 통신망이 완성된 후 그때까지 동부와 서부를 잇는 장거리 우편통신 업무를 담당했던 미국의 파발마 '포니 익스프레스'는 그 이듬해 바로 문을 닫았다. 이처럼 신속한 전신의 확대는 '서부개척'으로 널리 알려진, 당시 미국이라는 국가 자체의 확대 과정과 정확하게 일치하는 것이었다.

전신의 확산-글로벌리제이션의 전개

전신은 과학혁명의 진원지답게 유럽에서 먼저 시작되었다. 그러나 기술적 완성도에서나 실용적 측면에서나 미국에서 완성되고 화려하게 퍼져 나갔다. 미국의 모르스 시스템 운용 과정과 성과로부터 자극받은 유럽 각국은 1851년 모르스 시스템을 공식표준으로 채택하고 바로 전신망 구축작업에 착수하였다. 독자적 시스템을 구축했던 영국이나 전신 이전의 샤프 세마포어를 널리 활용하고 있던 프랑스 정도를 제외하면 프러시아, 이탈리아, 스페인, 러시아, 네덜란드 등에서는 빠른 속도로 모르스 전신 시스템이 확산되었다. 영국과 프랑스도 이내 대중화된 국제적 표준을 받아들이지 않을 수 없었기 때문에 이들과 대열을 함께 했다.[32]

한편 유럽에서는 국내전신망 뿐만 아니라 각국을 연결하는 국제전

---

32 기술적인 약점을 가지고 있었음은 물론이고, 모르스 시스템이 유럽의 통신표준으로 채택됐음에도 불구하고 영국은 자신들이 만든 바늘 전신기를 이후에도 상당 기간 사용하였다. 이미 널리 배치된 시스템을 전면적으로 교체한다는 것은 쉽게 생각할 수 없는 일이었기 때문이다.

신망도 구축되기 시작했다. 첫 번째 사례는 프러시아, 작센, 바이에른, 오스트리아 등 당시 독일연방에 속해있던 나라들을 연결하는 것이었고 이어서 프랑스, 스페인, 벨기에, 스위스 이탈리아 사이에 두 번째 국제 전신 네트워크가 구축되었다. 이제 남은 과제는 영국과 대륙의 연결이 었다. 문제는 육상으로 네트워크를 가설하는 것이 아니라 바다를 건너는 것이었다. 해저전신이 기능을 유지하기 위해 가장 먼저 완비해야 할 과제는 수중에 가설되는 전선과 바닷물을 완벽하게 절연하는 작업이다. 또 대량의 전선을 수송하고 공정에 맞추어 해상에서 케이블을 하강시키는 작업선을 건조·운용하는 것도 고도의 기술을 필요로 한다.[33] 여러 차례의 실험과 시도 끝에 특수고무 절연체와 전신선의 고정을 위한 무게 추가 완성되었고, 이를 사용하여 1851년 영불해협을 건너 런던과 파리를 잇는 해저전신망이 완성되었다. 이후 1853년 영국과 아일랜드 간의 해저전신, 1854년 이탈리아의 사르디니아, 코르시카와 유럽을 연결하는 지중해 해저전신 네트워크 등이 구축되었다. 이로써 유럽 지역에서 작은 규모의 통신 글로벌리제이션이 이루어졌다. 이즈음 북미 지역에서는 캐나다에서 미국 동부, 그리고 남부 텍사스를 연결하는 국제전신망 건설작업이 진행되었다.

절연과 가설이라는 기술적 장애물을 극복한 후 해저전신망 구축작업은 이제 대륙과 대륙을 잇는 더 크고 넓은 범위로 확대되었다. 첫 번째는 대서양 양안의 대륙을 연결하는 것이었다. 이 작업을 맡은 대서양 전신회사 애틀랜틱 텔레그래프 컴퍼니Atlantic Telegraph Company가 영국

---

33 1866년 대서양 횡단 케이블 가설을 담당한 선박 '그레이트 이스턴(Great Eastern)'호는 당시 세계에서 가장 큰 배였다. 알려지기로는 건설에 필요한 전신케이블을 배에 싣는 데만도 5개월이 걸렸다고 한다. 대서양을 가로질러 영국과 미국을 이을 케이블의 길이와 무게가 상상을 초월할 정도였기 때문이다.

에서 설립되어 1858년 아일랜드와 캐나다의 뉴펀들랜드를 연결하고자
했으나 고장으로 실패를 거듭하고 있었다. 그러나 지속적인 시도 끝에
1866년 미국과 영국, 양국 정부의 적극적 협조 속에 대서양 전신망이
개통되었다. 이후 다른 대륙을 연결하는 육상 및 해저전신 가설작업은
계속되었고 영국의 전신망은 그 결과 1870년 인도, 1872년 호주를 연
결하였다. 한편 미국의 웨스턴 유니언 전신회사는 1902년 서부 캘리포
니아에서 태평양을 건너 필리핀과 일본, 그리고 중국을 연결하는 전신
망을 완공하였다. 이렇게 해서 드디어 전 세계 각 대륙은 하나의 전신망
으로 연결된 것이다.

전신과 뉴스통신 산업의 등장

전신망의 확산에 힘입어 전 세계적인 정보의 수집과 교환이 가능해지
자 이를 활용하는 뉴스통신 사업이 문을 열었다. 사실 전신 이전에 프랑
스에서는 이미 샤프 시스템을 이용한 뉴스통신 기업이 영업을 하고 있
었다. 그러나 전신이 국내외적 범위에서 널리 확산되면서 통신을 통해
뉴스 서비스를 제공하는 기업들이 크게 늘어났다. 독자들에게 뉴스를
제공하고 광고를 비즈니스 모델로 하는 미디어로서의 신문은 이미 17
세기부터 영국과 미국, 그리고 유럽 각국에서 커피하우스나 살롱 등을
비롯해 가판 형식으로도 배포되고 있었다. 이제 전신망이 국내외적으
로 널리 확산되면서 이들 신문과 계약을 맺고, 뉴스 콘텐츠를 판매하거
나 제공하는 국내 및 국제 뉴스통신 서비스 사업이 동시에 성장하게 된
것이다.

　가장 대표적인 것은 프랑스의 AFP(Agence France Press)로 이전의
샤프 통신 시스템 시절인 1832년의 아바Havas로부터 이어져 오는 뉴스

서비스를 제공해왔으며, 미국의 AP(Associated Press)통신은 1846년, 그리고 영국에서는 1851년 로이터 통신이 문을 열었다. 특히 로이터는 영국제국 곳곳에 지국과 특파원을 두는 제도를 처음 도입해, 해외 뉴스를 제공하는 데 독보적인 지위를 차지하기도 했다. 오늘날까지도 이들 뉴스 통신사들은 국제적인 위상을 가진 뉴스 콘텐츠 서비스를 제공하고 있다.

대영제국과 붉은 전신 − All Red Line

1850년대부터 20세기에 접어들 무렵까지 국제전신망 구축과 운용, 그리고 투자와 소유 등의 측면에서 가장 적극적인 나라는 '해가 지지 않는 나라'라는 별명을 지닌 세계의 패권국가 영국이었다. 산업혁명에서 가장 앞선 영국은 국내적으로도 전신망 구축에 앞장섰으며, 국제적으로도 경제적·정치적 패권 유지라는 제국의 전략적 목표를 위해 전신망 구축에 많은 역량을 투입하였다. 식민지로 확보한 국가와 지역 전체를 연결하는 영연방 전신망 구축에 나섰으며 대서양, 태평양, 인도양을 관통하여 전 세계를 연결하는 그 전신망을 영국은 '붉은 전신(Red line)'(다음 지도 참조)이라 불렀다. 붉은 전신이라는 이름은 영국이 지배하는 지역을 지도상에 붉은 색으로 표기하는 관행에서 비롯되었다.

런던에서 시작한 첫 번째 붉은 전신인 대서양 네트워크는 1870년 아일랜드에서 캐나다의 뉴펀들랜드로 연결되었고, 같은 해 두 번째로 인도양 네트워크가 유럽 쪽 대서양 연안을 지나 지브롤터에서 이집트의 수에즈와 홍해를 거쳐 인도 서부의 봄베이(오늘날 뭄바이), 그리고 동부의 마드라스(오늘날 첸나이)와 말레이시아의 페낭, 싱가폴까지 연결되었으며 1년 후에 네트워크는 호주까지 연장되었다. 세 번째로 태평양 네트워크가 1876년 호주와 뉴질랜드 간의 전신망 구축과 이것이 연장되어 1902

년 캐나다와 호주, 뉴질랜드를 연결함으로써 전 세계 영 연방 국가들을 연결한 붉은 전신망이 공식적으로 작동되기 시작하였다.

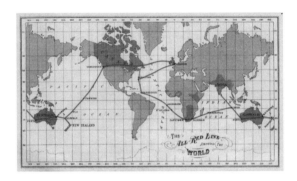

붉은 전신이 구축, 가동될 수 있었던 것은 산업혁명과 과학혁명을 통해 영국이 축적한 막대한 부와 기술력, 그에 기초한 해군력, 그리고 이 모든 것의 경제적 토대로 작용한 식민지 덕분이었다. 1896년 해저전신망을 가설할 수 있는 작업선은 전 세계에 30척이었으나 그중 80퍼센트에 달하는 24척이 영국 기업의 것이었다. 또 영국은 1892년 전체 국제전신망의 2/3를 소유하고 운용했으며 20세기 들어 약간 줄기는 했으나 1923년까지도 43퍼센트는 영국의 것이었다. 그 때문에 영국의 전신망은 1차 대전 중에도 거의 피해를 입지 않은 채 가동되었다. 과학사학자인 T. 스탠디지가 당시 대영제국의 최전성기를 이룩한 여왕의 이름을 빌려 이때의 전신망을 '빅토리아 시대판 인터넷'이라고 명명한 것은 전혀 과장이 아니다.

전신은 영국으로 하여금 전 세계 각지에서 정보를 수집하고 그것을 신속하게 제국의 중심으로 전달, 제국 전체를 효율적으로 통제하고 운용하는 지식과 정보자원으로 활용할 수 있게 하였다. 이와 같은 전신 시스템이 없었다면 17세기 초에 시작해 20세기 초반에 이르기까지 인류 역사상 최대 제국을 건설한 영국의 전성기는 존재할 수 없었다 해도 과언이 아니다.

전신과 제국주의

H. 이니스, J. 캐리 같은 미디어 이론가들은 미디어를 그 성격에 따라 크게 두 가지로 나눈다. 하나는 시간중심적(time-biased) 미디어, 또 하나는 공간중심적(space-biased) 미디어이다. 시간중심적 미디어는 말, 구술 등과 같이 지식과 정보의 전승 역할을 수행하면서 그것의 역사성을 중시하는 성격이 있다면, 공간중심적 미디어는 전신과 같이 시간은 물론 물리적 공간의 장벽을 넘어 지식과 정보를 실시간 교환함으로써 사회 전체의 조절과 통합, 또는 규율의 역할을 수행한다는 것이다. 기능적 측면과 정보 처리 방식을 기준으로 한 구분으로 각 미디어가 품고 있는 편향성(bias), 즉 본질적 성격과 사회적 파장의 차원에서 미디어를 나누어 본 매우 예리한 관찰이다.

　미디어를 이와 같이 구분하고 전신을 공간중심적 미디어로 파악하는 것은 전신의 등장과 확산을 보다 넓은 시대적 맥락 속에서 파악하는 데 중요한 실마리를 제공해 준다. 앞서 이야기했듯 전신은 19세기 거의 전 기간에 걸쳐 유럽 각국과 미국은 물론 전 세계를 정보와 지식의 교환이라는 차원에서 동서남북의 연결망으로 통합해낸 것이었다. 이로서 전신은 교통(예: 철도와 증기선)과 함께 국내 각 지역은 물론 전 세계적 범위에서 시간과 공간을 압축적으로 재구성하는 구조물로 기능하였다. 통신 기술의 발달은 각 지점을 실시간으로 연결해 시간을 단축하는 효과를, 교통수단의 발달은 각 지점 간의 물리적 거리를 단축하는 효과를 낳는다. 얼핏 모순적일 수도 있지만 단축은 동시에 팽창이다. 이전에 비해 같은 시간에 더 많은 접속과 연결이 가능하며 더 많은 거리를 이동할 수 있기 때문에 통신과 교통의 발달은 시간과 공간이 더욱 늘어나는 효과를 불러오는 것이다.

그렇다면 교통 시스템과 함께 전신의 등장과 확산으로 국내적, 국제적 범위에서 시공간적 축소 또는 팽창이 동시에 전개되는 배경은 무엇인가? 간단한 결론을 미리 말하자면 그것은 제국주의이며, 더 본질적으로 그것은 자본주의 체제의 성숙이다. 제국주의는 19세기적 형태의 자본주의 체제이며, 자본주의 체제는 끊임없이 성장해야 하는 작동원리상 시간과 공간의 압축과 동시에 팽창을 요구하며, 전신은 교통체제와 함께 이러한 사회적 변화를 원활하게 구현할 수 있도록 물리적 토대의 역할을 수행한 것이다.

서구 근대 세계를 여는 주요한 기원 중 하나로 언급되는 15세기 지리상의 대발견은 한편으로는 중심과 주변의 거리를 축소한 것이기도 하지만 동시에 주변을 중심에 편입시키는 효과를 일으키면서 중심의 공간이 더욱 확장된 것이기도 하다. 이는 본질적으로 서구 제국의 공간적 확대, 즉 서구의 식민지적 팽창이 시작되었다는 것을 의미하며 제국주의의 역사는 그렇게 막을 열었다. 이러한 침략적 팽창이 고전적 형태의 제국주의라면 제국주의의 말기적 형태는 유럽 열강과 미국, 일본 등이 주도했던 19세기 말과 20세기 초에 전개된 신제국주의이다. 15세기부터 19세기 초반까지의 고전적 제국주의가 자원이나 노동력 확보, 경제적 이익을 취하기 위해 한 국가가 특정 지역이나 국가를 침략하고 약탈하는 형식이라면, 신제국주의는 군사침략을 통한 직접지배의 방식을 취하는 것을 의미한다.

미디어 발명의 사회사

어떤 것이 되었든 제국주의 체제를 지속적으로 경영하기 위해 필수적인 것은 제국과 피지배 국가 또는 중심과 지역 간의 긴밀한 소통이다. 여기서 소통이란 일상적인 의미의 소통이라기보다 정보를 수집하고 교류하는 통신 시스템의 체계적 구축과 운용, 그리고 수집된 정보를 분류·해석하여 현재와 미래의 전술전략적 판단을 위한 데이터베이스의 구축 등을 의미한다. 식민지 경영을 위해 제국은 지배 지역은 물론이고 동맹 또는 경쟁 관계에 있는 다른 제국들과 관련된 정보와 지식의 신속한 수집과 판단, 그리고 이를 식민지 현지 파견 및 통치 당국과 긴밀하게 교류하고 판단을 집행·감독해야 했다. 19세기 유럽과 미국 등에 의한 제국주의적 세계사는 전신의 또 다른 얼굴이었다. 그러나 이는 국제정치적 맥락에서 뿐만 아니라 설명하는 용어와 함의만 다를 뿐 국내적으로도 동일하다. 팽창하는 근대국가 역시 내부의 안정적 관리를 위해 필수적인 것은 국가를 구성하는 지역 및 각급의 조직, 그리고 구성원과의 긴밀한 소통이다. 국가경영을 위해 정부는 지역과 구성원에 대한 지식과 정보를 신속하게 수집해야 하는 것은 물론, 이를 기초로 국가정책을 수립하고 집행해야 한다.[34] 이러한 사정은 국가뿐만 아니라 기업에도 적용된다. 이를 가장 효율적으로 수행할 수 있는 핵심장치 중 하나가 바로 장거리 통신 시스템이며 전신은 이에 가장 적합한 당대의 기술체제였던 것이다.

---

34 이것이 '통계학'을 뜻하는 영어 단어(statistics)의 본래 뜻이다. 1770년부터 독일에서 사용된 이 용어는 국가를 경영하기 위해서는 국가를 구성하는 국민과 지역에 대한 정보와 지식이 필수적이라는 인식에 기원하고 있으며, 그 배경에서 학문의 명칭으로 전용되었다.

4-2. 전기통신의 진화
—개인적·사회적 조절의 기제: 유선전화

유선전화는 대체로 집안의 다른 가구들 사이에 놓여있는 상대적으로 아주 작은 기기이다.[35] 그리고 이동전화는 휴대성이 필수이기 때문에 그에 맞도록 아주 작게 설계된 기기이다. 생활의 작은 도구, 또는 몸의 분신처럼 사람들과 밀접하게 자리 잡고 있는 위상 때문에 전화를 미디어라는 이름으로 설명하고 이해하는 일은 의외로 어려운 작업이다. 이미 삶과 사회의 한 부분으로 깊숙하게 자리 잡은 기술이나 기계, 또는 도구를 거시적이고 객관적인 관점에서 바라보기가 결코 쉽지 않기 때문이다. 전화라는 미디어의 사회적 위상을 쉽게 설명하는 방법 중 하나는 전화를 지구상에서 가장 큰 기계라고 소개하는 것이다. 하루 24시간, 1년 365일, 전기와 관계없이 항상 켜져 있을 뿐 아니라 지구 전체를 동서남북 종횡으로 거침없이 연결하는 네트워크로서의 전화는 물리적 규모와 지리적 범위로 따진다면 말 그대로 세계에서 가장 거대한 기계이다.

거대한 기계라는 말은 단지 외형적 크기만을 뜻하는 것은 아니다. 전화가 공연히 거대한 시스템으로 성장하고 유지되는 것은 아니기 때문이다. 그것은 전화가 그에 걸맞게 자본집약적이고 기술집약적인 것임

---

35 이동전화가 널리 확산된 오늘날 전화라는 명칭은 혼돈을 불러일으키기 쉽다. 여기서 지칭하는 전화는 특별한 경우를 제외하고는 모두 유선전화를 의미한다. 유선전화라는 용어는 잘 쓰이지 않는 말이다. 전화가 본래 유선전화로부터 시작되었기 때문이다. 같은 맥락에서 전신 역시 유선전신을 의미한다. 이동전화를 언급할 때는 이동전화라고 구분해 썼다. 한편 이동전화도 유선전화와 구분하기 위해서라면 무선전화라고 써야겠지만, 이동성에 보다 큰 방점이 찍히면서 무선전화라는 말 역시 거의 사용하지 않는 용어가 되었다. 그리고 스마트폰이 보편화되면서 이제는 이동전화라는 말도 점차 자취를 감추고 있다.

을 보여주는 말이다. 동시에 전화라는 미디어가 개인과 조직의 생명선, 또는 신경망이라고 할 수 있을 만큼 사회적 필수설비라는 것을 우회적으로 말해주는 것이기도 하다. 또 거대한 기계라는 것은 통신 산업의 규모를 이르는 것뿐만 아니라 전화통신 시스템을 운영하는 것이 매우 복잡한 작업이며, 일정 수준 이상의 통신 서비스 품질을 유지하는 것 역시 간단치 않은 작업임을 뜻하는 것이기도 하다. 나아가 거대한 기계라는 표현에는 오늘날의 전화, 특히 스마트폰이 거의 모든 미디어 기능을 수렴하는 플랫폼이라는 뜻도 포함되어 있다.

이런 점에서 전화는 단순히 전화로 끝나지 않는다. 1870년대에 시작되어 지금까지 150여 년에 이르는 전화의 역사는, 전화가 기술적인 부분에서 오늘날 사용하는 많은 미디어의 토대였음을 보여주며 동시에 사회적으로도 큰 영향을 끼친 기술임을 보여준다. 통신 네트워크는 경제적으로는 거래와 사업의 효율성을 높여주는 연락과 조정의 도구로, 정치적으로는 수많은 사람들에게 뉴스와 정보를 제공해주는 통로로, 사회적으로는 시간과 공간의 장벽을 넘어 더 넓게 개인과 집단 간의 관계를 형성하고 유지하는 연계망으로 작동하고 있다.

전화는 전신에 이어 전기를 이용해 만들어진 두 번째 미디어이다. 전화의 시작은 기준에 따라 다른 곳과 시간을 설정할 수도 있지만, 1876년 벨이 미국의 특허를 획득한 해를 시작점으로 보는 것이 일반적이다. 전신은 '멀리서 글을 쓴다'는 뜻의 telegraph이고, 전화를 지칭하는 telephone은 그리스어 '멀리서'를 뜻하는 tele, 그리고 '소리'를 의미하는 phono가 합쳐진 것이다. 직역하면 '멀리서 듣는 소리'를 뜻한다. 어색하게 들릴 수도 있지만 전화의 본래적 쓰임새를 소박하게 설명해주는 용어이다. 멀리서 소리를 전하고 들을 수 있는 것, 단순하게 들리는 이 기능을 수행하는 전화는 놀랍게도 그 누구도, 심지어 전화를 만든 최초의 전기공학자나 엔지니어도 전혀 예상하거나 기대하지 않았던, 실로 우연한 발명품이다.

물론 공식적인 전화 특허 승인 이전에도 전기를 이용해 사람의 목소리를 멀리까지 전할 수 있는 통신기기에 대한 아이디어는 다양하게 제시되었지만, 실제 작동이 되는 기기나 시스템에 관해서는 A. 벨 이전에 그 누구도 분명한 답과 실체를 보여주지 못했다. 이런 정황에서 전화(telephone)라는 용어도 정확히 누가 명명한 것인지도 모르는 채로 19세기 초반부터 사람들 사이에 회자되며 그대로 자리 잡게 되었다. 오늘날 전화가 차지하고 있는 사회적, 경제적, 문화적 위상을 감안할 때 성서의 표현을 빌리자면, '시작은 참으로 미미하였으나 오늘날 너무도 창대한 것'으로 발전하였다.

전신의 과제

전화는 전신의 후계자이다. 전신이 기계적 부호를 전하는 것이라면 전화는 사람의 목소리를 전하는 것이다. 발명의 과정을 최소한도로 표현하자면, 전화는 전신 시스템의 단점을 보완하고 문제를 해결하는 과정에서 우연히 만들어진 미디어이다. 그런데 유념할 것은 기존의 전신 시스템을 개선하려고 뛰어든 많은 사람들 중에 정작 사람의 목소리를 전하고 들을 수 있는 통신 시스템을 만들고자 생각한 사람은 거의 없었다는 것이다. 전신의 발명과 비교할 때 이는 매우 분명하게 구별되는 특이한 현상이다. S. 모르스는 자신이 무엇을 설계하고 자신의 발명품이 어떻게 쓰일 것인지를 분명하게 인식하고 있었다. 그러나 전화는 그런 과정 자체가 없었던 것이나 마찬가지이다. 전기를 이용하여 사람의 목소리를 멀리 전하겠다는 개념이 제대로 형성되지 않았던 것이다. 이는 물론 당시의 기술적 상상력이 지닌 한계였다. 다른 한편으로 이는 기존의 전신 시스템이 사회적 소통체제로 나름의 역할을 충분히 수행했기 때문에, 이를 대체하는 또 다른 통신미디어를 생각할 이유가 없었기 때문이기도 하다. 어느 쪽이든 전화 발명을 둘러싼 초기의 정황은 매우 흥미로운 것이 아닐 수 없다.

그렇다면 기존의 전신 시스템에는 기술적 차원에서 어떤 문제가 있었던 것일까? 첫 번째는 통신 서비스 제공 환경의 문제이다. 1844년 처음 개통된 이후 전신은 매우 빠르게 확산되었다. 1861년에는 미국을 동서로 연결하는 대륙횡단 전신 서비스도 개통되었다. 전신 서비스 가능지역이 엄청나게 늘어났으며 특히 각 지역의 중심 도시나 네트워크 중간 거점도시의 경우, 전기통신망은 혼잡하기 이를 데 없어 전신주에 연결된 선로가 하늘을 뒤덮는 것처럼 보일 정도였다. 전신 서비스에 대한 수요는 폭발적으로 늘어나는데 도시 미관이나 환경 여건으로 인해 추가 선로를 가설하기는 물리적으로 불가능한 난관에 봉착한 것이다.

두 번째 과제는 통신 기술 혁신의 문제이다. 비용의 측면에서, 그리고 전송 효율의 측면에서 기존 시스템을 어떻게 개선할 것인가의 문제였다. 네트워크나 교환국 등 시스템 가설 및 운용에 들어가는 비용을 최소화하고, 이미 설치된 시스템을 최대한 활용하여, 투자효과는 물론 정보전송의 효율성을 증대시키는 것은 어떤 종류의 통신 시스템에서나 항상 제기되는 과제이다. 이는 150년 전의 전신이나 오늘날의 최첨단 통신 네트워크에서나 동일하다.

전신 시스템의 개선과 관련, 먼저 모르스 부호를 익힌 무선기사만이 전신을 작동할 수 있다는 문제를 해결하기 위한 인쇄 전신기와, 보다 빠르게 메시지를 송신하기 위한 고속 자동 전신기 등은 이미 1850년대에 등장하였다. 그러나 이런 방식으로 정보전송 속도를 증가시킬 수는 있었지만, 정보전달 용량을 증가시키는 데는 한계가 있었다. 사실 정보전송 속도와 용량을 증가시키는 가장 단순한 방법은—비용을 감안하지 않는다면—필요한 만큼 네트워크를 증설하는 것이다. 그러나 네트워크를 증설하는 것은 더 많은 통신전주를 세우고, 더 많은 전신국을 설치하며, 더 많은 관리인원의 고용을 의미하기 때문에 시스템의 경제적, 기술적 효용성과는 크게 배치되는 방식이다.

때문에 당시 전신회사에서는 거액의 상금을 걸고 해결책을 공개모집하기도 하였다. 많은 방안들이 나타났다. 답은 '멀티플렉싱multiplexing'이라는 것이었다. 말 그대로 한 번에 여러 통(multi)의 전신을 주고받는 것이었다. 네트워크 증설 같은 추가 설비투자 없이, 기존 시스템의 경제적, 기술적 운용 효용성을 최대한으로 높이는 방법은 여러 메시지를 동시에 주고받을 수 있는 다중 송수신 시스템, 즉 여러 신호를 한꺼번에 종합해서 처리할 수 있는 멀티플렉싱 기술이었던 것이다.

소리/음악 전신기 acoustic/harmonic telegraph

멀티플렉싱 기술은 오늘날까지도 통신 기술의 핵심 영역이다. 이런 개념에서 당시 발전된 기술이 이중 송수신(듀플렉스duplex)—동시에 두 개의 신호, 즉 하나의 메시지를 보내고 받을 수 있는—, 그리고 사중 송수신(쿼드루플렉스quodruplex)—동시에 네 개의 신호, 즉 두 개의 메시지를 보내고 받을 수 있는—시스템이다.[36] 이와 같은 멀티플렉싱 시스템 중에 당시 특이한 아이디어로 등장한 것이 바로 소리 전신기(acoustic

---

36 사중 송수신 기술을 개발한 사람이 바로 유명한 T. 에디슨이다. 에디슨은 이 기술을 당시 거대 전신기업 웨스턴 유니언에 오늘날 기준으로 대략 이십만 불 정도에 팔았다. 이것을 종자돈으로 에디슨은 뉴저지 주에 멘로 파크 실험연구소를 설립하였다. 이는 에디슨의 발명왕 경력에 가장 결정적인 계기가 되었다.

telegraph) 또는 음악 전신기(harmonic telegraph)이다.(아래 사진 참조) 작은 피아노처럼 생긴 이 전신기는 기술적으로 말하면 주파수 분할방식을 활용한 다중 송수신 시스템이다. 주파수 분할이란 주파수 대역을 잘게 나누어 각각의 신호를 각각 다른 주파수에 실어 보내는 것을 의미하는데, 음악 전신기는 건반을 조작해 서로 다른 높이의 소리, 곧 서로 다른 주파수를 가진 신호를 전송하고 수신자 쪽에서도 그 주파수에 따라 신호를 구분하여 받는 시스템이다.

외형상 통신기기와는 거리가 멀어 보이지만, 음악 전신기의 작동과정은 매우 단순하다. 건반의 키를 작동시켜 소리의 높낮이, 즉 주파수가 다른 전기신호를 만들고, 이 신호들을 하나의 네트워크상에서 동시에 주고받는 것이다. 주파수가 다르기 때문에 동일한 네트워크일지라도 혼신이 발생하지 않으며, 수신기 역시 주파수에 따라 신호를 구분하여 받기 때문에 메시지 전달에 문제가 없다. 이런 방식으로 전신 네트워크의 정보전송 용량을 증대시키려는 아이디어를 낸 사람이 전화의 발전에 나름대로 크게 기여한 에디슨, 벨, 그레이 등이다. 음악 전신기는 결국 실용화되지는 못했다. 그러나 이론적으로는 가장 앞선 쿼드루플렉스 같은 기존의 다중 송신기술보다 건반 숫자만큼 훨씬 더 많은 메시지를 송수신할 수 있는 획기적인 장치이다.

그런데 음악 전신기에서 전신기 자체로서의 성능보다 주목해야 하는 것은 이것이 모르스 부호를 소리로 바꾼 것이고, 이 소리가 바로 전기신호라는 점이다. 즉 음악 전신기는 소리를 전기신호로 바꾸는 장치인 것이다. 쉽게 말하면 소리를 전기신호로 바꾸어 보내고, 그 전기신호를 다시 소리로 재생하는 도구인 것이다. 이 기능과 원리를 좀 더 확대하여 적절한 장치만 갖추면 사람의 목소리도 전기신호로 변조, 송수신할 수 있고 이것이 곧 전화이다. 결과론적인 이야기지만 음악 전신기에서 분명하게 관찰할 수 있는 이 명백한 사실을 당시 연구자들은 전혀 생각하지 못했고 우연한 기회에 A. 벨이 발견했던 것이다.

물론 벨 외에도 전화의 발명과 발전에 기여한 사람은 적지 않다. 대표적인 두 사람 중 하나는 이탈리아계 미국 이민자인 A. 메우치(1808-1889), 그리고 E. 그레이(1835-1901)이다. 메우치는 이미 1871년 전화—'말하는 전신(talking telegraph)'이라는 이름으로—특허를 출원했으나 권리유지 비용을 내지 못해 취소되었고, 그 때문에 전화의 역사에서 그의 이름은 사실상 지워졌다. 그러나 2002년 미국 하원은 그의 발명을 기리는 결의문을 채택해 그를 다시 역사에 기록해두었다.[37]

---

37 메우치와 관련된 흥미로운 이야기가 두 가지 있다. 첫 번째는 영화 「대부」 3편에 그의 이야기가 짧게 등장한다는 것. '메우치 협회'라는 곳에서 선정한 '올해의 이탈리아인'이라는 기념패를 대부에게 증정하는 장면이다. 물론 이는 영화를 위해 꾸민 장치이다. 두 번째는 캐나다 정부의 이야기이다. 본문에서도 언급했듯 미국 하원은 2002년 '만약 메우치의 특허가 유지되었다면 벨은 전화 특허를 받지 못했을 것'이라는 언급과 함께 전화 발전에 기여한 메우치의 공헌을 인정하는 결의문을 채택하였다. 그런데 상원에서 이 결의문은 채택되지 못했다. 한편 캐나다 의회는 미 하원의 결정 열흘 만에 전화 발명자는 벨이라는 결의안을 만장일치로 통과시켰다. 약간 희극적인 상황인데 여기에는 벨은 물론 벨의 집안과 캐나다 간의 오랜 인연이 있다. 벨은 1882년 미국 시민권을 얻었다. 그런데 벨의 가족은 본래 스코틀랜드 출신으로 일찍이 캐나다로 이민했고, 벨은 젊은 시절, 그리고 말년을 캐나다 온타리오 주에서 보냈으며, 그의 무덤과 박물관 역시 캐나다 온타리오 주에 소재하고 있다.

그러나 이들보다 앞서 독일의 과학자 P. 리스는 1861년에 이미 기본 개념이나 설계에서 이후의 전화와 동일한 기기를 만들었다. 물론 리스의 전화기는 실제 사용가능한 것은 아니었고, 작동문제 때문에 특허를 받는데도 실패했다. 그러나 실제 작동여부보다 그의 발명품은 1875년 에디슨의 탄소 마이크 발명에 결정적 아이디어를 제공했다는데 더 큰 의미가 있다. 왜냐하면 탄소 마이크야말로 전화통화의 음질을 결정하는 가장 중요한 발명 중 하나이기 때문이다. 이와 관련 에디슨은 이렇게 썼다. '최초로 전화기를 만든 사람은 리스지만 사람의 말을 제대로 전송하기에 그의 기기는 역부족이었다. 이후 말을 정확하게 전송할 수 있는 전화기를 만든 사람은 벨이다. 그러나 실제 상용화할 수 있는 수준의 전화기를 만든 사람은 나, 에디슨이다.' 자부심 강한 에디슨의 성품을 잘 드러내는 설명이 아닐 수 없다.

그레이의 이야기는 더욱 극적이다. 벨과 그레이가 제출한 전화 특허의 기술적 개념이나 구조는 사실상 동일한 것이었다. 약간씩 다른 이야기들이 전해지지만 핵심은 1876년 2월 14일, 그레이의 변호사들이 벨의 변호사들보다 특허청에 늦게 도착하는 바람에 벨의 특허는 다섯 번째로, 그레이의 특허는 그날 서른아홉 번째로 신청되었다는 것. 특허심사 원칙상 당연히 전화의 첫 번째 특허는 벨에게 주어졌다.[38] 그레이에게 특이한 점은 자신이 만든 음악 전신기가 우수한 기능을 가지고 있음을 보여주기 위해 여러 차례 음악을 전송하는 대중공연을 선보인 것이

---

38 벨과 그레이의 특허 문제는 오늘날까지도 논란이 벌어지고 있는 사안이다. 누가 먼저 특허청에 서류를 제출했는가부터, 특허청 내 일부 관리들이 변호사들과 연계하여 작동하지 않는 벨의 특허에 우선권을 주었다는 이야기까지 다양한 논쟁들이 끊이지 않고 있다. 심지어는 벨의 특허 신청에서 허가까지를 '지상 최대의 사기극'이라고 부르는 연구자도 있을 정도다. 사실 벨의 특허 절차 및 특허 내용을 비판하는 주장들도 상당한 설득력과 증거를 제시하고 있다. 그러나 현실의 역사는 전화가 벨의 것임을 굳건히 인정해주고 있다.

다. 음악 전신기를 무대에 설치하고 유명 피아니스트가 이를 연주하면 피아노와 연결, 극장의 청중에게 음악을 들려준 것이다. 자신의 발명품을 새로운 통신기기가 아니라 새로운 전기악기로 소개한 셈이다. 사실 그레이는 다재다능한 발명가였다. 그리고 그 역시 음악 전신기에 착안하여 전화 개발에도 몰두하였고, 특허신청에서는 늦었지만 벨과 거의 비슷한 시기에 전화 시스템의 기본설계를 완성하였다. 벨은 이 때문에 1876년 전화 특허 당시부터 그레이의 아이디어를 훔친 자라는 혐의를 받아 여러 차례 소송에 휘말리기도 했다. 이 때문에 전화의 진정한 발명자는 그레이라고 주장하는 연구자들도 적지 않다. 그러나 법정에서 전화의 최종 발명자로 공인 받은 사람은 벨이었다.

우연한 발명자

"왓슨 군, 이리로 와 주겠나?" 이 말은 전화를 통해 이뤄진 최초의 대화로 알려져 있다. 전화의 역사에서 빠지지 않는 대목이지만, 사실 전화를 발명한 벨은 전기공학자나 과학자가 아니었다. 벨은 본래 음성생리학을 전공한 보스턴대학 교수였다. 특히 청각과 언어장애를 가진 농아들을 교육하는 교사 양성이 그의 직업이었다. 이 과정에서 벨은 음성에 반응하여 떨림판이 진동하고, 그 떨림판에 연결된 바늘이 움직이면서 얇은 막이 도포된 유리판을 긁어 선을 기록하는 장치, 간단히 말하면 음성의 진동 기록 장치를 가지고 여러 가지 실험을 수행했다. 이것이 그가 소리와 전기와의 관계에 대해 관심을 갖게 된 직접적 계기였다.

벨은 본래 스코틀랜드 출신으로 20대 초반 가족과 함께 캐나다로 이민해 정착하게 된다. 비교적 여유있는 집안으로 할아버지 때부터 말하기, 발성 등에 관련된 일을 하였고 벨도 그러했다. 벨이 청각과 언어장애 문제에 큰 관심을 두고 기술적 해결방법에 전념했던 까닭은 어머니와 부인이 모두 같은 장애를 가졌기 때문이다. 벨은 실험실을 만들어 전신을 비롯한 여러 전기장치들에 대한 연구를 계속 하였으며, 특히 당시 사람들 사이에 큰 관심을 끌었던 음악 전신기 설계와 제작, 그리고 실험에 집중하였다. 이 실험 과정에서 벨은 전혀 생각지 못했던 전화의 발명으로 이어지는 결정적 계기와 맞닥뜨리게 된다.

기록에 따르면 1875년 6월 2일, 벨은 실험실에 세 개의 음악 전신기를 설치했는데 그중 하나가 제대로 작동하지 않자 조수인 왓슨에게 그 떨림판을 떼라고 지시했다. 벨을 놀라게 한 일은 이때 벌어진다. 왓슨이 수신기 자석에 붙어있던 떨림판을 떼자 바로 송신기의 떨림판 하나가 진동하면서 둔탁한 소리를 냈던 것이다. 벨은 이 현상에 주목하고 몇 차례 더 실험을 진행하였다. 실험이 보여준 것은, 전신기의 떨림판을 자극하면 그것이 전신기에 부착되어 있는 자석에 영향을 주어 전류가 발생하고, 그것이 회로를 통해 전달되면서 다른 쪽의 떨림판을 자극한다는 것이었다. 여기서 벨의 생각은 떨림판을 사람의 목소리로 자극하면 음성이 전기신호로 바뀌고 그것을 전달할 수 있으리라는 것이었다. 그 누구도 생각지 못했던 참으로 단순명료한 전화의 기본 개념이 확정되는 순간이었다. 오랫동안 청각과 언어장애 문제를 기술적으로 해결하고자 노력했던 벨의 연구와 실험경력이 이 같은 '유레카'의 순간을 낳았다고 할 것이다.

물론 누구도 이를 생각지 못했다는 것은 과장이고 왜곡이다. 벨의 전화 발명 이야기는 일종의 영웅담이다. 심지어 벨의 전화 발명을 두고 앞서도 언급했듯 사기극이라고까지 극언하는 사람도 있다. 이미 많은 연구자들이 벨은 전화를 가능하게 한 여러 사람 중 하나로 운이 매우 좋았을 뿐이고, 전화는 수많은 전기학자와 엔지니어들의 산물이라고 말하고 있다.

전화통신 시스템: 마이크와 스피커, 그리고 교환기

전화 특허를 받았다고 해서 곧바로 누구나 쓸 수 있는 전화기가 만들어지고 전화통신 시스템이 구축되는 것은 아니다. 특허서류 속의 전화기는 전화기로서의 기능을 수행할 수는 있었지만, 음성의 품질이 조악하였고 실용화하기에는 구조나 형태가 매우 불편했다. 그런 의미에서 특허는 시작일 뿐이다. 전화 발명가로서의 벨을 비판하는 사람들은 벨의 전화기는 정작 특허를 받고 몇 달이 지나서야 비로소 제대로 작동하였다는 점을 지적하곤 한다. 하지만 1876년 당시엔 그 누구의 전화도 제대로 실용화할 수 있을 정도로 성숙한 기술이 아니었다.

네트워크는 물론 전화통신의 기술적 핵심은 송화기로서의 마이크와 수화기로서의 스피커, 그리고 교환기이다. 사람의 목소리를 전기신호로 바꾸는 장치로서의 마이크, 그리고 이 전기신호를 원래의 목소리로 재생하는 장치로서의 스피커. 이 두 가지가 없다면 전화는 사실상 작동은 커녕 존재 자체가 불가능한 기기이다. 또 전화와 전화를 이어주는 교환기가 없다면 연결망으로서의 전화통신을 실제로 구현할 수 없다.

벨이 처음 고안한 마이크는 자석식이었으나 음성신호 자체가 본래 미약한 신호인 탓에 사실상 사용할 수 없었고, 때문에 그의 특허장에 기록된 것은 액체 마이크(water/liquid microphone)였다. 이 마이크는 오늘날의 관점에서는 비상한 상상력을 동원해야 구상 가능한, 실로 기이한 발상이 돋보이는 기기이다.(왼쪽 그림 참조) 액체 마이크는 아래 그림처럼 말을 하는 통, 통에 연결된 바늘, 그

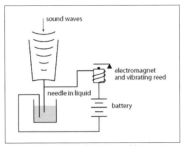

액체 마이크.(그림 출처 http://tenwatts.blogspot.kr/2006/12/microphone-part-8.html)

바늘이 잠길 수 있는 전해액과 용기, 전해액 용기에 연결된 배터리와 전선 등 크게 네 부분으로 구성된다. 통에 대고 말을 하면 소리의 높낮이에 따라 전해액에 담긴 통의 바늘이 높게 또는 낮게 상하로 움직이게 되고, 이 움직임의 정도에 따라 전해액에서 서로 다른 크기의 전기가 발생해 전선을 따라 크기가 다른 전기가 흐르게 된다. 즉, 사람의 목소리가 이런 과정을 거쳐 전기신호로 만들어지는 것이다.

앞서 인용한 최초의 전화 대화, "왓슨 군 이리로 오게."는 바로 이 액체 마이크-송화기로 이루어진 것이다. 그러나 액체 마이크는 실용적이지도 않고 음질이 워낙 조악했기 때문에 벨은 사용을 중단하고 다른 방식의 마이크로 방향을 바꾸게 된다. 이즈음 나타난 인물이 E. 베를리너(1851-1929)라는 독일 출신의 아마추어 엔지니어이다. 19살의 나이에 독일—당시 프러시아—과 프랑스 간의 전쟁 징집을 피해 미국으로 건너온 베를리너는 특별한 교육을 받지는 못했으나 야간대학을 다니면서 기술과 과학, 특히 음성과 소리에 대한 자신의 관심과 취미를 다듬어 점차 전문 발명가의 길로 나아간 인물이다. 베를리너는 1876년 필라델피아에서 열린 미국 독립 백주년 축하 행사장에서 시연된 벨의 전화에 매료되었고, 그에 대해 공부하면서 특히 벨 시스템의 송화기-마이크에 문제가 있다는 것을 확인하게 되었다. 이후 그가 만든 것이 우수한 음질을 구현하는 탄소 마이크(carbon mic)로, 그 품질을 인정한 벨은 요즘 가치로 환산하면 거의 100만 달러라는 거금을 주고 베를리너의 특허를 구입하였다.[39]

---

39 거의 같은 시기에 에디슨 역시 같은 원리로 작동하는 탄소 마이크를 발명하였다. 이 때문에 특허 소송전이 벌어졌는데 1892년 최종 판결은 에디슨의 승리로 귀결되었다. 에디슨이 베를리너보다 먼저 만들었다는 이유에서이다. 한편 베를리너는 자신의 관심사였던 음향기기에 대한 연구를 계속해 1878년 LP판과 동일한 평판 레코드를 발명, 그라모폰이라 이름을 붙이고 특허를 획득하였다. 그라모폰(gramophone)은 그리스어로 '쓰인 것'을 뜻하는 gramo와 '소리'를 뜻하는 phone를 합한 것으로 '쓰인 소리', 즉 녹음된 소리라는 뜻이다. 여기서도 베를

벨의 전화기

한편 벨의 스피커-수화기는 코일을 감은 자석을 사용한 것이었는데(위 그림 참조) 입력신호가 자석코일을 통과할 때 설치되어 있는 진동판이 떨리면서 신호가 원래의 음성으로 재생되는 것이었다.[40] 즉 입력신호의 크기 변화에 따라 자석코일이 상하 또는 좌우로 움직이고, 코일의 움직임에 따라 진동판이 움직이면서 주변의 공기를 진동시켜 소리를 발생시키는 것이다. 벨의 설계는 전화 수화기뿐만 아니라 거의 모든 스피커가 작동하는 기본 원리로 확립되었다. 이에 기초하여 독일의 발명가인 W. 지멘스는 수신성능이 뛰어난 스피커를 만들었고, 본격적인 오디오 확성기의 영역을 개척하였다.

리너는 에디슨의 원통형 축음기와 시장에서 맞서게 되는데 이번 승자는 베를리너였다. 이후 베를리너는 미국과 영국, 그리고 독일과 캐나다에 연이어 그라모폰 레코드 회사(Gramophone Company)를 설립, 상업적으로도 크게 성공하였다. 오늘날 미국의 대표적 음악상 중 하나로 꼽히는 그래미상(Grammy Awards)은 본래 그라모폰 상이었다가 발음하기 쉬운 그래미로 바뀐 것이다. 한편 그라모폰은 음반 상표로 명성을 누리기도 하였으며, 1973년 콜롬비아 레코드사와 합병, 오늘날 EMI(Electric and Musical Industries Ltd.)라는 이름으로 재탄생하였다.

40 마이크와 스피커의 구조는 순서만 뒤바뀐 것일 뿐 기본적으로는 동일한 원리로 작동한다. 벨이 처음 설계하고 만든 마이크-송화기가 영구자석을 사용한 것도 그 때문이다. 그러나 벨의 자석식 마이크는 출력신호가 너무 약해 실제로 사용할 수는 없었다. 때문에 벨은 액체 스피커, 그리고 탄소 마이크로 차례로 옮겨 갔던 것이다.

마이크와 스피커가 완성된 이후 이제 전화 시스템의 구성 요소 중 남은 것은 교환기이다. 전화에서 교환이란 전화기와 전화기 간의 연결을 가리키는 용어이다. 초기 전화기들은 각각의 기기를 직접 연결하여 사용하였다. 예를 들면 자기 집에 가설한 전화와 자기 사무실에 가설한 전화를 직접 잇는 식이었다. 따라서 선으로 연결되지 않은 다른 전화기와는 소통할 수 없었다. 또 당시에는 전화가 왔다는 소리를 내는 알림장치도 없었다. 때문에 상대방과 통화를 원할 때는 송화기에 대고 휘파람을 불어야 할 정도였다. 교환수, 또는 교환기가 없을 때 벌어지는, 지금의 관점에서는 상상조차 어렵고 우스꽝스러운 광경이다.

　　수동이든 자동이든 교환 시스템이 없는 전화 네트워크를 구현하는 것이 불가능하지는 않다. 그러나 전화기와 전화기를 일일이 연결하는 것은 비현실적이다. 소수의 전화기라도 비효율적인 직접 연결 방식을 수십만, 수백만, 수천만 대의 전화를 사용하는 환경에 적용할 수는 없기 때문이다. 교환 시스템은 따라서 개별 전화기와 전화기를 직접 연결하는 것이 아니라, 각각의 전화를 전화 교환국과 연결하고 교환국에서 가입자들의 통화연결 요청을 처리하는 구조를 갖추게 된다. 따라서 전화국은 담당 역무를 기준으로 개별 가입자를 담당하는 지역 단위의 교환국, 지역과 지역 교환국을 연결하는 광역 단위의 교환국, 그리고 광역과 광역 교환국을 연결하는 최상위 전국 단위 교환국과 같은 피라미드 형태로 구축된다. 그리고 국제전화는 국가와 국가 단위의 교환국 연결 방식으로 이어진다.

　　전화 가입자가 늘어나면서 1877년 보스턴에 미국의 첫 교환국이 설립되었다. 초기의 전화교환 시스템은 교환수가 수동으로 통화를 연결해주는 방식이었다.(다음 페이지 교환국 사진 참조) 그러나 1890년, 전화번호의 자릿수에 따라 차례로 신호막대가 움직이면서 통화를 연결해주는 기계식 자동 교환기가 만들어졌다. 이어서 기계식의 문제를 보완하는 전자식 교환기 등이 차례로 만들어졌다. 그렇다고 해서 전화교환 시스템이 곧바로 수동

1890년대의 전화 교환국

에서 자동으로 바뀌지는 않았다. 사실 수동으로 통신을 연결해주는 교환업무는 지금까지도 존재한다. 통화연결이라는 단순 교환업무는 점차 기계화·자동화되었지만 정보제공과 정보처리 차원으로 교환업무의 성격이 달라지면서 여전히 진행되고 있다.

전화가 가른 두 기업 이야기 — 웨스턴 유니언과 AT&T

약간 과장을 섞어 말하면 전화의 시작은 곧 전신의 종말을 의미한다. 그러나 전화의 시작과 전신의 종말에 이르는 시간은 거의 70년에 이르는, 전신의 입장에서는 고통스럽게 긴 중첩의 과정이었다. 이 과정에서 커다란 두 기업의 명암이 교체한다. 하나는 전신회사인 웨스턴 유니언, 또 하나는 전화회사인 AT&T(American Telephone and Telegraph).

1851년 뉴욕 주 로체스터에서 문을 연 전신회사 웨스턴 유니언의 성장은 신속하며 화려했다. 당시 전신 서비스는 각 지역의 중소규모 전신회사들이 담당하였다. 지역별로 다른 전신회사를 거치며 메시지가 전달되기 때문에 효율적이고 신뢰할만한 서비스 제공은 매우 어려운 과제였다. 때문에 전신기업들 간에 활발한 인수합병이 전개되었다. 이 과정에서 전화가 등장하기 정확히 십년 전 1866년, 설립된 지 15년 된 웨스턴 유니

1890년대의 전화 교환국

언Western Union이라는 기업이 미국 전신 서비스를 사실상 독점하는 체제가 완성되었다. 웨스턴 유니언은 일찍부터 모르스 부호가 아니라 타자기로 메시지를 작성, 그 자리에서 전신을 보낼 수 있는 인쇄전신기는 물론 고속전신기까지 도입하였다. 1861년 미국의 동부와 서부를 잇는 대륙횡단 전신망을 구축하였고, 이중신호 송수신 전신기 특허를 구입하기도 했으며, 아예 에디슨을 고용하여 사중신호 송수신 전신기까지 개발, 기술력으로도 다른 경쟁 기업들을 압도하였다. 이후 각지의 전신기업 인수합병을 통해 웨스턴 유니언은 미국 기업 역사상 최초로 전국 규모의 독점기업이 되었다. 웨스턴 유니언의 확장만큼이나 전신 서비스의 사용도 빠르게 늘어났다. 1867년 대략 600만 건 정도였던 연간 전송 메시지가 1900년도에는 그 열 배에 달하는 6300만 건에 이를 정도였다.

한편 벨은 전화 특허를 받은 바로 다음 해 1877년, 벨 전화사(Bell Telephone Company)를 설립하여 전화의 상용화에 나섰다. 그러나 자금 문제를 겪었던 벨은 당시 미국 최대의 전신회사 웨스턴 유니언에 화폐로 10만 불, 오늘날 가치로 약 230만 불(2017년 기준)을 요구하며 전화 특허 구매의사를 타진했다. 웨스턴 유니언은 간략한 내부회의를 거쳐 구매를 거절하는 결정을 내렸다. 전화는 아직 장거리 통신으로 쓸 수 있을 만큼 기술이 발전하지도 못했고, 이미 통신 서비스 분야의 지배적 사업자였던 유니언의 입장에서 전화는 이제 막 시장에 풀린 장난감 정도로 보였다. 당시 유니언의 사장은 벨에게 보낸 답신에 "흥미로운 신제품입니다만 쓰임새도 불분명한 이런 전기 장난감이 시장에서 성공하리라고 믿지는 않습니다."라고 적었다. 그 즈음 벨의 전화를 본 당시의 미국 대통령 R. 헤이즈(1877-1881 재임) 역시 "놀라운 발명품이긴 한데, 그걸 누가 쓰려고 할지 묻지 않을 수 없다."고 말했다. 결과론적인 평가지만 웨스턴 유니언의 거절은 미국 기업경영 역사상 최악의 결정이라는 혹독한 비판의 대상이 되었다. 그럴 수밖에 없는 것이 설립 직후 벨 전화사가 엄청난 매출을 올리기 시작했기 때문이다. 예상 밖으로 전화사업이 빠르게 성장하자 웨스턴 유니언은 에디슨을 기술 책임자로 다시 기용하면서 독자적으로 전화사업에 뛰어들었다. 그러나 이 과정에서 벨과 에디슨 간의 전화 특허 소송전이 벌어지고, 1879년 최종적으로 에디슨이 소송에 패하면서 웨스턴 유니언은 전화사업에서 결국 철수할 수밖에 없었다.

그러나 멀리까지 안정적으로 소리를 보낼 신호증폭 기술이 완비되기 전이었던 탓에 전화는 장거리 전송 시스템을 갖출 수 없었다. 이 때문에 당시까지 전화는 지역에 국한된 통신 서비스만 제공할 수밖에 없었고, 장거리 통신의 경우 교환국과 교환국을 계속 연결하는 매우 복잡한 방식으로 이루어졌다.[41] 이 문제를 해결하고 안정적인 장거리 전화통신 시스템을 구축하기 위해 벨 전화사는 1885년 AT&T라는 전화통신 기업으로 확대 변신하였고, 1892년 뉴욕과 시카고를 잇는 첫 장거리 전화망을 건설하였다. 벨로부터 특허 사용권을 받아 설립된 각 지역 전화회사들 역시 중소규모가 대부분이었으나 장거리 통신 서비스를 제공하는 AT&T와 연결되면서 사실상 전화통신은 하나의 시스템처럼 통폐합되었다. 장거리 통신 서비스로서 전신의 위치가 점차 약화될 수밖에 없는 신호였다.

이후 AT&T는 미국 주요 거점지역의 전화회사를 인수하는 형식으로 정부의 독점규제를 피하면서 기업의 규모를 크게 확장하였다. 이즈음 발명된 진공관을 신호증폭 장비로 활용하면서 장거리 통신 서비스도 이

41　여러 교환국을 거치는 과정에서 통신요금 청구를 위해 장거리 통신 교환수들은 일일이 통화 연결시간과 연결 교환국을 손으로 기록해야 했다. 이 때문에 장거리 서비스는 비싸기도 했을 뿐 아니라 매우 오랜 시간이 걸리는 작업이었다.

전보다 훨씬 원활하게 제공할 수 있었다. 1915년에 뉴욕과 샌프란시스코 간의 통화가 연결되면서 미국 전역을 잇는 장·단거리 전화망이 완성되었고, 같은 해 미국 버지니아의 알링턴과 프랑스 파리를 연결하는 전화를 시작으로 대서양 횡단선로도 문을 열었다. 그에 앞서 1907년 웨스턴 유니언을 인수하였고 이제 AT&T는 미국을 대표하는 거대 통신기업으로, 나아가 세계적으로도 역사상 가장 거대한 독점기업이 되었다. 독점을 비판하는 논리에 대해 AT&T는 '통신 서비스는 경쟁체제가 아니라 하나의 제도적 틀 안에서, 하나의 운영자가, 누구에게나 보편적으로 제공하는 서비스가 될 때 더욱 사회적 이득이 높다.'는 소위 '자연독점(natural monopoly)'의 논리로 맞섰다.

전화의 빠른 성장 속에서 전신의 영역은 더욱 축소되기 시작하였다. 통신 서비스로서의 전신은 결국 2차 대전 종전을 전후로 그 영광스런 역할의 대미를 장식하게 된다. 그 무렵까지 전신 서비스는 대략 100여 년간 크게 번성하였다. 그 배경에는 대도시 이외에는 전화보급 속도가 완만할 수밖에 없고, 전신을 통한 통신기록에는 공인 인증서류의 성격도 있었기 때문에 쉽게 폐기될 수 없다는 정황이 있었다. 그러나 저물어 가는 전신의 운명을 되돌릴 수는 없었다. 바야흐로 거침없이 성장하는 거대한 전화통신 시대로 접어든 것이다.

전화의 확산

전화는 무엇보다 일대일, 개인 간의 통신미디어로 정체성을 확보해왔다. 그러나 초기의 전화는 이와는 매우 다른 쓰임새를 보여주기도 했다. 마치 구독해서 듣는 방송처럼 가입자에게 뉴스를, 나중에는 음악회를 중계하는 용도로도 쓰였다. 헝가리의 텔레폰 히르몬도('텔레폰 헤럴드'라는 뜻)는 1893

런던의 전화살롱

년부터 1944년까지 이런 서비스를 오랫동안 지속적으로 제공함으로써 전화의 색다른 용도를 보여준 사례이다. 프랑스나 영국에서도 초기에는 전화를 오락공연 중계용으로 사용하였으며(위 사진 참조), 전화를 발명한 벨과 왓슨도 초기에는 전화를 널리 홍보하기 위해 무대공연 형식의 설명회를 열었는데 여기에 적지 않은 관객들이 몰렸다는 것이다. 현장에 없는 왓슨이 전화를 통해 인사하고 노래를 부르는 식의 공연이었다.

　이러한 전화의 다른 쓰임새는 물론 예외적인 경우였고, 전화는 소통이라는 본연의 용도에 맞게 확산되었다. 그러나 도입 초기에 전화 서비스가 업무용이라는 이유로 통신사들은 가정용 전화 판매에 적극적으로 나서지 않았다. 그러나 정작 사용자들은 개인적인 용도로도 전화가 매우 유용하다는 것을 알고 있었다. 전화가 개인 간의 사교와 소통에 필수적인 도구라는 의미에 주목하지 않거나 오히려 그런 용도에 제한을 둔 쪽은 전화회사들이었다. 때문에 전화는 상당기간 주로 업무용으로 보급되었으며 용도에 있어서도 사적인 대화보다는 간략한 용건처리, 또는 긴급연락 정도로 국한될 수밖에 없었다. 이는 초창기에 전화라는 미디어가 어떤 것이고 어떻게 쓰여야 하는지, 그 용도와 정체성이 분명하게 확정되어 있지 않았음을 보여주는 사례이다. 이 시기를 지나 오늘날처럼 개인 간의 사적인 쌍방향 통신기기로 전화의 정체성이 확립되고 빠르게 확산된 것은 대략 20세기 초에 이르러서의 일이다.

미국의 경우, 벨 전화회사 설립 첫해 고객은 기록에 따르면 200여 명, 이후 약간 증가한 1300여 명, 3년 후인 1880년에는 4만9천 명, 1890년에 15만 명, 1900년 60만 명으로 비교적 완만한 확산 속도를 보였다. 그러나 그 5년 후 1905년의 가입자는 220만, 1910년에는 무려 580만 명에 달하였다. 그리고 2차 대전 후인 1948년 전화는 3천만 가입자를 기록하였다. 인구통계청 자료에 따르면 그해 미국 전체 가구 수는 4,050만이다. 75퍼센트의 보급률 수준이다. 숫자만으로 보면 초기 전화의 확산 추세는 그다지 빠르지 않은 것처럼 보인다. 물론 등장하자마자 거의 수직적 확산세를 보인 라디오와 TV, 컴퓨터와 인터넷 등에 비하면 상대적으로는 완만한 상승세이다. 그러나 1차, 2차 대전으로 전신과 전화 같은 장거리 통신에 일종의 국유화 조처가 취해진 매우 엄정한 정체기간을 감안한다면 보다 장기적 관점에서 그 차이가 유의미한 것은 아니다.

이와 같은 미국의 전화 확산 양상은 다른 나라와 비교해 볼 때 확연하게 두드러진다. 예를 들어 유럽의 경우 국가별로 큰 차이가 있지만 영국은 1930년대까지도 기업체의 절반 정도가 전화를 사용하지 않았으며, 가정용으로도 소득 상위 5퍼센트에 속하는 사람들 정도만 전화 서비스에 가입한 상태였다. 그리고 전화보급 자체가 더딜 뿐 아니라, 전화의 사용 행태 역시 대화용이라기보다 전달, 또는 지시의 성격이었다. 오늘날 기준으로는 이해하기 어렵지만, 당시 영국 체신국의 한 수석 엔지니어는 미국에서 전화가 빠르게 확산되는 이유를 '미국은 하인이 없는 사회이기 때문'이라 말할 정도였다. 물론 미국도 사무실 용도의 전화 비중이 높았지만 유럽과는 매우 다른 양상을 보여주었다. 비슷한 시기 미국의 가정용 전화 보급률은 40퍼센트를 상회하는 수준이었다. 이는 전화보급 양상의 차이가 전화를 대하는 문화적 차이뿐만 아니라, 각 사회의 구조적 차이에서도 기인하고 있음을 보여준다.

뜨거운 용광로 미국과 전화

전화는 전신에 이어 전기에 관련된 과학과 기술에 바탕을 둔 두 번째 미디어이다. 발상지를 짚자면 미국이라 할 수 없지만, 전신도 그러했고 전화 역시 미국에서 그 화려한 꽃을 피웠다. 전화 미디어의 입장에서 기술 발전의 측면에서나 사회적 측면에서나 미국은 가장 모범적인 터전이었다. 그 배경은 미국이라는 사회의 빠른 변화였다.

전화가 급속하게 확산되던 19세기 후반, 20세기 초의 미국은 어떤 사회인가? 무엇보다 당시는 거대한 산업의 시대였다. 철강과 철도, 석유화학, 전기 등 2차 산업혁명의 핵심 영역에서 미국은 유럽 각국을 능가하는 강력한 산업 역량을 축적하였으며 이 경제력을 기반으로 지구적 범위의 진출을 꾀하는 정치적 존재로 떠오르기 시작하였다. 둘째, 당시의 미국은 급격한 사회 확대의 시대였다. 1848~49년 캘리포니아 골드러쉬 때부터 전 세계에서 대규모의 이민자들이 들어왔고, 1860년대 그 수는 5백만에 이르렀다. 중국 이민자들의 수도 적지 않았으며 특히 아일랜드의 대기근 사태로 무수한 아일랜드인들이 미국행을 택했다. 이후 1870년부터 1900년까지 30여 년 동안 독일, 이탈리아, 동남부 유럽 국가들, 중동, 멕시코, 캐나다 등지에서 미국으로의 이민 행렬이 쉬지 않고 이어졌다. 심지어 노르웨이 같은 곳에서는 전체 인구의 9퍼센트가 미국으로 이주하였다. 1880년에서 1930년까지 미국 이민자 수는 무려

2700만을 상회하였고, 1900년에는 미국 인구의 15퍼센트가 이민자였다. 셋째, 당시의 미국은 놀라운 경제적 성공의 시대를 맞이하고 있었다. 뉴욕 같은 대도시는 이런 부와 번영의 상징이 되었다. 폭발적인 이민과 인구증가는 물론, 다양한 이주민 거주구역이 뉴욕에 자리를 잡았고, 미국 국제무역 물동량의 60~70퍼센트를 담당하는 거대 도시로 위상을 굳혔다. 무엇보다도 뉴욕을 상징하는 것은 맨해튼에 들어선 초고층 빌딩들이었다. 당시만 해도 연달아 이어지는 초고층 빌딩의 스카이라인을 보여주는 도시는 전 세계 통틀어 뉴욕이 유일했다.

말 그대로 19세기 후반, 20세기 초 당시의 미국은 용광로였다. 전화는 미국이라는 국가가 탄생한 지 정확히 100주년에 맞춰 등장했다. 그즈음 뜨겁게 팽창하는 미국이라는 용광로를 사람들은 독립전쟁이라는 제1의 미국혁명을 잇는 제2의 미국혁명이라 불렀다. 상상을 넘어서는 규모의 대기업과[42] 엄청난 크기의 대도시들, 그리고 대규모 이민의 시대였다. 사회의 각 부분이 양과 질 두 측면에서 모두 폭발적으로 확대되고 증가하였다. 크고 빠르게 팽창하는 당시 미국사회가 직면한 가장 큰 과제는 개인적, 집단적 차원에서 이를 관리하는 것, 즉 사회학자 J. 베니거가 말하는 사회적 조절의 문제였다. 사회적 조절의 첫 번째 과제는 개인과 개인, 개인과 집단, 집단과 집단 간의 원활하고 신속한 소통이었다. 전화는 이러한 사회적 조절의 과제에 대응하는 매우 효과적인 기술체제였다. 다만 미국에서는 상대적으로 매우 빠르게, 유럽 등지에서는 조금

---

42 이 당시를 풍미했고 지금까지도 그 이름과 족적을 크게 남기고 있는 대표적인 미국의 기업가들은 우리에게도 잘 알려져 있다. 철강의 A. 카네기, 자동차의 H. 포드, 석유의 J. 록펠러, 철도의 C. 밴더빌트, 전신의 E. 코넬, 금융의 J.P. 모건 등. 모두 19세기 후반 20세기 초를 무대로 활약한 기업인들이다. 한쪽에서는 이들을 귀족강도라 부르고 또 다른 쪽에서는 산업의 영웅이라고 칭한다. 재론의 여지없이 이들은 미국이 20세기 세계적 패권국가로 성장하는 데 결정적 주역이었다.

뒤늦게 산업혁명의 발걸음과 함께 한 것이었다.

당시 전국적 범위에서 사회적 소통을 담당하고 있던 전신은 비용, 효율성, 사용성 등의 측면에서 전화에 견줄 수 없는 시스템임을 점차 드러내고 있었다. 기기의 성격상 전신은 메시지 송수신을 위해 직접 전신국에 오고가야 하는 불편함은 물론이고, 주로 회사나 공공기관 같은 곳에서 사용하는 전문가용, 또는 업무용 성격이 컸다. 또, 비용대비 효과나 메시지 전달속도, 편의성 등의 측면에서도 전화에 비해 열등한 미디어였다. 공적인 성격이든 사적인 성격이든 전화는 얼마든지 편리하게 사용할 수 있었고, 빠르고 정확하게 개인의 생활과 공적인 업무를 조정할 수 있었으며, 경제성 측면에서도 우수함은 물론 상대방과 직접 소통하는 것 같은 효과를 가진 미디어였다. 전화는 이런 점에서 C. 체리가 지적하듯 개인과 집단에 '새로운 행위의 자유'를 가져다 준 미디어이다. 개인과 집단의 사회적 조절을 기하는 핵심적 기술체제로서 전화의 중요성은 아무리 강조해도 지나치지 않다. 그것은 19세기 미국에서나 오늘날 세계 어느 곳에서나 마찬가지이다.

A. 벨에 대한 짧은 후일담

전화를 발명한 A. 벨은 1922년 75세를 일기로 사망했다. 젊은 시절 캐나다로 이주한 이후, 고향 스코틀랜드의 모습과 비슷하다며 일찍이 은퇴 준비 차 마련해 두었던, 캐나다 노바스코샤의 한적한 산골마을에서였다. 장례식을 마친 그날 미국과 캐나다의 모든 전화는 1분 동안 침묵하였다. 그렇게 전화는 벨의 사망에 조의를 표했다.

사실 벨은 1880년, 특허를 획득한 지 불과 4년 만에 일찍이 자신이 가지고 있는 벨 전화회사의 주식 지분을 거의 넘기고 본래 전공분야였던 음성학 연구로 돌아갔다. 엄청난 규모로 성장한 통신사업을 생각하면 그는 막대한 부를 축적할 수 있었던 기회를 스스로 던진 것이라고도 할 수 있다. 벨은 본래 다방면에 관심을 가진 과학자였다. 노년에는 공중비행은 물론 수중익선에 큰 관심을 가지고 실제 그런 비행기와 초고속 보트를 만들기도 했다. 그런데 특이한 것은, 전화기를 발명한 벨이 정작 자신의 사무실에는 전화를 놓지 않았다는 것이다. 벨 소리가 방해된다는 이유에서였다. 생각해보면 전화는 나의 사정을 감안하지 않고 나만의 시간과 공간 속으로 예고 없이 침투해 들어오는 매우 무례한 물건이다.

4-3. 전기통신의 확대
−세계를 덮는 그물망: 무선전신

전신과 전화는 전기가 무엇을 할 수 있는지를 보여 준 최초의 미디어이다. 시간과 공간을 재구성할 수 있고, 개인과 사회의 삶과 운영 방식을 조절할 수 있는 기제였다. 이들 미디어에서 전기는 설치된 선을 따라 흘렀다. 그러나 전기는 거기에서 멈추지 않는다. 전기는 선을 벗어나 어디로든 나아갈 수 있다. 그것이 전기의 본래적 특성이다. 전방향적 확산이라는 특성을 가진 전기가 그 면모를 처음으로 드러낸 것이 무선 미디어로서의 라디오이다.

'라디오'라는 용어는 본래 일직선으로 뻗어나가는 선을 뜻하는 라틴어 radius에서 유래한 것으로 전파가 진행하는 모습을 묘사한 것이다. 미디어로서의 라디오는 두 가지 의미를 지닌다. 하나는 통신 시스템으로서의 라디오, 다른 하나는 방송으로서의 라디오이다. 전자기파에 대한 연구와 실험이 첫 번째는 통신으로, 두 번째는 방송으로 이어진 것이다. 앞 장에서 이야기한 전신과 전화, 그리고 여기서 다룰 무선전신 라디오는 이후 등장할 모든 미디어의 기술적 원형을 이룬다.

무선통신으로서의 라디오를 세계인이 주목하는 초미의 관심사로 만든 것은 1912년 4월 15일에 일어난 대서양의 비극, 타이타닉호의 침몰이었다. 완성되었을 당시 타이타닉호는 '침몰할 수 없는 배'라 할 정도로 최첨단 설계와 자재, 그리고 장비를 갖춘 선박이었다. 신마저도 침몰시킬 수 없다고 했던 타이타닉호의 침몰은 누구도 예상하거나 준비하지 않았던 인간적 오만의 빈틈에서 벌어진 참극이었다. 구호를 요청하는 무선이 무수히 전송되었으나 재난신호는 전달되지 않았거나 사실상 무시되었고, 간신히 연결된 신호로 구조할 수 있는 배들이 도착했을 때 이미 2200명이 넘는 승객 중 절반을 훌쩍 넘긴 1500여 명은 돌이킬 수 없는 지경으로 빠져 들어갔다. 역으로 무선 라디오가 있었기에 타이타닉의 비극이 그 정도에서 멈추었다고도 할 수 있다. 타이타닉호가 침몰했던 해는 장거리 통신 시스템으로 만들어진 라디오가 본격적으로 상용화된 1904년으로부터 약 8년 정도가 지난 무렵이었다.

당시의 기술을 집약한 영국 국적의 최대 호화 여객선 타이타닉호는 사람과 물자의 대규모 이동으로 대표되는, 19세기 후반 가열차게 진행되었던 글로벌리제이션을 상징한다. 비극적 사건이었지만 한편으로 그것은 무선전신의 위력을 만천하에 드러낸 상징적 사건이었다. 이후 무선전신 시스템은 선박에 의무적으로 설치해야 하는 항해장비가 되었으며 더불어 신호와 운용의 국제표준도 만들어졌다. 라디오는 이제 유선전신이나 전화 같은 이전의 미디어가 감당할 수 없었던 해상통신을 담당하게 되면서 세계의 빈틈을 제거하고, 글로벌리제이션의 진전과 확장의 기초를 다지는 미디어가 되었다. 무선통신 라디오는 또한 방송으로서의 라디오라는 새로운 미디어의 등장을 예비한 토대이기도 했다.

J. C. 맥스웰과 H. 헤르츠

1831년 M. 패러데이(1791-1867)가 입증한 '전자기 유도현상', 즉 전기와 자기의 상호작용을 통해 전자기 현상이 일어난다는 것, 더 쉽게 말하자면 전기가 만들어진다는 것은 전기에 대한 더 많은 연구를 촉진시키는 커다란 전환점이었다. 전환점을 넘은 전기의 진화는 두 가지 방향으로 전개되었다. 하나는 실용화의 길, 다른 하나는 심화된 연구의 길이었다. 1830년대의 유선전신과 1870년대의 전화, 그리고 1880년대의 백열전등 같은 것이 실용화의 길로 나선 전기의 모습을 극적으로 보여주고 있었다면, 심화된 연구의 길은 전기의 근본적인 정체성을 더욱 복잡하고 정교하게 탐구하고 실험하는 작업이었다. 미리 말하자면 무선 라디오는 심화된 전기연구의 길에서 얻어진 성과를 실용화한 것이다.

오늘날과 같은 첨단 과학기술 시대에도 자석이나 전기에 대해 충분히 이해하지 못하는 부분이 있다.[43] 물리학 공식이나 전문적 설명은 전기에 대한 보통사람들의 이해를 돕기보다는 오히려 더 복잡하게 만들 뿐이다. 전기는 가장 밀접한 생활의 자원이면서 가장 이해도가 낮은 물리적 존재라 해도 틀린 말은 아니다.

19세기 중후반 전기의 본질적 정체에 대해 깊은 연구를 전개한 물리학자 중 가장 대표적인 인물은 J.C. 맥스웰(1831-1879)이다. 맥스웰은 그가 이룩한 전기 연구—정확히 말하면 전자기파(electro-magnetic wave), 즉 라디오에 대한 연구—의 중요성이나 업적에 비하면 너무 일찍 사망한 탓에 상대적으로 덜 알려진 과학자이다. 전 세계 물리학자들이 뉴턴, 아인슈타인과 함께 인류가 배출한 가장 위대한 물리학자 중 하나로 꼽는 맥스웰에 대해 아인슈타인은 이렇게 말한 바 있다. "과학의 역사는 맥스웰과 함께 한 시대의 막을 내리고, 맥스웰과 함께 새 시대의 문을 열었다.(One scientific epoch ended and another began with James Clerk Maxwell.)" 그것은 맥스웰이 전기와 자기 현상을 하나의 물리법칙으로 설명할 수 있는 틀, 즉 통일장 이론을 만든 공적 때문이다. 맥스웰의 전자기 이론을 '제 2의 통일장 이론'이라고도 부르는데, '중력'이라는 개념

---

43 전기가 무엇이며 어떻게 작용하는지는 충분히 알고 있으나 물리학은 아직 전기적 현상의 원인, 예를 들어 전자가 왜 특정한 값의 전하, 즉 전기량을 가지고 있는지 설명하지 못한다. 자석에 대해서도 마찬가지다. 자기현상은 설명할 수 있지만, 왜 자석이 떨어져 있는 금속을 움직이는 힘을 가지고 있는지는 설명하지 못한다.

으로 천문학과 물리학의 통합을 일정하게 완성한 뉴턴의 이론을 '제 1
의 통일장 이론'이라 칭하기 때문이다.

맥스웰은 광학, 기체 등 여러 분야에 관심을 가지고 있던 물리학자
였지만, 특히 1864년에 빛과 전기, 그리고 자기(magnetism)에 대한 논
문을 발표하면서 이에 대한 기본 이론과 법칙을 확립했다. 그의 연구
성과는 이후 무선통신, 라디오와 TV 방송, 레이더, 이동통신 시스템 등,
20세기 과학기술 문명의 초석을 쌓아둔 것이었다. 빛과 전기, 그리고 자
기에 대한 맥스웰의 이론적 설명을 전문적으로 서술하자면 한이 없지만
알기 쉽게 한 문장으로 요약하면 다음과 같다. '그것들은 모두 하나이며
동시에 서로 다른 것들이다.' 모두 하나란 말은 빛, 전기, 자기가 전자기
파라는 점에서 본질적으로 동일하며, 모두 다른 것이란 말은 전자기파
임에도 서로 다른 모습으로 나타난다는 뜻이다.

그의 법칙에 따르면 빛과 전기는 자기의 성질을 가진, 즉 전자기의
파동(전자기파)이며 빛의 속도로 움직인다는 것이다.[44] 아래의 그림은 맥
스웰이 설명하는 전기와 자기의 관계를 보여준다. 전기가 흐르면 전기
장(electric field)이 형성되고, 동시에 그 주변
으로 자기장(magnetic field)이 만들어지며,
이들은 서로 직각을 유지하면서 빛의 속도로
이동하는 모양을 띠게 된다.(오른쪽 그림 참조)

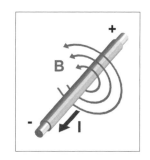

맥스웰의 전자기파 이론은 그가 독자적으
로 만들어낸 것이 아니라 쿨롱, 패러데이, 앙

---

44 물론 빛은 입자이기도 하다. 빛의 파동·입자 이중성(wave-particle duality)은 물리학의 주요 이론 중 하
나다. 아인슈타인은 저 유명한 상대성 원리가 아니라 빛이 '광자(photon)'라는 입자임을 밝힌 공적으로 1921년
노벨상을 수상했다.

페르 등 오늘날까지 전기 분야에 이름을 남긴 선구적 학자들의 연구를 토대로 그가 종합한 것이다.[45] 그러나 전기와 자기의 상호작용, 그리고 빛이 전자기파라는 것 등을 수학 공식으로 처음 확립한 사람은 맥스웰이다. 맥스웰의 이론을 좀 더 실용적으로 설명하면, 전기는 전자기파-전자파-전파이며 전파는 굳이 특정한 도선을 통해서만 이동하는 것이 아니라, 그것과 관계없이 어느 곳으로든—공기, 진공, 물 등 도체나 반도체뿐만 아니라 절연체 등에 의해 흐름이 변화되거나 막히는 경우를 제외한 어디든— 빛의 속도로 이동한다는 것이다. 맥스웰 이전에는 전기의 이러한 전방위적 확산현상이 문제점이었을 뿐, 그것이 전기의 본래적 특성이라는 생각은 없었다.

때문에 1860년대 이루어진 대서양 해저전신 케이블 가설에서 가장 어려운 과제 중 하나는 소금기 가득한 바닷물로부터 도선을 보호하는 것은 물론, 도선에 흐르는 전기신호의 누설을 방지하는 절연체를 만드는 것이었다.

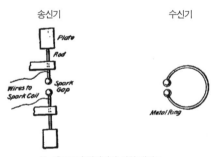

H. 헤르츠의 전자기파 실험 개념도

---

45   전기와 관련된 이들의 업적을 나열하자면 다음과 같다. 1.쿨롱의 법칙; 두 물체의 전기적 힘은 가까울수록 증가한다. 2.패러데이의 법칙; 자석-자기장은 전류-전기장를 발생시킨다. 3.앙페르의 법칙; 역으로 전기장은 자기장을 만들어낸다. 이들은 전기에 대한 이론적 이해를 심화시키는 데 크게 기여했다.

맥스웰이 이론화한 전자기파의 존재는 1887년 독일의 물리학자 H. 헤르츠(1857-1894)가 실험을 통해 입증해냈다. 헤르츠는 외부의 전파간섭이나 영향이 없도록 밀폐한 실험실 한 쪽에 전기 스파크 발생장치를 놓고, 반대쪽에 수신 안테나를 설치한 뒤, 스파크를 일으켰을 때 수신장비에서 나타나는 전기현상을 측정했다.(왼쪽 그림 참조) 그 결과 송신기에서 스파크를 발생시켰을 때, 반대쪽 수신 안테나에서도 스파크가 일어나면서 전기가 흐르는 것을 확인함으로써 맥스웰의 전자기파 이론을 실제로 입증한 것이다.(왼쪽 그림 참조) 그의 업적을 기려 전파의 주파수 표기단위에 헤르츠라는 이름이 붙게 되었다. 헤르츠는 자신의 실험에 어떤 실용적 함의가 있는지 전혀 생각지 않았지만 그의 실험은 다른 사람들에 의해 공중으로, 즉 무선으로 전기신호를 보내는 무선전신의 아이디어로 빠르게 이어졌다.

무선전신 시스템

전기, 즉 전자기파-전자파-전파가 공기 중으로도 전달된다는 것이 확인된 후, 그것의 실용적 활용 가능성에 대한 아이디어가 여기저기서 등장했다. 영국, 러시아, 인도 등 세계 각지의 전기학자와 전문가들 중 가장 두드러진 인물들은 이탈리아의 G. 마르코니(1874-1937)와 천재 전기과학자인 세르비아계 미국인 N. 테슬라(1856-1943)였다. 이들은 모두 무선통신 시스템의 발명과 개선에 나름대로 기여했으며 모두 '무선통신의 아버지'라고 불릴 자격을 갖추고 있다. 이들과 함께 주목해야 하는 또 다른 인물은 무선통신 신호 수신기를 최초로 개발한 프랑스의 물리학자 E. 브랜리(1844-1940)이다.

하드웨어 차원에서 무선전신은 그리 복잡하지 않다. 유선전신 시스템에서 선을 제거하고 송신기와 수신기를 무선전신에 적합하도록 교체한 것이기 때문이다.(아래 무선통신 시스템 개념도 참조) 소프트웨어 역시 유선전신과 마찬가지로 모르스 부호를 사용하기 때문에 새로운 것은 없다. 무선전신은 이런 점에서 매우 간명한 시스템이라고 할 수 있다. 그러나 이것이 제대로 가동하려면 기술공학적 차원에서 결코 간단치 않은 과제들을 풀어야 했다. 아래 그림에서 보듯이 무선통신 시스템에서 가장 핵심적인 기술과제는 두 가지이다. 첫째, 어떻게 전기신호를 송신할 것인가. 둘째, 어떻게 전기신호를 수신할 것인가.

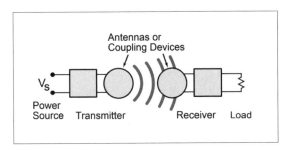

무선통신 시스템 개념도

전자공학이 발전하면서 진공관, 나중에는 트랜지스터 기기들이 만들어졌지만 초창기 기기를 기준으로 신호 송신은 전기 스파크를 이용해 이루어졌다. 헤르츠가 이미 전자기파 실험에서 사용한 장비처럼 송신기의 손잡이 키를 잇고 끊는 식으로 모르스 부호를 조작, 전기 스파크를 일으키는 것이었다. 아래 그림은 초기 무선전신 송신기의 기본구조를 보여준다. 오른쪽 아래 부분의 전신 키로 모르스 신호를 조작하면 그림 하단의 건전지와 오른쪽 위의 축전기가 연결되면서 중간부분의 전극에서 ―spark gap이라 씌어있는 기기― 강한 전기 스파크가 일어나게 되고, 그 전기신호가 왼쪽 윗부분의 안테나 튜너를 거쳐 송신 안테나를 통해 공중으로 송출되는 방식이었다.[46]

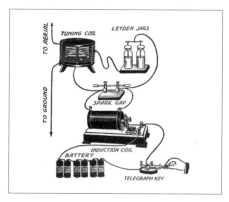

무선전신 송신기 개념도

그밖에도 송신부분에서 중요한 역할을 맡고 있는 것은 안테나이다. 신호를 멀리 강하게 보내기 위해서는 안테나를 매우 높이 세워야 하는데, 1901년 마르코니가 대서양 횡단 신호 송신에 사용했던 안테나는 높이가 무려 150미터에 달할 정도였다. 또, 스파크 송신기는 출력이 약해 강한 축전지를 보완해야 하는 등 구성 요소들의 부피가 크다는 문제가 있었지만 구조가 간단하다는 이점 때문에 1차 대전 무렵까지 쓰이기도 했다. 그러나 이후 신호출력이 높은 대형 발전기가 만들어지면서 점차 대체되었고, 1920년대 들어서는 진공관 신호 발진기가, 그 이후에는 트랜지스터가 사용되었다.

46   이 송신기는 1905년경에 만들어진 것으로 신호출력을 높이기 위한 축전기(오른쪽 위)와 신호조정기 역할을 수행하는 안테나 튜너(왼쪽 위 코일)를 부가하여 이전보다 신호를 더 멀리, 더 명료하게 보낼 수 있었다.

사실 무선전신에서 송신부분은 비교적 간명하고 단순한 작업이다. 훨씬 난해하고 복잡한 과정은 신호를 수신하는 작업이다. 앞서 언급했듯 장거리 무선전신 시스템은 여러 방향으로 확산되는 전기 고유의 특성에 기초한 미디어이다. 전기의 확산현상이 없다면 성립될 수 없는 것이 장거리 무선통신 시스템이다. 이러한 전기의 본래적 성질, 즉 전기의 확산현상은 지금까지도 전기통신 시스템의 난제 중 하나로 남아 있는데, 이것이 문제가 되는 이유는 통신이 본래 무차별적인 송수신이 아니라 특정 송신지점과 특정 수신지점 간의 소통 시스템이라는 데 있다. 이 때문에 확산되는 송신신호가 특정한 패턴과 방향성을 가지도록 지향성 안테나를 설계하는 것과 안테나의 위치 선정이 매우 중요해진다. 수신의 경우도 마찬가지로 여러 방향으로 확산되어 들어오는 무선신호를 정확하게 찾아내고 해석하는 장비를 구축하는 것이 중요 과제로 대두한다. 사실 무선전신은 외부환경에 전기신호가 그대로 노출되는 것이기 때문에 기상이나 다른 전기적 현상으로 인한 신호감쇠나 잡음현상을 피할 수 없다. 뿐만 아니라 전기 스파크는 일종의 불꽃같은 것으로, 시간이 지나면서 불꽃이 사그라지듯 매우 빠르게 신호가 약해지는 특성을 가지고 있다. 때문에 송신부분에서는 강한 출력으로 신호를 내보내고, 수신부분에서는 약해진 신호를 증폭하는 장비를 제대로 갖추어야 원활한 송수신이 가능해진다.

여기서 초창기 무선전신기기 중 '동조기(coherer)'라 불리는 가장 흥미로운 신호 수신기가 만들어지는데, 그 과제를 완성한 사람이 바로 프랑스의 과학자 브랜리이다. 그가 만든 동조기는 아래 수신기 사진, 중간 위쪽의 원통형 부품 옆, 가로로 작은 관처럼 놓여있는 것이다.

마르코니 무선 수신기

   동조란 '함께 울린다'는 의미를 가지고 있는 용어인데, 특히 단속적으로 끊김과 이어짐이 반복되는 모르스 신호의 무선전신은 그에 정확하게 반응하는 수신기가 필요하였고, 브랜리의 동조기가 그와 같은 기능을 수행한 첫 수신기였다. 전자석 원리를 활용한 그의 수신기는 초보적이기는 하지만 나름 충분히 기능하면서 대략 1910년경까지 수신기로 사용되었다. 이후 여러 다른 방식의 수신기들이 만들어지기도 했으나 1920년대 이후 무선 수신기는 진공관으로 바뀌게 된다.

   먼저 브랜리 동조기(오른쪽 그림 참조)는 유리관 속에 분말처럼 보이는 은, 아연, 또는 니켈 등의 작은 금속조각이 들어 있는데, 관의 한쪽은 수신 안테나와 연결되어 있고 또 다른 한쪽은 신호 수신장치(예: 벨, 이어폰, 전신인쇄기 등)와 연결되어 있다. 수신 안테나를 통해 무선전파, 즉 모르스 부호의 전기신호가 들어오게 되면 관 내부의 금속조각들이 전기로 인해 자성을 띠면서 함께 뭉쳐 —즉, 동조하면서— 전

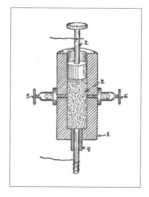

E. 브랜리 동조기(coherer)

기신호를 전달하는 스위치로 기능하고, 그에 연결되어 있는 수신장치가 작동하는 것이다.

이와 같은 과정을 거쳐 하나의 시스템으로 작동하는 무선전신 시스템은 20세기 들어 더욱 정교하게 작동하는 진공관 발진기와 수신기 등을 갖추면서 점차 송수신 기능과 감도, 정확성 등이 높아지게 되었다. 무선전신 장비와 부품의 고도화는 한편으로는 기능적 차원의 향상이지만, 또 다른 한편으로는 전혀 새로운 개념과 이해를 바탕으로 새로운 전기 전자 관련 영역을 개척하는 역할을 수행하였다. 그리고 그것이 방송으로서의 라디오가 생겨나는 토대로 작용하게 된다.

N. 테슬라와 G. 마르코니

전자기파와 관련한 맥스웰의 이론을 실험으로 입증한 헤르츠는 그것의 실용적 가능성에 대해서는 전혀 생각하지 않았다. 맥스웰 이론의 실용화는 전혀 다른 사람들에 의해 진행되었다. 무수히 많은 전기 전문가, 연구자, 엔지니어, 사업가 등이 무선 라디오의 실용화에 기여했지만, 이중 가장 많은 이야기를 품고 있는 사람은 전설처럼 풍성하면서도 기구하게 삶을 마감한 세르비아 출신의 천재 과학자이자 발명가인 테슬라이다.[47] 또 한 사람은 이와 대조적으로 아마추어 수준의 전기지식만으로 무선 통신 분야에서 사업적으로, 사회적으로 크게 성공한 이탈리아의 마르코니이다.

---

47 N. 테슬라의 국적은 어디일까? 1891년 미국 시민권을 획득한 테슬라는 공식적으로는 미국인이다. 그의 출생지는 오늘날의 크로아티아, 민족적으로는 세르비아계, 출생 당시 그의 고향은 오스트리아 제국. 이렇게 보면 그의 국적은 어디인지 확정할 수도 없고, 사실 그리 중요한 문제도 아니다. 오늘날 세르비아와 크로아티아는 각각 테슬라가 자기 나라 사람이라며 그를 국가 홍보에 이용하고 있다.

'미치광이 과학자(mad scientist)'라는 별명이 말해주듯 테슬라는 보통사람들이 이해하기 어려운 생각과 행동을 보였다. 중도에 포기하기는 했지만 한때 그는 전 세계에 무선으로 전기를 공급하겠다며 엄청난 높이의 무선 전기탑 건립을 추진하기도 했다. 무엇보다 테슬라는 에디슨과 비교되는 인물인데, 에디슨이 발명왕으로 무수한 기기들을 만든 사람이라면, 테슬라는 기기의 발명보다 거대한 시스템 단위로 전기를 구상하고 설계한 인물이다. 시스템 설계자로서 테슬라의 가장 큰 업적은 오늘날 전기의 표준으로 존재하는 교류 전기의 발전과 송전, 활용의 시스템을 가장 구체적으로 구상하고 실제로 구현한 것이다. 테슬라는 에디슨 전기회사에서 일한 적도 있으나, 직류-교류 기술경쟁과 대립 속에서 직류를 고집하는 에디슨에 맞서 웨스팅하우스 전기회사로 자리를 옮겼다.[48] 한편 테슬라는 헤르츠의 실험 이후 무선통신 분야에도 관심을 두고 1891년부터 이와 관련된 여러 특허를 등록하였다.

　특히 오른쪽 사진에 보이는 테슬라 코일은 하나의 기능을 가진 기기가 아니라 변압기, 방전기, 고주파 전파 발진기, 전파 송신기 등 다용도 기기였다. 특히 테슬라 코일은 전파신호를 만들어낼 수 있는 기기로 이를 통해 테슬라는 마르코니보다 훨씬 앞서 무선으로 전기신호를 주고받을 수 있음을 입증하였다. 이를 바탕으로 테슬라는 1897년

테슬라 코일 1891년

48　변압이 용이하며 장거리 송전에서 손실이 적은 등, 교류가 가진 여러 장점으로 인해 에디슨의 직류 전송 방식은 일반 전기 분야에서 사장되고, 세계적으로 교류 전송 방식이 쓰이게 된다. 그러나 이후로 연구가 진전되면서 직류 송전방식에도 커다란 가능성이 있음이 밝혀지고 있다.

무선특허를 신청, 1900년 마르코니보다 앞서 승인을 받았다. 때문에 마르코니는 그해는 물론 이후 1903년까지 미국에서는 무선특허를 받을 수가 없었다. 특히 미국 특허청에서는 무선통신 분야에서 이미 널리 알려진 테슬라 전파 발진기를 알지 못하는 마르코니의 특허신청을 인정하지 않았다.

그러나 영국에서는 사정이 달랐다. 자신이 만든 무선전신기 활용 방안에 대해 이탈리아 정부와 논의하던 중 당국의 반응이 소극적이자, 1896년 마르코니는 영국계인 어머니와 함께 런던으로 건너가 영국 정부와 협상을 벌였다. 당시 마르코니의 무선통신기는 사실 조악한 부품 조립 상태 정도의 것이었음에도 영국에서는 특허를 받아냈다. 비록 송수신 거리는 몇 백 미터에 지나지 않았지만 일단 작동은 되었기 때문이다. 이후 마르코니는 장비 실험을 통해 시스템을 개선하였고, 영국 각지에서 여러 차례 전신 시범을 보여, 영국 정부와 해군의 관심을 끄는 데 성공하였다. 그리고 1899년 테슬라 발진기를 사용해 영국해협을 건너는 무선전신에도 성공하면서 더욱 크게 대중의 주목을 받게 된다. 이와 같은 과정을 거쳐 1897년 그가 세운 무선전신 회사는 주가가 크게 오르며 성장하였고, 1901년에는 드디어 캐나다까지 3500킬로미터가 넘는

마르코니와 그의 무선전신 송수신기. 1890년대 후반

미디어 발명의 사회사

대서양 횡단 무선신호의 송수신에 성공하였다. 이제 마르코니 개인도, 그가 세운 기업도 커다란 국제적 관심과 명성을 쌓았다. 이후 미국에도 마르코니 전신회사를 세워 에디슨이나 철강왕 앤드류 카네기 등을 투자자로 유치하였을 뿐만 아니라, 에디슨을 기술고문으로 위촉하기도 하였다.

성장을 거듭하던 마르코니 영광의 정점은 1909년 무선전신 시스템의 개발과 활용의 공적으로 노벨 물리학상을 수상한 것이었다.[49] 수상 연설에서 마르코니는 사실 자신은 무선 전신기가 어떻게 작동하는지에 대해 잘 모른다고 솔직히 털어놓기도 하였다. 한편 미국 특허청은 1904년 특별한 설명 없이 애초의 입장을 번복, 마르코니에게 무선전신 특허를 승인하였다. 미국 마르코니 회사에 투자한 유력인사들의 압력이라는 소문이 무성하였다. 그런 와중에 마르코니에게 노벨상이 수여되자 테슬라는 특허 소송을 제기하였다. 소송의 핵심은 특허 침해에 보상을 요구하는 것이 아니라 마르코니의 무선전신 시스템이 누구의 특허에 기초한 것인가를 분명하게 확인하자는 취지의 것이었다. 1915년부터 시작된 소송은 무려 28년이 지난 1943년에서야 테슬라의 손을 들어주는 연방 대법원의 판결이 나왔다. 판결은 마르코니를 세기의 도적으로 선언한 것과 다름없었다. 그러나 무선전신을 둘러싼 산업과 기업운영의 현실은 달라지지 않았다. 아이러니한 것은 최종 판결이 내려지기 몇 달 전 테슬라는 86세의 나이에 홀로 살던 뉴욕의 어느 호텔에서 사망한 채 발견되었고, 소송에서 일종의 피고였던 마르코니 역시 그보다 훨씬 앞선 1937년 심장마비로 사망하였다는 사실이다.

---

49 같은 해 노벨 물리학상 공동 수상자는 독일의 물리학자 K. 브라운으로 그 역시 무선전신 발전에 기여한 공로로 상을 받았다. 그러나 브라운은 아날로그 텔레비전에 쓰이는 음극선관—자신의 이름을 본따 브라운관이라 불리기도 하는—을 발명한 인물로 더욱 유명해졌다.

테슬라의 죽음은 누구도 인정하기 꺼려했던 괴팍한 과학자, 엔지니어 그리고 발명가의 비극적 종말이었다. 특허 소송이 진행되고 있던 1927년, 테슬라는 이렇게 말했다. "미래가 진실을 말하도록 두라. 내 업적과 성과는 하나하나 미래에서 평가받을 것이다. 현재는 그들의 것일지 모른다. 허나 미래는, 내가 진정으로 일함으로써 얻은 미래만큼은, 다른 누구도 아닌 나의 것이다." 역사는 그의 말대로 되었다. 1943년 뉴욕에서 진행된 그의 장례식장에서 당시 뉴욕시장 F. 라과디아는 테슬라를 이렇게 추모했다. "다만 육체가 사라졌을 뿐, 테슬라는 죽지 않았습니다. 그가 남긴 위대한 업적을 우리는 감히 헤아릴 수 없습니다. 그는 우리 문명의 한 부분을 만든 사람이며, 우리 삶의 한 부분을 만든 사람으로, 우리와 함께 영원히 살아있을 것입니다."

바다와 무선전신

인간의 삶은 시간과 공간 속에서 이루어진다. 시간과 공간은 인간에게 주어진 물리적 조건이면서 동시에 장애물이기 때문에 활용의 대상 또는 극복의 대상으로 존재한다. 예를 들어 도시는 인간에게 필요한 다양한 요소들 사이의 거리를 최소화함으로써 시간이라는 문제적 조건을 해결하는 구조물이다. 한편 통신 시스템은 다양한 요소들을 연결하는 시간을 최소화함으로써 공간이라는 문제적 조건을 해결하는 구조물이다. 즉, 도시나 통신 시스템은 공간이나 시간이라는 조건을 활용하는 동시에 주어진 조건을 극복하기 위해 만들어진 구조물인 것이다.

유선전신이나 전화의 본질적 기능이나 역할은 바로 그것이다. 무선전신 역시 마찬가지다. 처음부터 무선전신을 해상통신, 즉 선박과 선박 사이의 통신, 또는 선박과 육지(예: 선박과 관련된 기업, 항구, 해양 관련 당국,

해군 등) 사이의 통신 용도로 상정한 것은 자연스러운 과정이었다. 물론 무선전신은 육상에서도 오늘날의 이동전화 시스템과 마찬가지로 유선 네트워크구축 비용이나 용지 확보 같은 문제를 피할 수 있는 효율적인 대안으로 상정되었다. 그럼에도 무선전신은 해상에서의 통신 문제를 해결할 수 있는 최적의 대안으로 더욱 크게 각광받았으며, 특히 원양 항해의 경우 무선통신 등장 이전의 항해와 무선통신 등장 이후의 항해로 나눌 수 있을 만큼 그 역할은 결정적이었다.

항해, 특히 원양 항해의 경우 바다는 가장 강력한 장애물이다. 무선통신 장비가 등장하기 전까지 바다가 통신두절 상태의 공간이라는 점은 고대나 중세, 근대 초기나 19세기 중반까지 모두 동일한 조건이었다. 나침반이 만들어지면서 선박의 운행 방향은 짐작할 수 있었지만 자신의 위치를 정확히 파악할 수는 없었다는 점은 역시 마찬가지였다. 이 때문에 망원경, 나침반, 천체본 등이 제대로 만들어진 15세기에서야 비로소 대규모의 원양 항해가 가능해졌고 이것이 지리상의 대발견 시대를 가능케 한 요소들이었다. 그렇다 해도 그 시점까지 원양 항해는 선박이 자신의 정확한 위치를 파악하지 못하는 것은 물론 통신두절 상태로 진행된다는 점에서 경험과 짐작만으로 이루어지는 맹목적 상태의 움직임이었다. 원양 항해를 떠난 선박은 수평선을 넘어가는 순간 온전히 실종 상태가 된다. 그러다 육안이나 망원경으로 육지나 섬, 또는 다른 선박을 확인할 수 있는 지점에 이르러서야 비로소 선박 간에, 그리고 선박과 육지 간에 깃발이나 소리 등을 이용해 소통이 가능해지고 위치도 확인할 수 있었던 것이다.

지리상의 대발견 이후 점차 증가하는 원거리 항해에서 배가 현재 어떤 상태이며 어디에 있는지를 파악하는 것은 인명 및 물자의 수송과 보호, 선박 안전 등과 같은 사회적, 경제적 이익의 보전에 필수사항이었다.

나아가 무역과 금융시스템 전반의 신뢰와 국가경영, 군사전략이라는 차원에서도 극히 중요한 요건이었다. 보험금융업이 15세기 대발견의 시대를 거치면서 크게 발전한 것도 이러한 배경에서 이루어진 일이며, 해군이 정치적 패권을 가르는 가장 중요한 군사적 자원으로 등장한 것도 같은 이유에서이다.

여기서 말하는 선박의 정확한 위치란 현재 지점의 경도, 즉 동서 방향을 기준으로 한 위치를 말한다. 위도, 즉 적도를 기준으로 남북 방향의 위치 확인은 상대적으로 쉬웠다. 육분의[50] 같은 측정도구를 이용하여, 현재 위치에서 태양·달·별과 같은 천체와 지평선 사이의 각을 확인하면 위도는 파악할 수 있다. 그러나 경도는 출발지의 시간과 현재 위치의 시간 등을 정확하게 가리킬 수 있는 정교한 시계를 갖추어야만 비로소 가능한 작업이기 때문에 세밀하고 정교한 기계 및 금속 가공이 가능한 시점까지 기다려야 했다. 또 배의 흔들림, 날씨와 기압의 변화 등을 감당하고 동시에 위도별로 나타나는 지구의 중력 차이 등을 넘어 정확하게 시각을 측정할 수 있는 정밀시계를 제작하는 것은 매우 어려운 작업이었다. 이러한 정황에서 1760년대 비로소 배의 경도를 정확하게 계산할 수 있는 '해상시계(chronometer)'가 영국에서 만들어졌다. 해상시계는 정밀하고 정확한 시계로 이미 배의 항해 속도와, 방향, 그리고 위도를 파악하고 있는 상황에서 선박 출발지의 시간, 그리고 선박이 이동한 현재의 시간을 파악하고 계산하면 경도를 계산해낼 수 있는 기기였다.

위도와 경도의 정확한 위치를 파악할 수 있게 되면서 이제 원양 항

50　육분의(sextant)라는 이름은 각의 범위가 60도, 즉 원의 1/6이기 때문에 라틴어인 sextus(1/6이라는 뜻)에서 유래했다. 이외에도 90도 범위의 사분의, 45도 범위의 팔분의가 있었는데 기본적으로 같은 용도와 기능을 가지고 있었다.

해는 더욱 안전한 운항 조건을 갖추게 되었다. 거의 같은 시기에 시작된 1차 산업혁명은 원료와 시장의 확보를 위한 항해의 규모와 거리를 더욱 증대시켰으며, 세계는 점점 좁아졌고, 유럽에서 미주 대륙으로, 유럽에서 아시아와 아프리카로, 그리고 각 대륙 내부적으로, 오가는 사람과 물자의 규모와 횟수는 더욱 빠르게 증가하였다. 특히 부피나 무게가 큰 대규모 물자와 사람의 이동은 지금과 마찬가지로 그때도 역시 선박이 담당하는 작업이었다. 선박의 정확한 위치 확인이 가능해진 상황에서 이제 극복해야 할 또 하나의 조건은 상시적이고 안정적인 선박과의 통신 방법이었다. 19세기 중반을 넘기면서 시대는 제 2의 산업혁명으로 접어들었다. 전 세계적 범위에서 사람과 물자의 운송이 폭발적으로 증가하였다. 서두에 기술했던 타이타닉호는 전 지구적 범위에서 대규모의 이동이 진행되는 20세기 초반 지구화의 물결을 상징한다. 무선전신은 이러한 정황에서 등장한, 시대의 요구를 반영한 기술적 산물이었다.

무선전신 – 전기전자공학 제 1막

마르코니는 영국에서 무선전신 특허를 받자마자 회사를 설립하고, 이어 1901년에는 대서양 무선신호 횡단 시험에도 성공하였다. 무선전신 영역에서 가장 앞서나가고 있었지만 마르코니 회사와 그의 무선전신 시스템이 맞닥뜨리고 있던 과제는 성능 좋은 수신기를 개발하는 것이었다. 앞서 언급했듯 마르코니가 사용하던 동조기는 외부로부터 들어오는 잡음(예: 번개)과 다른 전기기기로부터 발생하는 전파와의 혼신, 그리고 느린 작동 과정 때문에 분당 대략 15개 정도의 단어만을 수신할 수 있는 등, 송수신 시스템으로서 여러 문제를 드러내고 있었다. 이 때문에 대체 수신기에 대한 논의가 지속되었고, 자석 수신기 같은 것을 만들기도 했으나 기대만큼의 성능을 발휘하지는 못하였다.

이때 마르코니 무선회사 기술고문으로 일하던 영국 런던대학 물리학 교수인 J. 플레밍(1849-1945)은 입력신호에 더 민감하게 반응하는 수신장치를 생각하던 중 해결책으로 '에디슨 효과'를 떠올리게 된다. 에디슨 효과란 일찍이 1883년 에디슨이 발견한 것으로, 백열전구의 유리가 검게 변하는 원인을 찾던 중에 확인한 현상이다. 가열되면서 떨어진 필라멘트 조각 때문에 나타난 현상으로 생각한 에디슨은 검게 변한 부분에 금속판을 부착하고 거기를 통해 전기를 흘려보았다. 금속판을 부착한 이유는 유리를 변색시키는 조각들을 정전기의 힘을 이용해 한 군데로 모을 수 있을 것이고, 그렇게 된다면 백열구의 수명과 품질이 향상될 것이라는 기대를 가지고 있었기 때문이었다. 그러나 실험 결과는 그와 달랐다. 확인된 것은 기존의 필라멘트에 음극이, 검게 변한 쪽에 양극이 연결되어 있을 때에만 전기가 흐른다는 사실이었다. 에디슨은 이를 전기의 존재 유무를 측정하는 기기 정도로 쓸 수 있으리라 생각했지만, 플레밍은 이를 무선전신의 신호 수신기로 활용 가능하다고 생각했다.

플레밍은 에디슨 효과가 특정 방향으로만 흐르는 전기현상이라는 점에 착안해 음극과 양극, 두 개의 전극으로 구성된 백열전구, 즉 진공관을 만들었다. 그리고 안테나에는 음극을, 수신기에는 양극을 연결해 안테나에 무선신호가 도달할 때 전기입력을 감지하는 수신기를 만든 것이다. 그리고 여기에 검류계(galvanometer)를 부착해 그 움직임을 통해 입력신호를 정확하게 인지하는 방안, 즉 보다 개선된 무선신호의 수신방법을 고안해 냈다. 플레밍은 이 원리에 기초하여 만든 진공관에 자신의 이름을 붙여 '플레밍 밸브Fleming valve'라 불렀다. 밸브처럼 특정한 방향으로만 신호를 보낼 수 있는 일종의 차단 장치로 생각한 것이다.

가운데 위쪽 플레밍 밸브가 설치된 무선전신 수신기.

새로운 수신기였지만 플레밍 진공관은 필라멘트 수명이 짧다는 것과 비싼 가격, 또 많은 전력을 소모하는 문제—진공관에서 나타나는 전형적인 문제들—가 있었고, 무엇보다 수신 성능이 기대만큼 좋지 않았다. 한편 마르코니는 다른 무선전신 회사에 플레밍 진공관 사용권을 허용치 않았고, 같은 시기에 또 다른 수신기인 광석 검파기가 발명되면서 플레밍의 발명품은 그리 널리 활용되지 못했다.

그러나 플레밍 진공관의 중요성은 아무리 강조해도 지나치지 않다. 그의 진공관은 별도의 장치 없이 한쪽 방향으로만 전류가 흐르도록 제어하는, 즉 교류의 전기를 직류로 바꾸어주는 정류기(rectifier)였다. 전문용어로 '다이오드diode'라 부르는 반도체가 탄생한 것이다.[51] 때는 1904년이었다. 반도체의 시작을 알리는 플레밍 진공관은 이후 진공관 시대를 넘어 트랜지스터 반도체가 만들어지기까지 대략 50년간 전기와 관련된 가장 중요한 기기로 자리 잡게 된다. 그의 진공관은 기계적 장치

---

51 '다이오드(diode)'라는 명칭은 1919년부터 쓰이기 시작했고, 그전에는 보통명사인 '정류기'로 불렸다. diode는 '둘'을 뜻하는 di와 '전극'을 뜻하는 electrode가 결합된 단어이다. 즉 음극과 양극 두 개의 전극이라는 의미이다.

나 도구가 아니라 전기를 이용하여 전기 자체를 제어하는 전기전자공학의 발전을 기약한 금자탑으로, 세기의 선물이라 불리는 반도체의 역사는 20세기와 함께 이렇게 시작된다.

무선전신의 상용화

이제 본격적으로 상용화된 무선전신은 선박과 선박, 그리고 선박과 육지 간의 소통 시스템으로 확고하게 자리 잡아갔다. 물론 육상에서도 사용했지만 기본적으로 무선전신은 해양용이었다. 이제 지구상에 통신으로부터 절연된 빈 공간은 사실상 사라졌다. 1904년에는 항해 중인 선박에 무선을 통해 뉴스를 제공해주는 서비스도 생겨났고, 1907년 마르코니는 유럽과 미국을 연결하는 대서양 횡단 무선전신 서비스의 문을 열었다. 이미 1897년 마르코니는 영국에 이어 캐나다와 미국에 자신의 이름을 딴 무선전신 회사를 설립하고 일찍부터 무선 서비스를 제공하고 있었다. 그뿐 아니라 스페인과 이탈리아, 프랑스, 남아프리카에서 인도, 캐나다와 호주 등, 전 세계 곳곳에서 무선전신 서비스를 운영하였는데 특이하게도 장비와 무선기사를 임대 형식으로 제공했다. 예컨대 타이타닉호의 무선전신 장비는 마르코니 회사의 소유였고, 무선전신 기사 역시 마르코니 회사 소속이었던 것이다. 물론 1906년 미국에서도 유나이티드 무선전신 회사(The United Wireless Telegraph Company) 같은 곳이 설립되고 운영되었지만 부실 경영과

1917년 마르코니 무선전신 회사 기업 광고

자금 부족으로 1912년 마르코니 회사에 합병되면서 마르코니 회사는 무선전신에 관한 한 국제적 범위에서 거의 독점적인 다국적 기업으로서의 지위를 유지할 수 있었다.

한편 1906년에는 비공식적이기는 하지만 국제무선연합이 결성되어 첫 회의가 열렸으며, 1932년 이 조직은 국제통신연맹(ITU: International Telecommunication Union)으로 통합되었다. 1914년 1차 대전이 발발하면서 무선전신 시스템은 사실상 각국에서 국유화 조치가 취해졌지만, 대전이 종결된 이후 무선전신은 다시 상업적, 외교적, 또는 개인적 차원에서 상시 이용할 수 있는 서비스로 재개되었다.

세계를 덮는 제국의 그물망

19세기 말과 20세기 초에 전개되는 국제적 대이동의 시대는 본질적으로 제국주의적 글로벌리제이션이었다. 글로벌리제이션은 중립적으로 말하자면 서로 다른 국가의 사람과 기업, 그리고 정부가 다양한 정보통신 기술의 기초 위에서, 교역과 투자 등을 통해 상호작용과 통합을 이루어가는 과정을 칭한다. 글로벌리제이션, 지구화, 또는 세계화 어느 것으로 부르든, 연구에 따르면 지금까지 인류 역사에는 대략 다섯 차례의 글로벌리제이션 물결이 있었다.

선사시대의 이주가 그 첫 번째라면 15세기 말 이래 C. 콜럼버스로 대표되는 서유럽 국가들의 아시아, 남미, 아프리카로의 진출과 약탈과 지배가 두 번째이다. 그리고 나머지 세 차례의 지구화는 약간의 휴지기를 제외한다면 19세기 후반부터 오늘날까지 100년 이상 지속적으로 이어지는 범세계적 규모의 변화를 지칭한다. 지난 100여 년 동안의 글로벌리제이션을 내용과 형식으로 구분하자면, 19세기 후반에서 1차 대전 무렵까지의 제국주의적 지구화, 2차 대전 이후 1980년경까지의 산업 자본주의적 지구화, 그리고 그 시점부터 오늘날까지 정보 또는 금융 자본주의적 지구화 등으로 나눠볼 수 있다.

당시의 제국주의적 글로벌리제이션을 보여주는 대표적인 사례는 무수히 많지만 흔히 3B, 3C 정책으로 알려진 독일과 영국의 세계전략을 들 수 있다. 3B 정책은 20세기 초 독일제국이 추진한 베를린Berlin-비잔티움Byzantium-바그다드Baghdad를 잇는 철도를 부설한 것으로, 각 도시들의 앞 글자를 따서 부르는 이름이다. 3C 정책은 영국의 식민지 확장 정책으로 카이로Cairo-케이프타운Cape Town-캘커타Calcutta를 연결하는 아프리카 종단 및 인도 연결 계획을 지칭한다. 이러한 제국의 확장 정책은 당연히 그들끼리는 물론, 러시아와 프랑스 등 서로 경쟁하는 제국들 사이의 국제 전략과 필연적으로 부딪히는 것이었다. 19세기 말에서 20세기 초로 이어지는 제국들의 경쟁적 글로벌리제이션은 결국 1차 대전으로 이어지면서 파국을 맞이하게 된다.

물론 글로벌리제이션이 모든 나라에 동일한 영향과 파급효과를 가져오지는 않았다. 또한 글로벌리제이션이 세계적 범위에서 일어나는 거대한 변동이라 할지라도 그 규모 때문에 반드시 공백과 성긴 곳이 있게 마련이다. 그것은 19세기 후반 20세기 초에 진행된 제국주의적 글로벌리제이션에서도 마찬가지였다. 당시 지역과 지역, 국가와 국가, 대륙과 대륙 간에 존재할 수밖에 없는 공간과 시간의 빈자리를 채우는 작업 중 하나는 바다와 같은 기존의 유선통신망이 도달할 수 없는 물리적 공백을 극복하는 소통체제를 마련하는 일이었다. 세계를 덮는 그물망으로서의 무선전신은 이러한 시대적 필요에 대한 기술적 응답이었다.

5장
사회의 확대와 대중의 성장

5-1. 근대의 시각혁명

ㅡ사진과 영화

오늘날 가장 지배적이고 대중적인 매체 형식은 영상이다. 영상을 소화하기에는 여러모로 단점이 있는 모바일 미디어에서도 가장 강력한 콘텐츠는 오히려 영상이다. 이미지는 어디에서든, 어떤 형태의 것이든 인류 역사의 무수한 굽이에서 가장 중요한 표현매체 중 하나로 존재하고 기능해왔다. 왜 사람들은 영상과 영상 미디어에 더 열광하는 것일까? 왜 영상 또는 이미지가 오늘날의 지배적 미디어 형식이 된 것일까? '이미지의 시원'은 감히 측량할 수 없이 멀고 먼 고대로 거슬러 올라간다. 여기서는 19세기부터 시작된 현대의 영상 미디어 역사에 초점을 맞추어 사진으로부터 영화, 이어서 텔레비전의 순서로 그 이야기를 짚어보고자 한다.

영상 미디어를 말하기 전에 먼저 '영상'이라는 용어를 정리할 필요가 있다. 연구자들은 영상을 넓은 의미의 영상과 좁은 의미의 영상으로 구분한다. 넓은 의미의 영상은 '상像을 지닌 모든 것', 즉 우리의 시각으로 볼 수 있는 모든 종류의 이미지image를 칭한다. 여기에는 상상으로 느끼는 이미지까지도 포함된다. 반면 좁은 의미의 영상은 영상 미디어, 즉 사진과 영화, 텔레비전, 그리고 컴퓨터 등을 통해 만들어진 이미지를 지칭한다. 화학적 방법이든 전기적 방법이든 광학에 기초한 기계 장치, 그리고 컴퓨터를 이용한 디지털 이미지까지 기계적 방식으로 기록하거나 만들어낸 영상을 말한다. 이와 같은 의미의 영상 미디어는 가장 먼저 19세기의 사진과 영화로 나타났다. 전기에 기초한 유무선전신과 전화가 만들어지고 성장하는 사이, 다른 쪽에서는 사진과 영상이라는 새로운 미디어가 꾸준하게 발걸음을 재촉하고 있었다.

이미지의 시대, 또는 영상의 시대. 거듭 말하지만 어느 쪽으로 부르든 영상은 오늘날 가장 지배적인 형식의 미디어이다. 특히 컴퓨터로 가능해진 디지털 영상의 현란함은 그 끝을 알 수 없을 만큼 우리의 시각을 무차별적으로 자극한다. 이렇게 치달리는 현대의 영상시대는 19세기 들어 광학과 화학분야가 발전하며 등장한 사진에서 비롯되었다. 그 화려한 꽃은 영화와 텔레비전이 피워냈고, 20세기 중반에 이르러 텔레비전은 영화보다 훨씬 대중적인 영상 미디어로 자리 잡았다. 사진과 영화가 앞서 간 영상 미디어의 선구자라면 텔레비전은 20세기 중반부터 본격적으로 확산되면서 (동)영상 소비의 대중적 기린아로 그 위상을 굳혔다. 그리고 21세기, 점차 정교해지고 강력해지는 컴퓨터는 빼어나고 민첩한 특수효과의 구현을 통해 영상의 궁극을 지향하는 것처럼 보인다. 독일 바우하우스 교수였던 라즐로 모홀리 나기는 1920년대 후반에 이미 '미래의 문맹자는 글을 모르는 사람이 아니라 영상을 이해할 줄 모르는 사람이 될 것'이라고 예언한 바 있다. 이미지 범람 시대인 오늘날 그의 예언은 더욱 절실하게 다가온다.

영상을 기록한다는 것

영상은 빛의 흔적이다. 빛은 인간의 시각적 인지를 가능하게 하는 핵심 인자이다. 빛이 없으면 아무 것도 볼 수 없다. 인간이 광학기기의 도움으로 관찰할 수 있는 가장 작은 양자의 세계에서도 그것은 마찬가지이다.[52] 디지털 영상을 제외하면 어떤 형태의 것이든 영상은 빛이 남긴 흔적을 기록한 것이다. 벽에 뚫린 작은 구멍을 통해 이미지가 반대쪽 벽에 투영되는 현상을 발견하고 그것을 재현하거나 원리를 이해하려는 시도는 서기전 500년의 그리스와 서기 9세기 중국까지 거슬러 올라간다. 또 영상과 관련한 가장 중요한 광학 장비 중 하나인 렌즈는 이보다 훨씬 전에 등장했고, 유물에 따라 다르지만 가장 관심을 끌었던 님로드 렌즈의 경우 대략 3000년 전의 유물로 확인된다.[53]

오랫동안 흥미로운 현상 정도에 머물러 있던 이 영상과 관련한 기술 장치는 16세기 유럽에서 만들어지기 시작했다. '카메라 옵스큐라camera obscura', 직역하면 '어둠상자'는 외부 세계의 이미지가 작은 구멍을 통해 내부의 벽에 투영되도록 하는 기기였다.(다음 그림 참조) 좌우와 상하가 뒤바뀌어 보이는 이 카메라 옵스큐라의 구멍에 렌즈를 부착하고 내부에 거울을 달자 카메라 옵스큐라는 선명하고 정상적인 모습의 영상을 보여주는 일종의 프로젝터가 되었다. 회화는 기본적으로 우리가 눈으로 본 외부 세계를 붓과 물감을 사용하여 기록하고 고정시키며 재현하려는 시도

52　그런데 빛과 양자와의 관계에서 흥미로운 것은 이들을 관찰하기 위해 빛을 쪼이는 순간 이 입자들이 어디론가 흩어져 버리거나 전혀 다른 상태로 변하기 때문에—빛이 가지고 있는 에너지의 영향으로—그것을 안다고 말하고 인과적인 방식으로 그 움직임을 설명하기 불가능하다는 점이다. 이것이 불확정성 원리의 핵심 내용이다.

53　이 유물은 오늘날 이라크 님로드 지역에서 19세기 후반에 발견된 것으로, 볼록렌즈처럼 갈고 다듬어 만들어진 투명한 암석 결정체이다. 발견 지역의 이름을 따 '님로드 렌즈'라 불리는데, 오늘날 우리가 생각하는 볼록렌즈가 아니라 장식물로 쓰였을 가능성이 크다는 것이 연구자들의 견해이다. 이들에 따르면 렌즈로서의 기능, 예를 들면 태양 빛을 초점에 모아 불을 지피는 기능은 우연하게 발견되었을 것이라고 한다.

이다. 그런데 카메라 옵스큐라는 빛
이 그려내는 외부 세계의 이미지를
붓과 물감이 아니라 기계로 인간에
게 보여주었다. 문제는 이 기계 이
미지를 볼 수는 있었지만 기록으로
저장할 수는 없었다는 것이다. 이제
기계가 그려내는 이미지를 목격한

카메라 옵스큐라

인간은 붓과 물감을 사용하지 않고서도 이미지를 기록하고 고정시키며
재현하려는 욕망에 눈을 뜬 것이다. 사진은 이렇게 탄생한 미디어이다.

　그렇다면 사람들은 왜 사진으로 대상을 기록하고자 했을까? 앞서 얘
기했듯 카메라가 만들어진 가장 직접적인 배경은 카메라 옵스큐라로 만
들어지는 이미지를 (반)영구적으로 고착시키고자 하는 의도에서 시작
된 것이다. 그러나 그림이든 사진이든 동영상이든, 보다 근원적인 차원
에서 영상 이미지를 기록하고자 하는 인간의 욕망이 무엇인가는 미술사
가 E. H. 곰브리치가 언급하듯 영원히 알 수 없는 질문에 속한다. 다만
지금까지의 추론과 연구에 따르면 영상기록은 형상이 가지고 있는 주술
적 위력에 대한 믿음, 정체성의 표현, 실용적 기대의 표현,[54] 유희나 오락
의 목적 등, 사람들의 '관념과 필요, 그리고 염원'의 산물이라는 것이다.
사진과 영화, 그리고 텔레비전과 같은 영상 미디어 역시 본질의 차원에
서는 인간이 가지고 있는 어떤 관념과 필요, 그리고 염원을 담아내기 위
한 산물이었으리라 추정해볼 수 있다. 많은 연구자들이 영상의 근원적

54　예를 들어, 선사시대 인류가 동굴 벽에 들소를 그리는 이유는 그렇게 하면 들소를 사냥할 수 있다는 믿음을
가지고 있기 때문이라는 것이다.

의미에 대한 답을 찾아 노력하는 사이, 영상을 기록할 수 있는 새로운 매체들은 19세기에 접어 들면서 매우 빠른 속도로 다가오고 있었다.

사진-빛의 흔적을 담다

사진이든 영화든 텔레비전이든 영상을 기록물로 만드는 방법은 기본적으로 두 가지이다. 첫째는 화학적 방법의 광학, 둘째는 전기전자적 방법의 광학이다. 화학적 방법의 광학을 대표하는 것은 흔히 필름, 또는 필름과 같은 역할을 수행하는 다른 매체들을 이용해 빛으로 인해 나타나는 화학 반응을 기록하고 저장하는(예: 필름 사진이나 영화) 것을 의미한다. 전기전자적 방법의 광학은 텔레비전, 디지털 카메라와 같이 빛의 신호를 전기전자적 신호로 바꾸어 기록하고 저장하는(예: 비디오, 디지털 사진) 것을 뜻한다.

기술적·광학적 도구 차원에서 사진은 렌즈와 카메라, 그리고 저장매체로 구성된다. 초기의 장비들을 사용한 사진 작업은 오늘날의 기준으로 본다면 매우 세심한 수공예 작업에 속한다. 초기의 발명가인 N. 니에프스(1765-1833)나 L. 다게르(1787-1851) 등이 사용한 카메라는 사각형 상자로 한쪽에는 렌즈를, 반대쪽에는 기록 또는 저장매체를 붙여 놓은 축소형 카메라 옵스큐라였다. 물론 컴퓨터인 오늘날의 디지털 카메라는 그 성격이 다르지만, 기본적으로 카메라는 렌즈와 저장매체를 고정시키는 틀이라는 점에서 기계적인 차원에서 그리 복잡한 것은 아니다. 빛과 같은 주위의 자연 조건에 민감하고 취약하다는 점에서 보면 기술적으로 더 어려운 것은 오히려 저장매체이다.

여기서 저장이라는 용어를 사용했지만 영상을 기록으로 만든다는 것은 영상정보를 매체에 정착하는 것을 의미한다. 다시 말하면 영상을 기록한다는 것은 영상정보를 금세 사라져버리는 어떤 것이 아니라 (반)

영구적으로 고정시킨다는 것을 의미한다. '사진'이라는 말로 번역되는 '포토그래피photography'라는 용어 자체가 이미 그 뜻을 담고 있다. 1839년 영국의 천문학자인 J. 허셜이 그리스어 '빛(fos)'과 '쓰기(grafo)'를 합성해 '빛으로 기록하는 것'을 뜻하는 photography라는 용어를 만들었다. 즉, 사진을 만들려면 빛을 조절할 수 있는 렌즈와 카메라, 그리고 빛의 흔적을 기록할 수 있는 매체가 필요한 것이다. 매체는 다시 빛에 민감하게 반응하는 감광물질, 감광물질이 흘러나가지 않도록 유지해주는 고정제, 그리고 감광물질과 고정제를 부착할 수 있는 판으로 구성된다. 예를 들면 필름은 그 위에 도포된 감광물질인 은화합물과 액체상태인 은화합물을 고착시켜주는 젤라틴, 감광물질과 젤라틴을 부착한 셀룰로이드 판으로 구성되어 있다. 오늘날 우리가 일상에서 이해하는 사진이란 셔터만 누르면 되는 매우 간명한 기기처럼 보이지만, 실제 사진은 광학과 화학에 기초해 매우 복잡하게 작동하는 미디어이다.

사진의 간략한 역사

그런 측면에서 기록매체와 카메라, 렌즈를 갖추고 이를 이용한 결과물로서의 사진은 1820년대 프랑스의 N. 니에프스와 L. 다게르 등에 의해 최초로 완성되었다. 그러나 이들에 앞서 적지 않은 사람들이 영상의 기록과 저장을 위해 가죽, 종이, 섬유를 혼합한 특수 종이, 유리, 금속판 등 여러 매체들을 실험하였다. 가장 대표적인 사람은 도자기로 유명한 영국 웨지우드 회사의 상속자인 T. 웨지우드(1771-1805)로 그는 일찍이 빛, 이미지 등의 분야에 관심을 갖고 그것을 기록할 수 있는 가죽 인화지를 만들기도 했으나 딱히 성공을 거두지는 못했다. 그러나 감광물질을 바른 매체에 카메라 옵스큐라를 이용해 영상을 기록한다는 사진 제작의 기본 개념을 최초로 확립했다는 점에서 그는 '최초의 사진가'로 불린다.

이러한 선구자들의 노력에 기초하여 N. 니에프스는 1826년 카메라 옵스큐라를 사용해 무려 8시간의 노출을 통해 비투멘Bitumen, 우리말로는 '역청'이라 부르는 천연 아스팔트 계열의 감광물질을 입힌 주석판에 최초의 사진으로 알려진 영상기록을 남겼다.[55] 이후 니에프스의 사진 작업 방식을 좀 더 정교하게 개선한 L. 다게르는 1839년 역청이나 주석 대신 빛에 민감한 은銀을 표면에 바른 은판매체(silver plate)를 사용해 촬영대상으로부터 반사된 빛을 은판에 기록하는 사진, '다게레오타입 Daguerreotype'으로 알려진 영상 기록 방식을 발명하였다.[56] 흥미로운 것은 니에프스는 과학을 전공하고 과학교수까지 지낸 사람이지만, 다게르는 화가이자 디오라마 극장 운영자였다는 사실이다. 그런 다게르가 은판사진술을 완성할 수 있었던 것은, 자신의 작업실에서 은판에 기록된 이미지가 수은증기로 인해 현상되는 것을 우연하게 보았던 때문이었다. 은과 수은이 화학반응을 일으키면서 은판에 기록되어 있던 이미지를 떠오르게 하는 현상이 일어난 것이다. 이후 다게르는 여러 차례 실험을 거쳐 최종적으로 니에프스의 방식보다 훨씬 효율적인 은판 사진 제작법을 찾을 수 있었다.

매체의 영구성이나 선명도 측면에서 다게레오타입은 매우 우수하였지만 더 이상 복제가 불가능한 양화, 즉 단 하나뿐인 사진이라는 문제를

---

55 이 사진의 제목은 「르 그라의 집 창에서 본 조망」으로 붙여졌는데 니에프스는 이를 태양으로 그린 그림이라는 뜻에서 '헬리오그래피(heliography)'라 불렀다. 포토그래피와 같은 뜻을 가진 명칭이다. 8시간의 노출이 필요했던 이유는 비투멘의 감광기능이 약했기 때문이다.

56 은이 빛에 민감하게 반응한다는 사실은 이미 오래 전부터 알려져 있었으며, 17세기 초 이탈리아의 물리학자이자 화학자인 A. 살라를 포함, 여러 화학자들에 의해 좀 더 과학적인 차원에서 이해되었다. 사진 제작과 관련한 실험들이 진행되면서 은 화합물을 이용한 다양한 영상 정착 방식이 시도되었으며, L. 다게르에 이르러서야 비로소 은판에 상을 정착시키는 기술이 완성된 셈이다.

안고 있었다. 또 기계를 쓰지 않는 한 은판을 제작하는 일은 흠 없이 매끈한 광택을 가진 거울을 만드는 것이기 때문에, 오랜 시간 끈질긴 수공 연마과정을 거치는 복잡한 작업이고 무엇보다 매우 비싼 것이었다.[57] 물론 다게르는 나중에 은판 대신 쓸 수 있는 종이를 만들기도 했다. 1841년 영국의 W. 탤벗(1800-1877)이 고급 인쇄종이에 감광액을 바른 뒤 사진을 촬영하고 얻은 음화에 밀착 인화방식으로 사진을 뽑아내는 기술을 완성하였다. 그는 이 방식을 '아름다운 그림'이라는 뜻을 가진 '칼로타입calotype'이라 불렀는데, 사진은 이제야 비로소 대중화로 한발 더 나아갈 수 있게 되었다. 그러나 탤벗의 방식은 종이를 사용했기 때문에 무엇보다 내구성에 문제가 있었고, 또 물감이 번진 것처럼 보이는 단점이 있었다. 이 때문에 사진의 대중화는 19세기 중반 이후 유리를 사용하는 보다 간편한 사진술이 완성될 때까지 기다려야 했다.

1851년 영국의 조각가 F. 아처는 은판이나 감광종이 대신 유리에 감광제를 고착시켜 주는 용액을 바른 다음 그 위에 감광제을 입히고 촬영을 진행해 음화를 얻는 습식, 즉 액체 고정제를 사용하는 사진 제작 방식을 완성하였다. 이후 액체가 아닌 젤라틴을 고정제로 사용하는 건판 방식도 발명되면서 유리원판 사진 제작법이 완성되었다. 사용하는 용액의 이름을 따 '콜로디온 프로세스'라 불리는 사진 제작법은 기술적으로 훨씬 어렵고 비싼 다게레오타입과 선명도에서 문제가 있었던 칼로타입을 대체하면서 1880년대 필름이 만들어지기까지 가장 대표적인 사진 제작 방식으로 자리 잡게 되었다.

---

57   한 장의 다게레오타입 사진을 만드는데 당시 화폐로 1기니. 오늘날 가치로 환산하면 거의 60만 원 정도의 비용이 들었다. 때문에 개인적 용도의 다게레오타입 사진은 극히 제한적으로만 활용되었고 주로 정부기관 등에서 기록보존용으로 활용했다.

대중화되는 사진

그러나 기술의 발전만이 19세기 사진의 대중화 현상을 만들어낸 것은 아니다. 거시적 관점에서 볼 때 사진의 대중화는 첫째, 귀족들의 전유물이었던 초상화를 프랑스혁명 이후 사회의 주역으로 상승한 부르주아 시민계급이 자신들의 정체성을 확인하고 과시하는 수단으로 전용한 데서 비롯되었다. 둘째, 민주주의의 제도와 사상이 점차 확산되면서 정치적 전략을 바꾼 왕과 귀족들이 택한 새로운 초상화의 표현이었다. 사진제작술이 사실상 완성되는 19세기 중엽 프랑스에서 명함판 사진이 만들어지고 그것이 빠르게 확산된 과정에는 그러한 사회적 맥락이 작용했다. 사진이 대상의 실재를 확인하거나 자기 정체성의 확인이라는 인간 본연의 욕망을 담아내는 하나의 방도였던 것이다. 19세기 후반 초상사진의 걸작을 남긴 프랑스의 F. 나다르(1820-1910) 역시 이러한 배경에서 활약했던 사진가였다.

그러나 사진이 더 넓고 큰 범위의 대중화를 달성하기 위해서는 '필름'이라는 간편하고 편리하며 효율적이고 신속하게 영상을 기록, 저장하는 매체와 그에 적합한 사진기의 발명이 요구되었다. 19세기 후반에 발명된 영상기록 매체인 필름은 —흑백이든 컬러든— 은을 함유한 감광물질을 바른 플라스틱 비닐이다. 원리로 보면 다게레오타입의 은판과 동일하며 다만 재질이 다를 뿐이다. 셔터와 렌즈 등의 조작으로 카메라를 통해 들어온 빛에 필름의 감광물질이 반응하면서 영상의 기록이 남게 되고, 이후 현상과 인화라는 화학적 과정을 거쳐 비로소 사진이 만들어지게 된다. 여기에 가장 크게 기여한 인물이 미국의 G. 이스트만(1854-1932)이며 그가 세운 이스트만 코닥Eastman Kodak 회사이다. 1888년 얇은 셀룰로이드 필름이 만들어지고 여기에 감광유제를 바른 원통형 롤 필름을 1889년 코닥이 생산하면서 필름 사진 제작 방식이 비로소 완성된 것이다. 코닥의 G. 이스트만은 필름과 함께 카메라도 만들었고, 이후 빠른 속도로 사진이 대중화되면서 1910년대에 이르자 사실상 코닥은 사진과 동의어로까지 알려지게 되었다. 코닥 카메라와 필름이 빠르게 대중화되고 이후 독일과 일본 등지에서 렌즈와 카메라의 품질이 경쟁적으로 개선되었으며, 1920년대 후반부터 사진의 폭발적인 대중화가 전개된다. 수준 높은 사진으로 유명한 『라이프Life』라는 미국의 주간지가 그 무렵 세계의 커다란 관심을 끌게 된 것도 이러한 사회적 배경의 반영이다.

영상의 디지털화가 진전되고 이동전화 같은 간편한 카메라가 확산되면서 오늘날 세계는 사진 공화국이라고 불릴 만큼 언제 어디서 누구나 영상을 기록할 수 있는 이미지 범람의 시대가 되었다. 평론가 S. 손탁은 1977년 발간한 그의 책 『사진론(On photography)』에서 19세기 프랑스의 시인 S. 말라르메의 말을 변용해 사진의 대중화에 대해 이렇게 말했다. '19세기에는 책으로 모든 것을 말할 수 있었다. 그러나 20세기는 사진이 책을 대신하는 시대가 되었다.' 영상 미디어의 성장과 위세를 예감한 예지적 관찰이 아닐 수 없다.

경이로운 시각경험 – 영화의 시작

최초로 영화가 등장한지 60여년 정도가 지난 1950년대 후반, 프랑스를 대표하는 영화감독 장 뤽 고다르Jean-Luc Godard는 영화를 '세계에서 가장 아름다운 사기극'이라고 불렀다. 고다르는 당시 전통적 방식의 영화문법을 거부하고 새로운 표현방식과 스타일을 펼쳐 보인 프랑스의 여러 감독들 중 하나였다. 사람들은 그들의 영화를 '누벨바그, 뉴웨이브('새로운 물결'이라는 뜻)'라 칭했다. 그리고 기존 체제에 대한 도전자라는 뜻에서 이들을 '무서운 아이들'이라는 의미의 '앙팡테리블enfant terrible'이라 불렀다.

다큐가 아니라면 영화는 기본적으로 허구의 이야기이고 이미 익숙한 방식에 맞추어 만들어낸 이야기, 즉 그럴듯한 거짓말이다. 영화가 거짓말이라는 연장선상에서 말하자면 동영상 역시 가장 그럴듯한 거짓말이다. 엄밀한 의미에서 움직이는 영상이란 없기 때문이다. 필름이든 비디오든 디지털 영상이든, 기록된 영상은 정지된 영상을 담고 있는 프레임의 연속일 뿐이다. 다만 영상 기록물을 재생할 때 각각의 프레임들이 연속적으로 이어지면서 그것을 움직이는 것으로 인식하는 인간의 착시 현상만 있을 뿐이다. 이런 점에서 동영상은 가장 그럴듯한 거짓말이라고 할 수 있다. 그러나 이미지의 힘은 여기서 나온다. 이미지가 참이 아닌 거짓임을 알면서도 인간은 이미지에 몰두한다.

움직이는 영상을 기록하고 재현하면서 오락용으로 즐기려는 노력은 사진과 비슷하게 여러 요소들이 결합되면서 19세기 초부터 시작되었다. 첫째 요소는 파노라마관, 또는 디오라마관과 같이 카메라 옵스큐라를 사용해 영상을 투사하거나 거대한 크기의 그림을 회전하는 원통에 부착해 마치 움직이는 연극무대를 보는 것 같은 시각경험을 사람들에게 제공하는 극장이다. 사진의 창시자 중 한 사람인 L. 다게르가 은판 사진술에 관심을 기울였던 이유 중 하나는 그가 소유한 디오라마 극장의 볼거리를 만들고자 했기 때문이기도 하였다. 둘째 요소는 움직이는 시각경험을 실내에서 제공해 주는 소마트로프thaumatrope, 조트로프zoetrope, 페나키스티스코프phenakistiscope, 프락시노스코프praxinoscope 등 여러 이름으로 불린 오락용 실내 광학기기[57]들이다. 명칭도 다르고 생김새도 약간씩 다

---

57 이들 용어는 모두 그리스 말을 기원으로 한다. 소마트로프는 '신기하다'는 뜻의 thauma, 조트로프는 '생명'을 뜻하는 zoe, 여기에 '회전하다'는 뜻의 tropos가 합쳐진 용어. 페나키스티스코프는 '속이다'는 뜻의 phenakisti, 프락시노스코프는 '움직이다'는 뜻의 praxino, 여기에 '바라보다'는 뜻의 scope가 합쳐진 용어.

르지만 이들 기기들은 옆의 그림에
서 보듯 대체로 둥근 원통, 원통 내
부에 연속적으로 이어붙인 그림, 그
리고 원통에 세로로 뚫린 작은 틈
새, 중간의 조명 등으로 구성된다는
점에서는 매우 흡사하다. 이 원통이
빠른 속도로 회전하면서 마치 내부

조트로프

에 이어붙인 그림들이 보는 사람에게 연속적으로 움직이는 것 같은 시각
적 느낌을 갖게 하는 것이었다.(위 그림 참조)

　셋째 요소는 바로 사진이다. 니에프스, 다게르, 나다르 등을 거치면
서 사진 기술은 본궤도에 올랐고, 사진을 이용한 연속적인 영상표현도
시도되었다. 1878년 '달리는 말'을 찍은 E. 마이브리지(1830-1904)의 유
명한 연속사진은 최초이자 가장 모범적인 동영상 작업의 사례였다. 말이
달릴 때 네 다리가 모두 공중에 떠있는지에 대한 흥미로운 논란을 해결
하는 방법으로 시작된 마이브리지의 사진은 영상 자체로도 의미가 있지
만, 여러 대의 카메라를 설치해 말이 달리면서 셔터와 연결된 줄을 건드
리면 촬영이 이루어지는, 최초의 연속 촬영 방식의 사례라는 점에서 오늘
날의 관점에서도 놀라운 시도이다.(다음 쪽 사진 참조) 이런 점에서 마이브
리지를 영화의 선구적 인물로 생각해도 틀린 것은 아니다. 이후 연속촬영
은 과학, 스포츠 등 여러 방면에서 활용되었고 영화에서 특수 시각효과를
만들어내는 가장 유력한 방법의 하나로 자리 잡았다. 이런 선구적 요소들
이 결합되면서 움직이는 영상을 제작하고 재현하려는 시도가 이후 영화
로 발전한 것이다.

24대의 카메라를 설치한 마이브리지의 달리는 말 연속 촬영 현장.

짧게 정리한 초창기 영화역사

본격적인 영화의 역사는 1895년 프랑스의 뤼미에르 형제로부터 시작된다. 그러나 뤼미에르에 앞서 혼자 보는 방식의 영화를 시작한 사람도 있었다. 그는 발명왕으로 널리 알려진 T. 에디슨(1847-1931)이다. 1891년 에디슨은 동영상을 촬영하기 위한 작업 스튜디오는 물론, 키네토그래프Kinetograph라는 카메라와 키네토스코프Kinetoscope라는 영화관람 기기를 발명하였고, 이를 이용해 일반인에게 영화를 상영하는 극장이 호텔 로비, 놀이공원, 대형상가 등에 생겨나기도 하였다.(아래 사진 참조) 이때 그가 사용한 화면이 가로 세로 4:3 비율이었고, 이것이 16:9 비율의 모니터가 널리 확산되기 전 텔레비전이나 컴퓨터의 표준 모니터 비율로 만들어진 계기였다.

키네토그래프

키네토스코프

그러나 사진에서 보듯 에디슨의 '키네토스코프 극장'은 오늘날의 극장과는 전혀 다른 모습이다. 마치 교탁처럼 생긴 기구 안쪽에는 필름과 필름을 돌리는 전기모터와 확대렌즈가 들어 있고 기구 위쪽에는 큰 고글이 있어, 관객은 고개를 숙이고 고글에 눈을 맞추어 영상을 보도록 되어 있다. 개인용 영화 관람기를 나란히 배치한 키네토스코프 극장은 오늘날의 게임 오락실이나 또는 VR 감상기기를 연상케 한다. 한 사람씩 일렬횡대로 줄을 지어 영화를 보는 관객들 모습이 기이하게 보일 듯도 하지만, 여기서 확인할 수 있는 것은 영화가 막 등장하던 초기에 영화가 사람들에게 어떤 매체였는지, 어떻게 접속 또는 이용하는 것이 가장 적절한지, 공급자나 수용자 모두 준비되어 있지 않았던 당시의 당혹감이다.

이와 같은 영화의 사회적 정체성 문제 해결에 가장 크게 기여한 인물이 유명한 프랑스의 뤼미에르 형제들(형 A. 뤼미에르 1862-1954. 동생 L. 뤼미에르 1864-1948)이다.[58] 이들은 촬영기와 영사기를 만든 것은 물론이고 영화와 관객을 잇는 방식, 즉 영화제작과 상영, 감상과 유통의 시스템을 최초로 고안하고 정착시키는 데 크게 공헌했다. 그들은 이것을 '시네마토그래프'라 명명했는데 그리스어로 '움직임'을 뜻하는 kinema와 '쓰다'를 의미하는 graph를 합성한 용어이다. 카메라를 이용해 움직이는 대상을 촬영하고, 영사기를 이용해 극장이라는 공간에서 대중에게 상영한 영상으로서의 영화가 바로 그것이다. 이들은 아버지가 운영하는 사진회사에서 일하며 기술학교를 다닌 기술자들로, 건판 사진인화 기술 특허도 출원했고 필름 퍼포레이션(필름 가장자리에 구멍을 내 필름을 연속적

---

58 뤼미에르는 프랑스어로 '빛'이라는 뜻이다. 영화는 빛의 흔적을 기록하는 미디어 중 하나이다. 그런데 빛이라는 뜻의 이름을 가진 사람들이 초기 영화 발전에 크게 기여했다는 것은 흥미로운 일치가 아닐 수 없다.

으로 감아 돌릴 수 있도록 한 장치) 등
을 발명하기도 하였다. 이러한 기술
력을 바탕으로 뤼미에르 형제는 촬
영기와 영사기를 만들 수 있었고,
1895년 자신들이 제작한 세계 최초
의 영화「공장을 나서는 노동자들」
을 파리에서 상영하면서 근대 영화

뤼미에르 최초의 영화 공장을 나서는 노동자들의
한 장면

의 첫걸음을 내디딘 것이다. 통상의 영화가 아니라 다큐멘터리이고 길
이도 1분 정도에 불과했지만 그 시절 뤼미에르의 영화가 상영될 때 관
객들은 달려오는 기차에 놀라 극장을 뛰쳐나가기도 했다고 한다. 비록
하나의 컷과 하나의 장면으로 이루어진 짧고 단출한 다큐멘터리였지만
그럼에도 '움직이는 그림'으로서의 영화는 당시 사람들에게 경이로운
시각경험이었다. 사족이지만 뤼미에르 영화 시스템이 정착하면서 앞서
말한 에디슨의 키네토스코프는 영화사의 뒤안길로 신속하게 사라졌다.
이런 이유로 영화적 장치는 에디슨이 먼저 만들었지만 '영화의 아버지'
는 영화의 정체성을 확립한 뤼미에르 형제가 된 것이다.

　그러나 영화라는 미디어를 어떻게 만들 것인가의 문제, 즉 영화적 표
현의 문법과 관련해 특히 주목해야할 인물은 G. 멜리에스(1861-1938)
다. 다시 말해 영화의 기술적·사회적 위상을 확립한 것은 뤼미에르 형
제였지만, 특수효과와 편집 같은 묘사와 표현기법 차원에서 오늘날 영
화의 기원은 멜리에스라고 해도 틀린 것은 아니다. 또 뤼미에르 형제들
이 다큐멘터리 영화를 제작했다면 멜리에스는 내러티브와 함께 편집과
영상효과 등을 함께 갖춘 극영화를 만들었다. 편집과 특수효과 같은 극
적 표현기법을 깨우치게 된 계기에 대해서는 서로 다른 이야기가 전해

　미디어 발명의 사회사

지고 있지만 기본적으로는 같다. 즉, 실수로 중단된 촬영을 재개하였는데 이후 확인해보니 순식간에 장면이 바뀌거나 두 장면이 겹치는 영상을 보게 되었고, 여기서 멜리에스는 영상편집의 가능성과 효과를 깨달았다는 것이다. 이후 다양한 편집기술을 실험해보면서 특수한 영상효과를 만들어내는 등 그는 당시의 수준에서 영화가 표현할 수 있는 가능성을 최대한 확장하였다. 본래 멜리에스는 극장 운영자였고 마술에도 능했으며 연극 연출가이기도 하였다. 이러한 예술적 재능과 우연한 계기가 맞물리면서 그는 영화표현의 다양한 가능성을 실험할 수 있었고, 그것이 종합적으로 담겨진 대표작이 J. 베른의 원작을 풍부한 상상력으로 각색한 1902년의 걸작「달나라 여행」이었다.(오른쪽 사진 참조)

에디슨이 하드웨어 차원의 영화 시스템 구축에 기여한 인물이라면, 뤼미에르 형제는 사회적 존재로서의 영화와 관객의 접점, 영화라는 미디어의 존재 방식과 위상을 확립하였고, 멜리에스는 소프트웨어 차원에서 표현매체로서의 영화의 가능성을 보여준 인물이었다. 이렇게 토대를 닦은 영화는 새로운 오락매체로 서커스나 대중연희 공연, 마술쇼 등 당시까지 보통사람들을 사로잡았던 놀이의 형식을 뒤집고 가장 매력적이고 상업적으로도 크게 성공한 매체로 발돋움하였다. 영화를 '제 7의 예술'이라 부르는 것도 회화부터 건축, 조각, 연극, 무용, 문학 등 오랜 역사를 가진 예술을 모두 종합한 형식의 예술이라는 점 때문이다. 그러나 영화가 무엇이 될 것인지, 어떻게 발전할 것인지에 대해 분명한 답은 그 무렵까지도 없었다. 영화는 예술로도, 사상의 무기로도, 문화상품으로도 고르게 나아갈 수 있었다. 그러나 후대의 역사가 입증하듯 영화는 결국 예술과 사상의 잠재적 가능성을 대체로 배반하는 문화상품으로 그 궤적을 굳혔다.

여기에 가장 크게 기여한 것이 미국의 할리우드이다. 영화사에서 자주 쓰이는 표현을 옮기자면 상업적 할리우드는 문화적 파리의 안티테제였다. 영화 산업은 미국에서 무서운 속도로 성장하였다. 무성영화 시대를 거치면서 1910년대에는 영화제작이 본격적 기업의 형태로 틀을 갖추게 된다. 이어 1920년대 후반에는 유성영화가, 1930년대에는 컬러영화가 등장하였다. '할리우드의 황금기'라고 불리는 영화의 전성기가 시작되었다. 적지 않은 미국인들이 일주일에 한두 번은 반드시 영화관에 가던 시대였다. 한편 그 무렵 전기전자 기술의 발전에 힘입은 텔레비전도 새로운 영상 미디어로 서서히, 그러나 날랜 도약을 준비하고 있었다.

19세기와 시각혁명

예술사가 A. 하우저는 20세기를 '영화의 시대'라 불렀다. 그에 견준다면 19세기는 '사진의 시대'다. 영화는 사진이 화려하게 성장하였던 19세기 말에 태어나 20세기를 맞이하였다. 미디어의 역사에서 19세기가 한편으로는 전기에 기초한 전신과 전화, 그리고 무선전신이 등장하고 발전하면서 시간과 공간이 압축된 지구를 20세기에 넘겨주었다면, 또한 19세기는 사진과 영화 같은 영상 미디어로 '시각혁명'의 길을 닦았고 20세기의 문을 열어주었다.

1차에 이어 2차 산업혁명이 굉음을 울리고 있던 19세기는 '모더니티'라는 이름의 새로운 사회문화적 현상들이 만발하던 시절이었다. 이

시절 모든 것은 이전의 것들과는 너무도 다르고 새로웠다. 사진 역시 이 새로운 것에 속했고, 역으로 사진은 새로운 것들을 더욱 새롭게 만드는 것이기도 하였다. 그리고 영화는 사진을 이어받아 20세기를 준비하는 영상 미디어로 발돋움하게 된다. 19세기적 새로움을 가장 극적으로 표현한 이는 K. 마르크스다. 그는 1848년 「공산당 선언」을 발표하면서 '견고한 모든 것들은 공중으로 사라져버렸다.'는 의미심장한 구절을 남겼다. 견고한 모든 것들이 공중으로 사라져버렸다는 것은 19세기의 정신적 풍경일 뿐 아니라 사회적, 문화적 풍경도 적확하게 묘사한 글귀였다. 홉스봄이 말했듯 산업혁명과 정치혁명의 이중혁명은 19세기 유럽사회를 뒤흔들었다. 정치적으로는 왕정 또는 귀족정에서 보다 민주적인 체제로, 경제적으로는 자본주의의 대형화로, 사회적으로는 신분제 사회에서 능력제 시민사회로, 학문적으로는 과학과 기술의 시대로, 그리고 문화적으로 예술의 광범위한 대중화가 진전되었다.

이전에 견고했던, 따라서 당위로 여겨졌던 거의 모든 것들은 그 정당성과 권위를 상실하였다. 많은 것이 달라진 19세기를 사람들이 가장 직접적으로 경험할 수 있는 것은 눈에 보이는 것들의 변화였다. 이전에 없었던 상이한 시각경험은 사람들을 놀랍게 하거나 열광하게 하였다. 기차와 같은 교통수단의 발달로 사람들은 이전과는 다른 풍경을 바라볼 수밖에 없었다. 달리는 차창 안에서 보이는 바깥 풍경은 채 다 보기도 전에 빠른 속도로 지나가는 유동적인 것이며, 동시에 멀리 있는 파노라마적인 것이었다. 르네상스 시대의 원근법적 미술이 조화와 통일성, 완전성을 염원하는 미디어였다면 근대의 풍경은 채 만들어지지도 않았으나 벌써 사라지는, 도무지 완성할 수 없는, 파편적이고 조화롭지 않은, 항상 생성의 상태에 있는 불안정한 것들이었다. 사람들은 구경꾼이 되었다. 그리고 도시는 구경꾼들에게 끊임없이 볼거리를 제공하였다. 스펙터클의 시대가 도래한 것이다. 정치와 경제, 사회와 문화, 개인들의 생활은 급속하게 달라졌고, 차분하게 존재하는 것보다 마구 생성하는 것들에 대한 사람들의 감각적 편향은 증대될 수밖에 없었다.

사진은 이러한 시대의 문화적 대응이며 미래의 영화는 그 안에 이미 담겨 있었다. 19세기 전체를 관통하는 존재로서의 사진은 상승하는 시민계급의 초상화가 되어 부르주아들의 문화 취향을 본받고, 보다 민주적인 정치 이미지를 연출하려는 왕과 귀족들이 택한 새로운 초상화가 되었다. 이는 노동대중에게도 마찬가지였다. 오늘날의 셀피와 본질에서 크게 다르지 않았다. 또한 사진은 이전보다 빠른 속도로 흘러가는 시간과 전에 없는 규모로 변화하는 공간을 기록해 그것들을 고정된 채 잡아두고자 하는 시도이기도 하였다. R. 바르트 식으로 말하면 '거기 있었음'을 입증하는 사진은 시간과 공간의 바로 그 순간을 박제하여 보다 확실한 것으로 만들고자 하는, 역설적으로 말하자면 '현존의 부재'이지만 특정 시점에는 그 무엇보다 현존하였음을 확인하는 문화적 장치였다.

무엇보다도 시각혁명이 태동하는 현장은 도시였다. 19세기의 대도시는 1·2차 산업혁명이 낳은 산물이다. 대도시의 주인은 엄청난 규모의 노동자 계급이었다. 이들은 농촌에서 어쩔 수 없이 쫓겨나거나 자발적으로 떠나 도시로 밀려들었다. 자본주의는 점차 대형화되었고, 노동대중이라는 새로운 계급이 만들어졌다. 이들을 수용해야 하는 도시도 커질 수밖에 없었다. 파리의 인구는 19세기 중반 불과 이십여 년 만에 두 배로 늘어나 1870년에는 2백만 명이 되었고, 런던은 19세기 초반에서 중반에 이르는 동안 무려 세 배가 늘어나 1860년에 3백만 인구의 도시가 되었다. 대형화된 도시에는 이들의 여흥과 오락을 위한 디오라마, 파노라마관 같은 극장, 그랜드 오페라 같은 음악공연, 대중에게 개방된 미술관, 소비를 위한 백화점, 그리고 산업혁명의 혁혁한 물산들을 전시하는 19세기의 엑스포인 만국박람회 등, 수많은 스펙터클-구경거리-을 위한 시설과 계기, 장소들이 만들어졌다. 파리는 이러한 스펙터클의 모범과도 같은 도시였다. 파리를 상징하는 루브르는 1793년 문을 열었으며, 에펠탑은 만국박람회를 기념하는 건축물이었다. 시각문화의 혁명적 변화는 거의 예외 없이 프랑스, 특히 파리를 중심으로 전개되었다. 파리를 '19세기의 수도'라 부른 이유이기도 하다.

번성하는 도시의 대중들은 새로운 유희와 오락을 필요로 하였다. 19세기의 대표적 인간계급으로 등장한 노동자들에게 영화는 가장 매력적인 오락이었다. 20세기 초 1904년부터 1908년까지 4년 동안 미국 전역에 무려 9000개의 극장이 만들어졌다. 이렇게 등장한 '5센트짜리 극장'이라는 뜻의 '닉클로디온Nickelodeon'은 영화가 대중적인 오락으로 우뚝서는데 가장 크게 기여한 기반 시설이었다. 하우저가 말하듯 19세기 중반을 거치면서 예술이 점차 화려하고 전시적인, 값싼 오락과 유희를 담아내는 것으로 변화해갔다면 영화는 그에 가장 부응하는 것이었던 셈이다.

이어서 1920년대 자유방임형 자본주의 체제가 서구사회에 2차 산업혁명의 성과를 내면서 정점에 오르던 그 시절, 영화에 대한 대중의 반응은 열광적이었다. 도시는 번쩍이는 환락의 공간이었고 소비의 문화가 흘러 넘쳤으며, 그것은 무엇보다 현란한 20세기 모더니티의 모습이었다. 그러나 모더니티는 서구에만 머무르지 않았다. 심지어 일제 식민지였던 한반도에까지 그 물결이 밀려들어와 번성할 정도였다. A. 바쟁은 영화를 '현실의 시공간을 물리적으로 보존하려는 인류의 욕망이 구현된 매체'라고 말했다. 끊임없이 유동하는 현실의 시간과 공간을 그대로 차용하여 표현하려는 매체가 바로 영화였다. 영화가 일찍부터 관객의 눈을 현혹하는 '환영적 미디어'였다는 F. 키틀러의 말은 이런 맥락에서 이해할 수 있다. '시간과 공간의 경계선을 넘나들며 마음대로 방황하는 경험이 영화가 보여주는 세계의 근본'이라는 하우저의 말 역시 같은 맥락에서 이해할 수 있다. 거대한 도시와 기술문명이 조성한 환경 속에서 전혀 모르는 타인들과 우연히 공존하는 경험, 상호 무관하고 모순된 것을 동시에 체험하는 것이 20세기 삶의 풍경이라면, 그 가장 직접적인 경험의 장소는 영화관이었던 것이다. 정녕 19세기는 시각경험의 혁명이 전개되고 이후 이어질 더 큰 변화의 씨앗을 뿌린 시기였다. 20세기를 영화의 시대, 나아가 영상 미디어의 시대라고 부를 수 있는 것은 19세기에 그 기초적 형태를 다져 놓았기 때문이다.

5-1. 대중 미디어의 모범
—라디오

1938년 10월 30일 일요일 밤, 「머큐리 극장」이라는 제목의 CBS 라디오 드라마 시리즈. 그날 방송된 1시간 길이의 드라마는 마침 할로윈데이를 맞아, 영국 소설가 H. G. 웰즈의 1898년 공상과학 소설 『세계대전(War of the Worlds)』을 각색한 것이었다. 프로그램은 극 속에 "긴급뉴스를 말씀드리겠습니다. ...방어 불가능한 상황입니다. 우리 군대는 전멸 했습니다... 화성인을 피해 탈출하라는 종소리가 울리고 있습니다."라는 뉴스특보가 연달아 삽입되는 방식으로 구성되었다.

보스턴 글로브 1면

할로윈데이 유령을 기다리던 시민들은 화성인이 지구를 공격했다는 긴급뉴스에 경악했다. 짐을 싼 피난민들과 구급의료진들이 뒤엉켰으며, 알려진 바로는 독약을 들었다는 사람도 있고 화성인과의 전투를 위해 총을 들었다는 사람도 있었다. 다음날 '라디오극의 가짜 전쟁이 미국을 공포로 몰아넣다.'라는 신문을 접한 미국인들은 다시 한 번 놀랐다.(위 신문 사진 참조) 배우이자 영화사에 길이 남을 명화로 꼽히는 「시민 케인」의 감독인 O. 웰즈가 연출하고 내레이션을 맡았던 이 라디오 드라마는, 청취자 600만 명 중 120만 명이 실제상황으로 알고 피난길에 나섰다는, 웃어넘기기에는 너무도 심각한 에피소드로 더욱 유명해졌다. 실제 이 정도의 반응이 있었는지 논란이 일기도 했지만 어쨌든 한 편의 라디오 드라마가 엄청난 반향을 불러일으킨 것만은 분명하다.

화성 드라마 사태는 방송이라는 매체의 정체성과 성격, 방송이라는 매체의 특성과 사회적 파장 등을 적나라하게 보여주는 사례이다. 매스 미디어가 어떤 사회적 존재인지 유감없이 드러내주었다. 신문이 오늘날과 유사한 형태와 위상을 가진 매스 미디어로 자리 잡은 것은 미국의 경우 이보다 훨씬 전인 1830년대 이후부터이다. 그러나 신문은 기본적으로 문자 해독층을 대상으로 한다는 점에서 확산의 범위가 제한적일 수밖에 없었다. 반면 라디오는 듣는 매체라는 기술적 특성상 세대와 지역, 학력과 성별을 막론하고 훨씬 넓은 범위로 확산될 수 있는 매스 미디어이다.

불특정 다수에게 대량의 정보를 일방향적으로 전달하는 매스 미디어, 또는 대중매체로서의 방송은 영어로도 그런 의미를 지닌다. 'broadcasting'이라는 용어 자체가 이미 넓게 뿌린다는 뜻이다. 본래 이 말은 씨를 파종한다는 농업용어에서 빌려온 것이다. 19세기 후반 인쇄물을 널리 배포한다든가, 전신을 통해 여러 곳으로 동시에 정보를 전달하는 것을 'broadcasting'이라 불렀다. 이 용어가 라디오에도 그대로 접목된 것이다. 그러나 방송이 —여기서는 라디오 방송을 의미하지만 넓게 보면 방송매체 일반을 지칭하는— 이와 같은 정체성을 가지게 된 것은 특정 인물의 세심한 기획이나 설계의 산물이 아니다. 흔히 라디오를 '음악상자(music box)'라고 부르면서 방송이라는 매체의 정체성을 정착시킨 인물로 D. 사르노프 같은 사람을 꼽기도 하지만 그것은 일종의 영웅담이다. 라디오 방송의 정체성은 요즘 용어로 말하자면 '사용자'들이 정착시킨 것이다. 그것은 라디오 방송이라는 미디어를 특정인이 발명한 것은 아니라는 뜻도 된다.

방송과 관련하여 한 가지 미리 언급할 것은 방송이 무선전신으로부터 시작되지는 않았다는 점이다. 그보다 앞서 전화를 활용한 것이 있었다. 전화 이야기에서도 일부 언급했지만 1880년대 이후 유럽의 몇몇 도시에서 전화방송 서비스를 제공하는 사업자들이 있었다. 요즘 식으로 말하면 케이블 라디오 방송이라고 할 수 있다. 서비스 가입자들에게 전화를 통해 뉴스나 오락 프로그램(예: 음악회나 공연 등의 중계방송) 등을 전달한 것인데, 이때 사용한 것은 보통의 전화기가 아니라 한 개 또는 몇 개의 수신용 이어폰이 부착된 '극장 전화기(Theatre Phone)'였다.(아래 사진 참조) 이 서비스는 개인이 자기 집에서 구독할 수도 있었으며, 파리에서는 그림에서처럼 여러 사람이 전화방송을 들을 수 있는 공공장소도 100여 군데에 이르렀다고 한다.

극장 전화기 사용 모습

무선전신과 무선방송

무선전신에서 설명했듯 '라디오radio'라는 용어는 한 방향으로 뻗어나가는 선을 의미하는 라틴어 radius에서 유래했다. 그러나 전파는 특정한 방향으로 나아가는 것이 아니라 동심원처럼 전방위적으로 확산된다.(오른쪽 그림 참조) 또, 라디오는 통신으로서의 라디오와 방송으로서의 라디오라는 두 가지 뜻을 가지고 있다. 통신으로서의 라디오와 방송으로서의 라디오는 같은 뿌리를 가지고 있지만 기술적 측면에서 근본적인 차이가 있다.

무선 전기신호의 확산 개념도

첫째, 통신 미디어인 무선전신의 입장에서 전송신호가 전방위적으로 확산되는 것은 가장 큰 문제지만, 역설적으로 이는 방송이 가능한 물리적 토대이다. 무선전신은 전기신호의 확산현상 때문에 만들어진 미디어지만, 신호의 확산현상은 통신의 본래적 의미인 특정 송수신 지점 사이의 연결을 가장 어렵게 만드는 원인이기도 하다. 송신지점에서 수신지점을 향해 직접적으로 전기신호를 보낼 수 있다면 무선통신 시스템으로는 가장 이상적인 상황이지만, 특정 지점을 향해 신호를 무선으로 보낸다는 것은 전기신호의 확산현상으로 불가능하다. 그러나 통신에서 문제인 신호확산 현상은 무선방송, 즉 지상파 방송이 가능한 물리적 토대이다. 전기신호가 전방위적으로 퍼져나가기 때문에 신호를 널리 뿌리는 broadcasting, 즉 방송이 가능한 것이다. 한 지점에서 다른 지점으로 신호를 보내는 통신이 아니라 한 지점에서 여러 많은 지점으로 신호를 확산하는 방송은 이러한 전기신호의 확산현상에 기초한 미디어이다. 방송 미디어의 입장에서 무선통신 시스템의 문제점은 오히려 해결책이다.

그러니까 무선통신이라는 미디어에는 라디오 방송이라는 미디어가 숨겨져 있었던 셈이다.

둘째, 복잡한 요소들을 제외하고 최소한의 기술적 요건으로 말할 때 방송으로서의 라디오는 무선전신 송신장치에 마이크를 부착한 것이다. 그리하여 사람의 음성이나 다른 소리, 음악 등을 전송하게 된다. 여기서 가장 중요한 과제는 음성이나 소리를 실어 나를 전파를 만들어내는 일이다. 통신으로서의 무선전신은 단속적인 모르스 부호를 보내는 것으로 그러한 형태로 전파를 송신한다.(아래 그림 참조) 스파크 송신기가 가장 적확한 사례이다.

모르스 부호에 따른 무선전신의 단속적 신호 모양

그러나 사람의 목소리나 음악은 단속적 신호가 아니라 연속적 신호이다. 따라서 일정한 진폭을 지속적으로 유지하는 전기신호를 이용해 소리를 전송해야만 자연스럽게 지각할 수 있다.(아래 그림 참조)[59] 이 전파를 반송파(carrier)라고 부르는데, 음성이나 음악과 같은 신호를 나르는 역할을 하기 때문에 붙은 이름이다. 한편, 특성에 따라 이 전파를 지속파

연속파 / 반송파

59　샘플링을 통해 소리를 저장하고 재생하는 디지털 신호처리의 경우는 물론 단속적이다. 그러나 짧은 시간에 엄청난 샘플신호를 재생하기 때문에 사람의 귀에 연속적인 것처럼 들릴 뿐이다. 컴팩트디스크에 사용되는 샘플링은 초당 4만4천 회 정도로, 사실 이러한 수치를 상상하기는 어려운 일에 속한다.

(continuous wave)라고도 부르는데, 지속파를 활용하여 단속적 신호인 모르스 부호를 보낼 수는 있지만 스파크 송신기처럼 단속적이고 빠르게 감쇠현상이 일어나는 전파로는 사람의 목소리나 음악을 실어 보내지 못한다. 설령 보내더라도 중간 중간 끊어져 막힌 소리로 들리기 때문에 듣는 사람이 이를 제대로 인지할 수 없기 때문이다.

무선방송은 무선전신과 같은 기술적 바탕을 가지고 있지만, 이처럼 두 가지 점에서 근본적인 차이를 보여주는 미디어이다.

R. 페센덴 — 라디오 방송의 선구자

사람의 말소리나 음악을 무선전파에 실어 보내고 듣는 것을 소박하게 라디오 방송이라 한다면, 그 시작은 1901년 당시 미국 기상청에 근무하던 무선기술자 R. 페센덴(1866-1932)의 실험에서 비롯된다. 정규학교보다 에디슨의 연구소와 작업실에서 다양한 공학기술 분야의 현장경험으로 성장한 페센덴은 마르코니의 무선전신 시스템을 보면서 개선점을 찾아내고, 자신만의 무선전신 시스템을 제작하였으며, 그것을 이용한 신호 송수신에 성공하기도 하였다. 이후 1900년 매사추세츠 주 기상청에 자리를 잡으면서 그는 지역의 여러 관측소로부터 일기예보 작성에 필요한 정보를 송수신하는 기상청 무선통신 개선작업에 착수하였고, 그 과정에서 마이크를 이용한 음성 전송실험을 진행하였다.

1901년 12월 23일. 그는 자신이 근무하고 있는 기상청에서 "하나, 둘, 셋, 넷. 그쪽에 눈이 오고 있는지, 내 말이 들리면 전신으로 그곳 기상상태 회신바랍니다."라는 방송을 했다. 약 1.5킬로미터 떨어진 관측소로부터 이내 무선회신이 왔다. 그의 말을 관측소 직원이 들었던 것이다. 커뮤니케이션 방식으로 볼 때 방송이라기보다 두 지점 사이의 무선전화라 해야 마땅하겠지만, 중요한 것은 무선으로 사람의 말소리를 전달할 수 있음을 처음으로 입증했다는 점이다.

이후 기상청을 떠나 무선전신 사업에 주력하면서, 페센덴은 음성전송 송신기와 마이크 등을 개선하여 1906년 겨울에는 자신이 직접 연주하고 노래를 부르는 —'크리스마스 콘서트'로 널리 알려진— 음악방송 실험을 진행하였고, 연말에 다시 유사한 콘서트를 방송하였다. 물론 이것의 역사적 사실 여부부터 성과의 과장 여부 등에 대해 지금도 논란이 있지만, 페센덴의 음성전송 실험이 방송이라는 미디어의 가능성을 확인해주는 성과를 거둔 것은 분명하다.[60] 특히 주목할 것은 그가 개발한 무선신호 송신기이다. 마르코니 등이 개발, 상용화한 무선전신기는 신호키를 잇고 끊는 방식으로 조작하여 단속적인 모르스 부호 형태의 전기신호만 보낼 수 있었다. 그러나 페센덴은 사람의 음성을 실어 나를 수 있는 고주파 신호 송신기를 개발해냈고, 이를 이용하여 초보적인 형태지만 방송이라는 매체를 실제로 구현해 보였던 것이다. 그가 방송이 무엇인지에 대한 개념을 명료하게 확립한 것은 아니지만, 향후 방송으로 성장할 새로운 무선전신 시스템의 기초를 닦았다는 혁신적 성과를 이룬 것은 분명하다.

무선소년들 – 방송을 예비하다

기술의 역사는 대체로 특정한 개인 또는 과학자나 엔지니어들이 특정한 기술을 만들었다는 발명의 기록을 우리에게 전해준다. 그러나 라디

---

60 그의 방송에 대해, 대서양 연안을 항행하던 선박은 물론 미국 남부 멕시코 만과 더 멀리 서인도 제도 근방 해역에서도 신호를 청취한 기록이 있다는 주장도 있으나, 이의 신빙성에 대해서는 아직도 논란 중이다.

오 방송은 특정 개인이나 과학자, 또는 엔지니어들이 구상하고 그에 적합한 부품들을 갖추어 만들어낸 것이 아니다. 라디오를 구성하는 기술적 요소들은 다른 목적이나 용도로 이미 만들어져 있었고, 이들을 활용하여 라디오 방송이라는 새로운 미디어 형식을 대중에게 보여준 주체들은 흔히 '무선소년들(wireless boys)'이라고 불리는 아마추어 이용자들이었다. 관련법과 제도가 마련되기 전까지 무선전신은 개인이든 조직이든 누구나 사용할 수 있었다. 약간의 기술적 역량을 가진 아마추어 통신사들은 부품을 구입하고 장비를 설치해 상호 소통하는 나름의 무선전신 영역을 개척해내고 있었다.

사실 '무선소년들'이라는 표현은 wireless boys라는 영어 단어를 직역한 것인데, 어색하지만 적절한 우리말을 찾기는 어렵다. 인터넷 시대인 오늘날의 용어를 빌자면, 이들은 '유튜브 1인 크리에이터'이다. 즉, 무선기기에 대한 흥미와 관심, 지식을 가지고 나름의 통신수단으로 사용한 당시 10대, 20대 젊은이들을 지칭하는 말이다. 이 용어는 1906년 페센덴의 방송 이후부터 1920년대 초반까지 특히 신문이나 대중 과학 잡지 등에서 널리 쓰였다. 그 즈음 무선전신이나 라디오 방송에 취미를 가지고 활동했던 수많은 젊은이들을 그렇게 불렀다. 이들은 1920년대 중반 이후 솟구치듯 미국사회에 날아오른 라디오 방송의 길을 닦은 선구자, 개척자들이다. 무선통신에 숨겨져 있던 방송이라는 매체를 이들이 찾아내고 다듬은 것이다.

이미 마르코니 전신회사 같은 기업이 사실상 독점한 무선전신은 선박과 선박, 선박과 육지 간의 소통 미디어로 자리 잡았다. 그러나 무선전신은 상업적 용도로만 성장한 것은 아니었다. 아마추어들의 영역도 함께 성장하고 있었다. 또 페센덴이 보여주었듯 무선전신은 모르스 부호만이 아니라 소리를 전달할 수 있다는 것도 확인되었다. 젊은이들은 취미로, 또는 실험 차원에서 무선전신 장비를 갖추고 모르스 부호를 무작정 송신하거나, 오가는 무선통신 부호를 청취하였다. 통신장비 외에 마이크를 갖추어 자신들의 소리를 공중으로 쏘아 올리거나 다른 사람들의 소리를 듣기도 하였다. 누군가 자신들이 보낸 신호를 들을 것이라는 희망을 가지고 이들은 무선전신 키를 조작하거나, 마이크 앞으로 축음기를 끌어와 음악을 돌리거나, 자신의 메시지를 말로 전달하기 시작한 것이다. 방송이라는 새로운 미디어는 이렇게 시작되었다.

무엇보다 이들이 자유롭게 활동할 수 있었던 이유는 규제가 없었던 환경 탓이다. 당시 무선통신, 또는 무선방송은 전혀 새로운 것이었기 때문에 이에 관한 정부의 규제나 관련 법 등은 없었다. 두 번째는 이들이 전문가였기 때문이다. 개인용 컴퓨터 시대를 아마추어들이 연 것과 마찬가지로 무선소년들은 무선기술과 장비, 부품 등에 익숙한 아마추어 전문가들이었다. 또 이들을 위한 다양한 종류의 무선기기 관련 지침서나 잡지, 설명서나 참고서 등이 대량으로 발간되어 조립방법이나 원리의 해설, 필요한 부품 구입 요령 등을 안내하고 있었다. 세 번째는 무선전신 관련 기술들이 빠르게 발전하였고, 때문에 저렴한 가격에 우수한 성능의 부품들을 누구나 쉽게 구입할 수 있게 되었다. 네 번째, 새로운 과학과 기술에 대한 사회적 관심이 높아지면서 특히 무선전신이 청소년들에게 흥미는 물론, 동기부여, 그리고 성취감 등을 불어넣어 주었다. 미국사회에 라디오 열풍은 매우 빠르게 확산되고 있었다.

그러나 1912년 타이타닉호 침몰사건과 관련, 승객 전원구조라는 잘못된 정보가 아마추어 무선전신을 통해 널리 알려지면서 커다란 혼란이 빚어졌다. 이를 계기로 무선 규제책이 필요하다는 여론이 형성되었고,

무선 관련 법률이 만들어졌다. 마침 아마추어 무선통신을 규제하고자 했던 정부와 기업, 특히 군대는 이를 계기로 목소리를 높였다. 이로 인해 아마추어들의 통신은 크게 제한되었다. 면허제가 도입되었음은 물론 아마추어 용도로 배정한 전파 이외에는 사용할 수 없었다. 방송 역시 마찬가지였다. 아마추어들의 개인 방송국이 빠르게 늘어나면서 빚어지는 전파 간섭과 혼신의 문제가 사회적 과제로 대두되기 시작하면서 법의 규제 속에 포함되었다. 아마추어 방송 역시 통신과 마찬가지로 제한된 울타리 안에 갇히게 된 것이다. 결국 방송국 면허제가 도입되면서 전문 방송국이 아니면 사실상 채널을 운영할 수 없는 상황이 만들어졌다. 한편, 값싸고 성능 좋은 라디오 수신기가 만들어져 누구나 상점에서 쉽게 구입할 수 있게 되면서 아마추어들의 기술적 역량 또한 사실상 무의미하게 되었다. 무선전신과 라디오 방송의 시대를 연 열정적 아마추어들의 시대는 정부와 기업에 의해 서서히 그 막을 내려야 했다.

무선소년들은 방송으로서의 라디오가 매우 흥미롭고 주목받는 사회문화적 현상이며, 이 현상에 많은 사람들이 적극적으로 참여하고 있고, 또 관심의 열기나 규모의 측면에서 상업적으로 충분히 이용 가능한 현상임을 보여주었다. 방송을 내보내고, 방송을 듣는 열광적 미디어 이용 집단이 큰 규모로 존재하고 있음이 확인된 것이다. 1920년 이전까지 이들 아마추어 방송 외에 전문적인 라디오 방송국은 단 한 곳도 없었다. 그러나 그해 세계 최초로 웨스팅하우스 회사 소유의 상업방송이 미국 피츠버그에 설립되고, 그 2년 후인 1922년, 기업은 물론, 대학, 교회, 각종 단체나 기관 등에서 세운 방송국이 무려 600여 개에 달하였다. 뉴욕이나 시카고 같은 큰 도시에는 무려 30개 이상의 방송국이 세워졌다. 1912년의 무선 관련 법률은 이제 변화된 통신 방송 상황에 맞게 개정되었고, 1926년 개정된 법으로 무선통신과 방송을 규제하는 연방통신위원회(Federal Radio Commission)가 만들어졌다. 같은 해 그리고 다음 해 미국 전역을 가청권으로 하는 NBC, CBS 방송이 각각 개국하면서 본격적인 라디오 상업방송 시대가 열리게 된다. 다른 나라에서도 거의 비슷한 시기에 라디오 방송이 본격화된다. 식민지 치하 한국에서도 1927년 일제에 의해 경성방송국이 문을 열었다.

라디오 방송 – 전자공학 제 2막

대중들의 새로운 오락매체로 자리매김한 라디오 방송은 제작, 송신, 수신 세 부분으로 구성되는 거대한 구조물이다. 라디오뿐만 아니라 방송은 어떤 플랫폼이든 구조상 동일하다. 각 부분의 기술적 핵심은 첫째, 음성 또는 소리를 전기 신호화하는 부분, 둘째, 신호를 전송하는 부분, 그리고 셋째, 신호를 소리로 재생하는 부분이다. 음성이나 소리를 전기신호로 만드는 것은 마이크가, 송신은 안테나와 송신기와 신호 변조장치가, 전기신호를 소리로 재생하는 것은 스피커가 맡는 역할이다. 단순하지만 마이크와 송신기, 그리고 스피커가 라디오 방송 시스템을 구성하는 핵심 요소인 것이다.

라디오 방송이 미디어로 자리를 잡기 위한 최우선 과제는 청취자들에게 충실하고 명료한 청각경험을 제공할 수 있는 물리적 시스템의 구축이다. 잡음투성이거나, 미약한 신호로 듣기 자체가 불가능하거나, 다른 신호와 혼선을 일으킬 경우엔 청취자들에게 의미 있는 미디어로 다가갈 수 없기 때문이다. 이 과제를 해결하는 과정에서 전기전자공학은 또 다른 도약을 이루게 된다. 무선전신이 전자공학의 제 1막을 연 미디어라면, 라디오 방송은 보다 진전된 전자공학의 제 2막을 연 미디어이다.

제 2 막 1장 – 광석 수신기

'충실하고 명료한 청각경험의 제공'이라는 것을 기술적으로 풀이하면
원활한 신호의 수신과 입력된 신호에 입혀진 본래의 음성정보를 제대로
재생하는 작업이다. 이 기능을 수행하는 기기로 처음 만들어진 것이 광
석 검파기(crystal detector)였다. 1904년 무렵 발명된 이 검파기는 가느
다랗게 달린 금속선 때문에 '고양이 수염(cat's whisker)'이라고도 불리
는데, 진공관이 발명되기 전까지 가장 널리 쓰인 방송 수신용 부품이었
다.(아래 사진 참조)

광석 검파기

　　안테나를 통해 수신되는 방송신호는 앞서 말했듯 교류인 반송파에
실려 오는 것[61]으로 양극과 음극, 즉 위아래 파형이 서로 신호를 상쇄하

61　음성이나 영상신호는 상대적인 의미에서 저주파이다. 음성으로 청취 가능한 것은 초당 20hz에서 2만hz 정
도의 주파수를 가진 신호이다. 영상의 경우는 이보다 커서 대략 수~수십 Mhz 정도의 주파수를 가진 신호이다.
이 범위를 벗어난 신호는 제대로 들을 수 없거나 볼 수 없다. 문제는 이 저주파 신호를 멀리, 그리고 명료하게 보
내려면 훨씬 높은 고주파의 전파로 바꾸어야 한다는 것이다. 이렇게, 본래 저주파인 음성과 영상 신호를 고주파
로 바꾸는 것을 '변조(modulation)'라고 하며, 이때 사용하는 고주파 전파를 신호를 나른다는 의미에서 '반송파
(carrier)'라고 부른다. 라디오의 경우 이와 같은 신호변조 방식에는 진폭을 바꾸는 AM과 주파수를 바꾸는 FM이
있다. 텔레비전의 경우 아날로그 지상파에는 NTSC, PAL, SECAM 방식 등이 있고, 디지털의 경우에는 ATSC,
DVB-T, ISDB-T 등의 변조방식이 있다.

기 때문에 본래의 음성신호를 재생하려면 수신 이후에 정류과정을 거쳐야 한다. 즉 음극파형의 신호를 제거하기 위해 교류신호를 직류신호로 변환, 음성신호만을 추출해내는 작업을 말한다. 이를 '검파(detection)' 또는 '복조(demodulation)'라 부르는데 여기서 중요한 것은 검파의 과정이 곧 정류의 과정, 즉 음극파형을 제거하고 한 방향으로만 전류를 흐르도록 하는 다이오드 반도체의 기능이라는 사실이다. 바로 플레밍 밸브의 원리이다. 그런데 광석 검파기는 밸브 대신 반도체 성질을 가진 광석인 갈레나—납이나 은의 원료인 방연광—를 사용했다. 이 금속의 표면을 고양이 수염으로 알려진 가볍고 얇은 금속선으로 건드리면 정류작용이 일어나면서 무선신호에 내장되어 있는 본래의 음성신호가 추출되는 것이다. 이들 광석이 '정류'라는 반도체 기능을 가지고 있다는 것은 1874년 독일의 물리학자인 K. 브라운(1850-1918)이 처음 발견했고, 이후 여러 학자들의 연구와 실험을 통해 광석 검파기로 만들어졌다.

광석 검파기는 반도체 성질을 가지고 있는 원광석의 결정물을 따로 가공치 않고 사용하는 것으로, 금속선을 광석표면에 고정시키는 것이 아니기 때문에 약간의 움직임에도 수신감도가 떨어져, 사용자는 정확한 신호를 찾기 위해 계속 금속선의 위치를 바꾸어 주어야 하는 불편함이 있었다. 그러나 초기의 라디오 수신기에서 이보다 큰 문제는 이어폰이 없는 한 방송을 들을 수 없다는 것이었다. 이어폰은 수신된 무선전파를 이용하여 이어폰, 즉 스피커를 구동하기 때문에 신호도 약하고 소리도 작았다. 라디오 방송이 더 크게 발전하기 위해서는 미약한 신호의 증폭이라는 과제를 해결해야 했다.

제 2막 2장 – 신호증폭 진공관

신호증폭의 해결책은 두 방향에서 이루어지고 있었다. 하나는 확성기 스피커(loudspeaker)를 만드는 것이고 다른 하나는 신호증폭기를 만드는 것이다. 1877년 독일의 발명가이자 사업가인 W. 지멘스는 벨의 전화 수화기에 쓰이는 자석 스피커를 기초로, '콘cone'이라 부르는 확성기판과 진동판을 가설한 스피커를 설계하고 특허를 획득하였다. 이후 오늘날까지 스피커는 이와 동일한 구조로 이루어져 있다. 그런데 이들 초창기 스피커는 전화기에는 사용할 수 있었지만 확성기로서 기능할 수 있는 것은 아니었고, 오늘날과 같은 의미의 스피커는 1920년대 초반부터 등장하기 시작한다. 그러나 입력신호 자체가 미약할 경우, 스피커의 소리를 높인다 해도 소리가 왜곡되고 거칠게 들리는 문제가 있었다. 따라서 신호 자체의 크기를 일정하게 키우지 않는 한 소리를 크게 들을 수 있는 스피커는 큰 의미가 없었다.

신호 증폭기의 역할은 여기서 시작되었다. 1906년 미국의 전기공학자 L. 디 포리스트(1873-1961)는 자신이 '오디온audion'이라 부른 신호증폭 진공관을 만들어냈다. 플레밍 밸브를 개선한 것이었다. 플레밍 진공관이 2극인 반면 포리스트의 진공관은 3극이었다. 3극은 양극과 음극 두 전극 사이에 그물망 같은 그리드grid, 곧 또 하나의 양극을 추가한 것이었다. 과학적인 이유에서가 아니라 말 그대로 실험적으로 시도한 것이었다. 양극이 하나 더 추가됨으로써 음극에서 방출되는 전자의 양이 많아지고, 진공관 내부의 전류 흐름이 증가하면서, 수신감도가 증가하는 것은 물론이고 신호

오디온 라디오 수신기

자체의 전기적 크기 또한 증가한다.

그 시점까지 포리스트 자신은 이를 우수한 성능의 신호 검파기, 즉 수신성능을 높인 기기로만 생각하고 있었다. 그러나 1910년대 다른 라디오 과학자와 엔지니어들에 의해 포리스트의 3극 진공관은 수신은 물론이고 신호의 증폭, 나아가 송신까지 수행할 수 있음이 확인되었다. 물론 오디온은 몇 년 지나지 않아 보다 정교하게 설계·제작된 진공관에 의해 대체되었다. 하지만 제대로 된 전자공학은 바로 이 발명품에서 비롯된다고 할 정도로 3극 진공관은 수신기, 증폭기, 송신기능까지 갖춘 놀라운 기기였다. 이제 신호증폭이 가능해지자 라디오 수신기는 이어폰으로 혼자 듣는 미디어가 아니라 확성기 스피커를 부착해 가족이, 또는 여러 사람이 함께 들을 수 있는 공동의 미디어로 자리 잡았다. 라디오 방송이 본격화되기 위한 필요조건인 기술적 토대가 사실상 완성된 것이다.

FM 라디오 — E. 암스트롱과 D. 사르노프

1920년대 기술적 기반이 마련되면서 라디오 방송은 폭발적 대중화의 길로 나서게 된다. 전 세계 여러 나라에서 라디오 방송이 본격화되었다. 그러나 라디오 방송은 또 다른 모습을 감추고 있었고, 그 모습이 드러나고 성장하는 과정은 기술적으로는 진전이었으나 한편으로는 커다란 비극이었다.

뒤늦게 드러난 라디오의 새 얼굴은 FM 방송이었다. 그 즈음 빠르게 성장한 AM 라디오 방송의 큰 문제는 잡음과 간섭으로 인한 혼신이었다. 천둥번개나 다른 무선전신 신호, 전기기기들로부터 발생하는 여러 전기적 신호들이 방송신호에 합성되면서 본래의 신호가 왜곡되는 현상이 잡음이다. 잡음을 피하면서 명료하게 라디오 방송을 수신하는 방안에 대한 많은 연구들이 진행되었고, 그중 하나로 1920년대 후반부터 방송신호의 진폭이 아니라 주파수를 변조하는 아이디어가 나타났다. 잡음이 본래의 라디오 신호에 외부의 전기신호들이 합해지면서 진폭의 왜곡을 가져오는 것이라는 점에 주목하여 진폭이 아니라 주파수를 변조하는 방법을 고민한 결과이다. FM 변조는 입력신호의 크기에 따라 주파수만 변하는 것으로 신호진폭은 일정하기 때문에 잡음과 혼신에 강한 특성을 가지게 된다. 이 공학적 연구에 가장 크게 기여하면서 해결책을 만들어낸 사람이 콜롬비아대학에서 전기공학을 전공한 E. 암스트롱(1890-1954)이다. 당시 미국 무선전신 산업의 대표 기업으로, NBC 방송의 모기업 RCA의 지원을 받은 암스트롱은 1931년 캘리포니아에서 하와이까지 시범방송을 송신하는데 성공하면서 FM 방송의 가능성을 실연해 보였다. 그리고 1934년부터 1935년까지 뉴욕에서 FM 방송의 시험운영을 완수, FM 음질의 우수성을 다시 입증하였다.

그러나 암스트롱의 FM 기술연구를 지원한 RCA의 판단은 달랐다. 첫째는 FM 시스템이 예상했던 것 이상으로 복잡한 기술이고, 당시 RCA는 이제 막 실험단계에 접어든 텔레비전 방송에 집중투자하고 있었기 때문에 FM에 대한 지원을 중단하였다. 이 과정에 가장 큰 영향을 끼친 인물이 당시 RCA[62]의 사장인 D. 사르노프(1891-1971)였다. 사르노프의

---

62   RCA(Radio Corporation of America)는 1919년 General Electric이 미국 마르코니의 무선전신 시설과 장비 등을 인수 구매하여 세운 자회사이다. 미국 정부는 1차 대전 중 무선통신 서비스를 국유화하였고 전후 국가안보의 관점에서 영국계 기업이 무선통신 분야를 사실상 독점하는 것을 원치 않았기 때문에 시설과 장비를 넘기도록 마르코니 회사에 압력을 행사하였다. 한편, RCA, GE, 웨스팅하우스 등은 특허 상호교차 사용계약을 맺어 통신 방송분야에서 일종의 독점체제를 유지하였다. 이로 인해 반독점 소송에 걸리게 되고, 1932년 법무부와 협상을 거쳐 GE와 웨스팅하우스가 지분을 포기하면서 RCA는 독립하게 된다. RCA는 1920년대부터 1970년 무렵까지 무선전신, 통신장비 및 부품, 라디오 수신기, 라디오 방송과 텔레비전, 영화, 나아가 컴퓨터에 이르기까지 미국 유수의 전자 및 미디어 기업으로 성가를 높여 왔다. 그 이후 RCA는 기업으로서 저물어가는 역사를 쓰게 된다.

결정은 FM이 AM 방송과 수신기 시장을 위축시키게 되고, 그에 따라 라디오 수신기 시장을 사실상 독점하던 RCA의 위상도 위축될까 우려한 것이었다.

암스트롱은 RCA로부터 독립, 1937년 자신의 첫 FM 방송국을 설립하고, 소규모 독립 방송사들, 그리고 다른 가전사들과(예: 제니쓰, GE) 연합하여 FM 방송 네트워크를 계획하였다. 그러나 대공황의 여파와 2차 대전으로 FM 방송사업은 더 이상 진전을 거둘 수 없었다. 한편 FM의 우수성을 잘 알고 있는 RCA는 1940년 백만 달러의—오늘날 가치로 거의 1800만 달러—특허 사용계약을 제시하지만 암스트롱이 거부하자 독자적인 FM 시스템 개발에 나선다. 이로 인해 암스트롱과 RCA는 특허 소송전에 돌입한다. 그러나 한없이 길어지는 소송에 재정적, 가정적, 개인적으로 무너진 암스트롱은 1954년 맨해튼 자신의 아파트에서 투신해 스스로 목숨을 끊는다.

오늘날 FM 방송은 우수한 음질로 그 존재와 가치를 인정받고 있다. 그러나 이면에는 거대 독점기업의 횡포와 정부 정책을 좌우하는 권력에의 영향력에 눌릴 수밖에 없었던, 빼어난 전자공학도의 비극이 있다.[63]

라디오 방송과 사회

앞서 언급했듯 라디오 방송은 20세기 초 범지구적 현상이었다. 그러나 그 시작은 미국이며 그 화려한 꽃 역시 미국에서 피워냈다. 이 시기 미국은 제 2차 산업혁명이 무엇인지를 전 세계에 분명하고 거창하게 보여

---

63   그가 사망한 직후 RCA와 암스트롱 유족 간의 합의로 소송은 결국 마무리되었고, FM 발명가로 그의 명예는 회복되었다. 암스트롱은 사후에도 그의 공적을 기리는 영예로운 수상경력을 쌓았다. 한편 그의 자살에 대해 사르노프는 '내가 그를 죽인 건 아니지 않느냐'라는 식의 발언을 남겼다.

주었다. 국내적으로는 독립전쟁에 이어 제 2의 미국혁명이라고 불리는 막강한 도약의 시기를 경험하게 된다. 그 엄청난 도약의 시간을 구분하면 1880년대부터 1910년대까지를 '빛나는 금의 시대(Gilded Age)'와 '개혁의 시대(Progressive Era)', 1920년대를 '노도의 시대(Roaring Twenties)'라 이른다. 이 과정에서 미국의 산업과 경제는 무시무시할 정도의 부를 창출하게 된다. 1878년부터 1889년까지를 '빛나는 금의 시대'라 부른 이는 M. 트웨인이고 이는 겉만 번지르르한 당대 사회를 풍자한 말이었지만, 한편으론 2차 산업혁명이 이룩한 경제적 번영을 묘사한 표현이기도 하다. 비슷한 시기 번영과 평화를 구가했던 유럽사회에서 이 즈음을 '아름다운 시절(la belle epoque)'이라 부르는 것 역시 같은 맥락이다.

　　그러나 번지르르한 금의 시대, 또는 아름다운 시대는 검고 추악한 시대이기도 했다. 정부의 규제라고는 전무했던 당시 자유방임적 자본주의를 장식한 이름들은 '초대형 부자', 또는 '귀족강도'(robber baron, 원래는 노상강도를 의미한다.)라 불린 A. 카네기, H. 포드, J. 굴드, J. 록펠러, J.P. 모건, C. 밴더빌트, E. 코넬 같은 거대 기업가나 금융가들이다.[64] 으리으리하게 빛나는 이들의 저택과 황금의 영광 이면에 엄청난 고통과 빈곤으로 피폐한 민중들의 삶이 고스란히 남아있음은 물론이다. 미국 노동부의 통계에 따르면 그 시대 2만4천여 곳의 사업장에서 13만여 회 이상의 파업이 벌어졌다. 수많은 노동자들이 파업의 와중에 경찰과 구사대의 폭력에 희생되었다. 오늘날 메이데이, 즉 노동절의 기원이 된 시카고

64　한편 이들이 자선사업가로서 대학교육 분야와 문화예술 부분에 기여한 공로, 그리고 그것이 오늘날 미국을 키운 커다란 자산이었다는 사실은 충분히 인정받아야 한다. 물론 일각에서는 그것까지도 개인의 이익을 도모하기 위해 치장한 외양이라고 비판하기도 하지만, 이들이 가지고 있던 시민적 의무감 자체를 송두리째 부정할 수는 없다. 이들이 품고 있었던 시민의식의 본바탕에는 국가와 지역사회에 대한 책임의식과 함께 사유재산이 절대 신성불가침한 것은 아니라는 인식이 깔려 있다.

헤이마켓 사건이 일어난 것도 바로 이 즈음이다.

미국사회는 이런 과정을 거쳐 국가 전체의 부를 성장시켰다. 1차 대전 이후 재도약하려 노력하는 유럽의 국가들은 미국의 산업이 부를 쌓는 하나의 시장이자 원천이 되었다. 1차 대전 이후 미국은 사실상 세계 제1의 강대국으로 등장했다. '노도의 1920년대(Roaring Twenties)'라고 불릴 만큼 이전과는 달라진 미국사회는 이때 그 실체를 더욱 드러낸다. 그만큼 변동의 폭이 크고 이전에는 볼 수 없었던 현상들이 크게 나타나, 말 그대로 몰아치는 파도와 같은 변화의 시대였다.

당시의 사회, 문화, 경제의 변화는 예를 들면 소비사회적 현상(예: 자동차의 확산, 광고 산업의 발흥), 여성의 변화(예: 짧은 치마와 머리 스타일 등으로 치장한 신여성의 등장), 대중문화의 확산(예: 재즈음악, 영화, 방송 등의 본격적 확산), 새로운 건축, 실내장식, 패션, 상품 디자인 경향의 등장(예: 고층 건물의 확산) 등으로 나타났으며, 이는 이전 미국사회에서 찾아볼 수 없었던 양상이었다. 번성하는 산업사회의 열매를 거두기 시작하는 소비사회의 등장, 1920년대에 이미 미국 전체 가구의 90퍼센트가 자동차를 소유하게 되었다는 사실이 상징하는 바가 바로 그것이다. 소비사회의 모습은 미국, 유럽 등에만 한정되지 않았다. 세계적인 현상이었다. 새로운 소비사회의 유행은 '모던뽀이, 신여성' 등의 이름으로 식민지 시대 한국에까지도 영향을 끼칠 정도였다.

라디오 방송은 이 와중에 시작된 20세기의 매체다. 시간표상으로만 그런 것이 아니라, 20세기 이전에는 탄생할 수 없었던 매체라는 점에서 더욱 그러하다. 첫 번째 이유는 기술적 배경이었고, 두 번째는 사회적 배경이었다. 방송으로서의 라디오가 성장하기 위해 필요한 것은 기술이었으며, 동시에 그 기술을 받아들일 준비가 되어 있는 사회였다. 기술이 완성되어 갈 즈음, 빛나는 금을 쌓아 올린 아름다운 시절의 사회는 이제 소비의 시대로 이동하고 있었다. 한 점에서 무수한 점으로 뻗어나가는 매스 미디어는 대용량 메시지 전달에 최적화된 시스템이다. 번성하는 소비사회는 이를 필요로 하였다. 대량소비를 촉구하는 광고를 기반으로 하는 대중매체로, 무수한 사람들의 문화적 감성을 자극하는 오락의 전도사로, 또 표준화된 메시지를 대량으로 대다수의 사람들에게 전달하는 중개자로, 라디오는 자본주의 체제 유지에 기여하는 소비사회의 첨병이자 안내자의 역할을 수행하였다.

전신과 전화 같은 이전의 미디어들이 소통 형식의 측면에서 개인 대 개인, 기관 대 기관이 연결되는, 미디어 전문용어로 한다면 일대일, 또는 점대점 소통 형식이라면, 방송은 '매스 미디어'라는 용어가 말해주듯 집단적 단위로 접속하는 것이다. 물론 라디오 방송이 필연적으로 매스 미디어라는 길로만 가야했던 것은 아니었다. 방송매체가 품은 여러 가능성을 보여준 무선소년들의 예에서 보듯 방송은 사용자들이 주체가 될 수 있는 쌍방향 미디어가 될 수도 있었다. 그러나 자본의 전략, 국가의 정책, 기술적 한계점 등이 결합되면서 라디오는 중앙집중형, 일방향적 미디어로 귀결되었다. 라디오 방송은 20세기 초 형성되기 시작한 대중사회의 문화적 형식에 적합한 대중매체로 자신의 정체성을 확립했던 것이다. 그리고 이 틀은 텔레비전 방송으로 고스란히 이어진다.

5-3. 사회의 확대와 대중의 성장:
20세기 미디어의 꽃－텔레비전

영상 미디어의 관점에서 19세기의 주역은 사진이다. 20세기 영상 미디어의 문은 영화가 열었다. 그 뒤를 이은 텔레비전은 그 문을 더 크고 넓게 만들었다. 텔레비전은 앞서 설명한 라디오와 비슷한 시기에 출생하였으나 늦게 성장하였다. 2차 대전 때문이었다. 따라서 텔레비전 역사의 본격적 진전은 20세기 중반 이후부터 이루어졌다.

영화가 20세기 영상매체의 대표주자로 성장하고 1930년대부터 '할리우드 황금기'라는 전성기를 구가할 무렵, 텔레비전이라는 영상매체는 전기전자 연구와 기술실험으로 10여년의 시간을 보내고 있었다. 1930년대 후반, 실험이 성과를 거두기 시작하고 방송준비는 마무리되었지만 2차 대전이 터지고, 결국 종전이 되기까지 미디어와 커뮤니케이션 분야의 인적, 기술적, 물리적 자원은 전쟁으로 집중되었다. 이 시기 텔레비전은 제자리걸음을 하게 된다. 물론 제자리걸음이 정확한 표현은 아니다. 2차 대전은 기술과 과학이 군사용으로 사용되었을 뿐, 기술과 과학 그 자체는 비약적으로 성장한 시기였기 때문이다. 특히 컴퓨터와 전자공학, 전자기술의 발전은 그 많은 기술과학 중 가장 놀라운 미래를 기약한 것이었다. 그리고 텔레비전은 전자공학의 대표적 실무현장 중 하나였다. 전쟁이 끝나자마자 미국을 비롯한 서구 각국에서 매우 빠른 속도로 텔레비전의 황금기가 열린 것도 이와 같은 배경에서 가능했다.

'멀리'라는 뜻의 그리스 말 tele와 '보다'라는 뜻의 vision의 합성어인 '텔레비전'이라는 말은 1900년, 파리에서 열린 만국박람회와 함께 개최된 국제전기회의(International Electrical Congress[65]) 때 처음으로 사용되었다. 초창기 텔레비전은 '텔레포트telephote, 멀리서 보는 빛', 또는 '텔레비스타televista, 멀리서 보는 풍경' 같은 이름으로 불리기도 했다.

기술적으로 텔레비전을 가장 쉽게 설명하는 말은 '영상정보를 전기 신호로 바꾼 것'이다. 여기에 라디오의 소리를 결합하면 그것이 곧 텔레비전 방송 시스템이 된다. 그리고 영상을 어떤 방식으로 전기신호화 하는가에 따라 텔레비전은 기계식, 아날로그 전자식, 디지털 전자식 등으로 구분된다. 대략 90년 정도 되는 텔레비전 역사는 초기 10여 년간의 기계식, 2000년대 들어 본격화된 디지털 TV를 제외하면, 나머지 70여 년간은 아날로그 전자식 TV 시대이다. 아날로그 텔레비전은 방송의 디지털 전환이 전 세계적으로 진행 중인 지금 쇠퇴의 길을 걷고 있지만, 여전히 많은 나라에서 텔레비전 방송의 중요한 축을 담당하고 있다.

텔레비전은 대중매체의 꽃이다. 나아가 20세기 미디어의 꽃이라고도 할 수 있다. 오늘날을 모바일 미디어 시대라 칭하기도 하고, 또 디지털 시대에 전통적 의미의 텔레비전 위상은 점차 하락하고 있지만 여전히 전 세계의 무수한 사람들이 하루 몇 시간씩을 텔레비전 앞에서 보낸다. 물리적 규모로 지구상에서 가장 큰 미디어가 '전화'라면, 영향력이나 중요성에서 가장 커다란 미디어는 '텔레비전'이다. 또한 텔레비전을 '동영상 미디어'라고 더 넓게 해석할 경우, 디지털 미디어 환경에서도 가장 으뜸의 자리는 동영상, 즉 텔레비전이 차지하고 있다.

'집안의 중심 무대를 차지하고 있는 TV. 단추 하나를 누르면 바로 눈

---

65   전기 분야의 국제 학술회의이면서 동시에 각국 정부 대표들이 전기와 관련 기술표준, 국제 통신망 운용규칙 등 실무적이고 법제적인 문제도 함께 다루고자 1881년부터 1904년까지 거의 매년 유럽과 미국 주요 도시에서 열린 회의를 지칭한다.

앞에 오늘의 역사가 전개되며 세계가 그 창문을 통해 들어온다. 텔레비전은 정치, 오락, 광고, 소비 등의 측면에서 신기원을 이룩한 매체이며, 모든 사람이 우러러 받드는 일종의 제단이다. 텔레비전이 이러한 존재로 발전할 줄은 아무도 예측하지 못했다.' 1950년대 텔레비전의 위상과 성격, 사회문화적 의미에 대한 사람들의 평을 모아본 것이다. 지금도 텔레비전은 그러한 존재다.

영상 — 전기신호로 바꾸기

기술적으로 손쉽게 정의하면 텔레비전은 영상신호를 전기신호로 바꾸어 송수신하는 방송 시스템을 의미한다. 그런 의미에서의 텔레비전은 1920년대 기계식 TV로부터 시작된다. 그러나 전기를 이용해 이미지를 송수신하는 시스템으로 넓게 확장하면 그 시작은 1850년대로 거슬러 올라간다. 기능이나 작동 방식으로는 TV가 아니라 팩스에 해당되지만, 유선전신 시스템이 구축되고 널리 확산되면서 서류를 스캔하여 —원리상으로는 오늘날 스캐너와 같은— 전신으로 보내는 이미지 전신(image telegraph) 서비스가 일찍이 1860년대 프랑스의 파리, 리용, 그리고 마르세유 등지에서 가동되었다. 이후 1880년대에는 전화 네트워크를 이용하여 유사한 서비스를 제공하는 기기도 발명되었고, 1910년대에는 사진전송(phototelegraph) 시스템이 생겨나 1920년대 이후 신문이나 잡지사 등에서 이를 본격 활용하였다.

이처럼 사진과 같은 영상을 전기신호로 바꾸어 전송한다는 아이디어 자체는 이미 익숙한 것이었다. 더 넓게 말하면 기계적 영상 이미지의 시대는 사진과 영화의 형태로 사람들에게 이미 다가와 있었다. '코닥'이라는 고유명사가 보통명사처럼 쓰일 정도로 사진이 크게 대중화되었고, 영화

역시 이 무렵 대중들이 즐기는 대표적 오락물로 부상하였다. 뿐만 아니라 라디오 방송이 자리를 잡아가던 1920년대 후반에 이미 라디오에 영상을 결합한 텔레비전 방송 아이디어는 큰 화두였다. 문제는 '이를 어떻게 구현할 것인가?'였다. 사진이나 영화의 경우 전기신호로의 변환이 필요 없기 때문에 감광물질과 영상을 정착시키는 매개체로(예: 필름) 충분하지만, 텔레비전은 여기에 전기신호화라는 과제가 추가된다. 사진이나 영화의 방식으로 말하면 텔레비전에 요구되는 핵심 과제는 영상, 즉 빛에 반응하고 그 반응을 전기신호로 바꾸어주는 매개체를 찾아내는 것이었다.

여기서 첫 번째 답으로 등장한 것이 '셀레늄selenium'이라는 화학물질이었고, 그 답을 찾은 사람은 해저전선 생산회사에 근무하던 영국의 전기공학자 W. 스미스(1828-1891)였다. 본래 그가 맡은 일은 전기에 민감하게 반응하는 셀레늄 막대를 이용해 전신에 쓰는 전선에 신호전송의 결함이 없는지를 감식, 즉 전기가 누설되는지를 검사하는 것이었다. 그런데 특이하게도 밤에는 전기신호의 전송 여부를 잘 감지해내는 셀레늄 막대가 낮에는 제대로 감지하지 못하고 있었다. 실험 결과 스미스는 셀레늄이 빛에 민감하게 반응하는 성질을 가지고 있음을 확인했다.[66] 때문에 낮에 나타나는 셀레늄 막대의 전기 반응이 전선에서 발생하는 것인지, 아니면 태양 빛 때문인지 판단하기 어려웠던 것이다. 이후 연구자들은 셀레늄에 흐르는 전기의 양, 즉 전류의 크기는 셀레늄이 노출된 빛의 강도에 비례한다는 것을 밝혀내었다.

빛의 강도에 따라 달라지는 전기의 흐름을 감지하는 물질을 발견했

---

66   이런 점에서 셀레늄은 빛에 반응하여 전기 흐름을 제어하는 광 반도체(photo-semiconductor)이다. 셀레늄은 1970년대까지 반도체로 널리 사용되었으며, 오늘날에는 주로 복사기나 레이저프린터의 감광물질로 사용되고 있다.

다는 것은, 이를 이용하여 빛의 반사 현상인 영상을 전기신호로 바꿀 수 있다는 뜻이었다. 즉 촬영대상으로부터 반사된 빛, 즉 영상신호를 전기신호로 변환하는 매개체를 찾아낸 것이다. 이것이 텔레비전이 만들어질 수 있었던 최초의 핵심적 발견이다. 최초의 기계식 텔레비전은 이처럼 셀레늄의 발견으로 시작된다. 두 번째 방식의 텔레비전은 전기에 대해 근본적으로 다른 패러다임에 입각한 전자식, 즉 아날로그 전자식 텔레비전이다. 세 번째 방식은 디지털 전자식이다. 텔레비전은 이처럼 세 가지 방식의 발전사를 가지고 있고, 각 방식은 기본적으로 영상과 연결된 전기신호를 어떻게 처리하는가에 따라 구분된다.

기계식 텔레비전

기계식 텔레비전이란 촬영대상으로부터 반사되어 나오는 빛, 즉 영상신호를 전기신호로 만들고, 만들어진 전기신호를 영상으로 재현하는 방법이 기계식이라는 의미이다. 즉, 다음의 기계식 텔레비전 사진과 그림이 보여주듯 전동모터와 연결된 디스크를 회전시켜 영상신호를 전기신호로 변환하고, 반대로 전기신호를 영상신호로 재현하는 방식이다. 이 과정에서 회전하는 디스크는 기능상 한편으로는 촬영을 수행하는 스캐너로, 다른 한편으로는 영상신호를 재현하는 프로젝터로 작동했다. 즉 영상신호와 전기신호의 상호변환을 담당하는 핵심 역할을 디스크가 수행했고, 그 디스크가 모터를 이용한 기계적 방식으로 작동했기 때문에 기계식 TV라고 이름붙인 것이다.

워낙 전자식 텔레비전에 익숙한 지금, 기계식 텔레비전을 상상하는 것은 매우 어려운 일이다. 그러나 오히려 좀 더 자세하게 들여다볼 필요가 있다. 그 과정이 흥미로울 뿐 아니라 영상의 전기신호화라는 텔레비전의 기본 원리를 이해하는 데 도움을 주기 때문이다.

베어드와 그의 기계식 TV.

위 사진은 발명가이자 사업가인 영국의 J. 베어드(1888-1946)가 설계하고 만든 최초의 기계식 텔레비전이다. 베어드뿐 아니라 미국의 발명가인 C. 젠킨스(1867-1934) 등도 기계식 TV로 뒤를 이었다. 특히 베어드는 기계식 TV에 대한 실험과 연구를 하는 한편 자신의 TV 수상기 제작회사도 설립해 판매에 나섰으며, 그 작업의 일환으로 1927년부터 1931년까지 영국, 프랑스, 미국 등지에서 자신의 기계식 TV 시스템을 시연해 보이기도 했다.

원래 전기공학을 전공한 베어드는 1920년대 들어 텔레비전 연구에 몰두하면서, 영상신호를 전기신호로 바꾸는 방법과 관련해 같은 시기에 활동한 독일의 발명가 P. 니프코(1860-1940)의 영상획득(image acquisition) 아이디어에 주목했다. 베어드는 추후 그 아이디어를 확장하여 TV 수상기도 제작하였다. 여기서 '영상획득'이라는 생경한 용어를 익숙한 말로 바꿔 쓰자면 '촬영'이다. 어색하지만 이 용어는 기계식 텔레비전의 작업과정을 아주 적절하게 설명해주는 단어이다. 아래의 그림은 기계식 텔레비전이 어떻게 작동하는가를 보여주는 그림으로, 왼쪽이 촬영

부분이고 오른쪽은 수상기 부분을 가리킨다.

　왼쪽 그림이 보여주듯, 모터에 연결된 디스크가 회전하면서 구멍을 통해 촬영대상에 조명이 비춰지고, 대상에서 반사되는 빛은 셀레늄으로 만든 매개체를(아래 그림에 photocell로 표기) 통해 전기신호로 변환된다. 이처럼 내용상으로는 촬영이지만 의미상으로는 '영상획득'이라는 용어가 훨씬 기계식 TV의 원리에 부합한다.

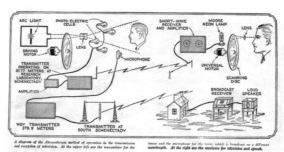

그림 출처: http://www.talkingelectronics.com/projects/
MechanicalTV/MechanicalTV-1.html

　또한 위 그림 오른쪽 부분에 보이듯, 수상기는 입력된 전기신호를 영상신호로 재생하는 진공관이—그림에 neon lamp라 표기된 장치—설치되어 있고, 진공관 앞에는 촬영하는 쪽과 동일한 구조의 디스크가 동일한 속도로 회전하게 된다. 그리고 디스크 앞쪽에는 확대경이 부착되어 디스크 구멍을 통과하는 영상신호를 확대해 시청할 수 있도록 설계돼 있다. 아래 사진은 1929년 베어드가 생산한 기계식 TV 수상기이다. 가운데 보이는 원통은 앞서 언급한 니프코 디스크, 곧 영상 재생용 원반을 담고 있는 부분이다. 1929년부터 생산된 이 수상기는 텔레비전이라는 이름 대신 '텔레바이저televisor'라 불리기도 했는데,[67] 거실에 두는 보통 테이블 크기의 모니터로, 당시 26파운드의 가격 —2018년 우리 돈으로 환산하면 220만 원 정도—에 대략 1000대 정도 팔린 것으로 알려졌다.

베어드 TV 수상기 http://earlytelevision.org/baird_televisor.html

그러나 화면의 크기가 3인치 정도에 불과하고 화질이 매우 열악해 기계식 텔레비전은 그저 새롭고 신기한 영상체험 정도에 머물렀다. 열악한 화질과 비싼 가격 등에도 불구하고 기계식 텔레비전 시스템이 실험실 수준에만 머무른 것은 아니었다. 디스크에 더 많은 구멍을 정교하게 뚫음으로써 그만큼 화질을 높일수도 있었기 때문이다. 그러나 기계식 텔레비전의 생명은 짧았다. 거의 같은 시기에 완전히 새로운 아날로그 전자식 텔레비전 아이디어가 무르익고 있었고, 1930년대 중반에 이르자 아날로그 텔레비전 시스템은 우수한 화질을 선보이며 기계식 텔레비전을 빠르게 대체하였기 때문이다.

BBC의 시작

아날로그 전자식 TV 이야기로 넘어가기 전 방송의 대명사처럼 존재하는 영국의 BBC에 대한 설명은 필수적이다. 왜냐하면 BBC는 텔레비전의 초창기, 누구보다도 가장 적극적으로 텔레비전 방송을 실시한 방송사였기 때문이다. 베어드나 젠킨스 같은 발명가들이 텔레비전이라는 매체를 사람들에게 인식시키는 최초의 계기를 만들었다면, BBC는 텔레비

---

67 바이저(visor)는 '어떤 것을 통해서 보는 것' 정도의 의미로 vision, video 등과 같은 어원에서 파생된 단어이다.

미디어 발명의 사회사

전을 가장 선도적으로, 그리고 가장 대중적으로 이끈 조직이다. BBC는 1922년 설립된 세계에서 가장 오래된 공영방송이면서 가장 큰 규모의 방송사이기도 하다. 또한 사회적, 문화적, 정치적, 나아가 재정적으로까지 방송 역사에서는 하나의 모범 또는 기준처럼 존재하는 기관이다.

1920년 세계 최초의 상업 라디오 방송이 미국에서 시작된 그 해, 영국에서도 당시 유명한 성악가의 공연을 생중계하면서 라디오 방송이 대중들에게 첫 선을 보였다. 그러나 보수적인 영국 정부의 관료들과 군, 그리고 민간 통신사업자들은 미국에서와 같은 오락적 성격의 방송을 달가워하지 않았다. 또 당시 라디오 방송사의 난립으로 혼란을 겪은 미국의 경우를 반복하고 싶지 않았던 영국 정부는 무선통신 기기와 장비 사업자들의 통합 컨소시엄인 BBC(British Broadcasting Company)에만 방송국 면허를 부여하기로 결정하였다. 이후 BBC는 영국 유일의 방송사로 입지를 굳히기는 했으나 재정문제로 여러 차례 어려움을 겪으면서 조직과 경영의 틀을 바꾸기도 했다. 그 결과 최종적으로 1927년 1월 1일, 민영방송에서 공영방송으로 위상과 조직의 틀을 바꾸었고, 이름도 민간기업을 뜻하는 Company에서 공기업을 의미하는 Corporation으로 바꾸었다. 오늘날 BBC의 시작이다.

BBC는 1930년부터 기계식 텔레비전 실험방송을 실시하였고, 1934년부터는 정규 방송 프로그램도 편성하였다. 또, 당시 발명되었던 전자식 텔레비전 방식을 기존의 기계식 TV와 함께 비교 시행해 본 후, 1935년 기계식을 폐기하고 훨씬 우수한 화질을 보여주는 전자식 TV 서비스로 완전히 방향을 전환하였다. 미국 방송을 대표하는 NBC와 CBS의 텔레비전 방송이 각각 1939년에 본격적으로 시작되었다는 점을 감안하면 이 부분에서 BBC의 선도적 입지는 매우 분명하다. 한편 2차 대전이 터지면서, BBC의 텔레비전 방송은 1939년부터 종전까지 중단되었고, 마찬가지로 미국의 방송사들도 사실상 중단된 상태로 명목상으로만 유지되었다.

기계식 대 전자식[68]

기술과 과학의 측면에서 텔레비전이 남긴 가장 큰 공적은 전자공학의 진전이다. 무선전신과 라디오 방송이 전자공학의 첫 번째 관문을 연 것이라면 텔레비전은 전자공학을 한 발자국 크게 진전시킨 도약대였다. 에디슨 효과에 대한 의문으로 시작되어 진공관이 만들어지고 이것이 무선전신과 라디오 방송의 발전에 기여한 것은, 전기와 관련된 응용적 차원의 진전으로 초보적 형태의 전자공학이다. 즉, 라디오 방송의 전자공학이 전자의 방출현상을 그대로 이용하는 수준이었다면, 텔레비전 방송의 전자공학은 전자의 방출을 정교하게 조절하고 제어하는 좀 더 고급한 수준의 것이었다.

화질을 떠나 기계식 TV의 가장 큰 과제는 수상기 내부의 디스크 회전속도와 송신기 디스크 회전속도를 정확하게 일치시키는 것이었다. 그렇지 못할 경우 영상신호가 앞서거니 뒤서거니 엉키면서 정상적으로 재생되지 않기 때문이었다.

초기 전자식 TV 수상기

---

68 여기서 말하는 전자식은 별도로 표기하지 않는 한 아날로그 전자식을 의미한다. 텔레비전의 경우 디지털 전자식은 1990년대 중후반 이후 등장한다. 아날로그 전자식이란 신호의 양적 변화에 주목하여 신호전체를 연속적으로 처리하는 방식을 의미한다. 디지털 전자식은 이와 달리 신호의 존재유무에 주목하여 표본샘플만을 단속적으로 처리하는 방식을 의미한다.

때문에 영상신호와 함께 별도의 전기신호를 송신, 그것이 수상기 디스크의 전동모터를 켜는 스위치 역할을 하도록 만들기도 하였다. 그러나 방송국이든 가정의 수상기든 모터를 돌리는 기계적 방식의 시스템에서 고장이나 오차는 필연적으로 발생할 수밖에 없었고, 이를 원활하게 해결할 방법은 사실상 없었다. 더군다나 가정에 놓인 무수한 수상기들을 감안하면 기계식 TV 시스템은 실험차원에서는 가능하지만 실제 방송과는 현실적으로 맞지 않는 방식이었다.

음극선관과 TV 수상기

이런 맥락에서 기계식을 대체하는 전자식 텔레비전이 만들어진다. 전자식 텔레비전의 기초는 전기에 대한 심화된 이해, 즉 전자의 발견으로 이어지는 과학실험으로부터 시작된다. 전기가 전자의 흐름이라는 사실과 전자의 정체성을 알게 된 것은 1850년대 독일 물리학자들의 음극선관(cathode ray tube(CRT))의 발명이 계기였다.[69] 음극선관은 말 그대로 음극선(cathode ray)을 관찰할 수 있는 반 진공상태 ―오늘날의 형광등 전구처럼 약간의 기체(예: 아르곤, 네온, 수은 등)가 들어 있는 가스병(gas-filled tube)―의

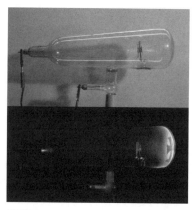

음극선관

---

69 어원상 cathode는 '밑으로, 아래쪽의'라는 의미를 가지고 있다. 음극이라는 뜻은 그 의미의 연장선에 있다. 양극을 뜻하는 anode는 그와 정반대의 뜻이다.

유리병이다. 유리병의 양쪽 끝에 음극과 양극의 전극을 각각 연결하고 전기를 통할 때, 음극에서 양극 쪽으로 직선 모양의 발광현상이 나타나는데 이를 음극선이라 이름 붙인 것이다.(앞쪽 사진 참조)

원래 음극선관 실험은 '전기가 무엇인가?'라는 전기의 정체성에 대한 질문, 또 '전기는 진공 속에서도 흐르는가?'—소리가 진공 속에서는 전달되지 않는다는 점과 비교해보면 질문의 의미를 짐작해볼 수 있다.—라는 질문에서 출발한, 육안으로 전기를 확인해 보려는 것이었다. 연구 결과, 음극선관의 발광현상은 기본적으로는 관 내부의 기체와 전기의 화학적 반응 때문으로 확인되었다. 이후 좀 더 세밀한 실험을 거쳐, 이 현상은 원자보다 더욱 미세하고 가벼운 음극의 극성을 가진 입자, 즉 전기를 구성하는 최소 단위라고 할 수 있는 '전자(electron)'에 의한 것임이 밝혀졌다.

그런데 음극선관 실험이 텔레비전과 관련하여 가지고 있는 특히 중요한 의미는 전기신호를 이제 눈으로 볼 수 있게 되었다는 점이다. 이에 착안하여 1897년 독일의 물리한자 F. 브라운은 기존의 음극선관을 개조해 관의 한쪽 면을 전기신호, 즉 전자에 반응하는 스크린으로 만들고 신호를 투사하면 스크린이 발광하면서 영상으로 재현되는 최초의 음극선관을 만들었다. 즉, CRT TV 모니터가 만들어진 것이다. 19세기 중반 전기 실험실의 연구주제로 만들어졌던 음극선관은 이렇게 영상신호를 재현할 수 있는 전자식 텔레비전으로 거듭났다. 지금과 같은 얇은 평면형 디지털 TV나 컴퓨터 모니터 등이 일반화되기 전인 1990년대까지만 하더

브라운관

미디어 발명의 사회사

라도 CRT TV 또는 CRT 모니터처럼 음극선관—만든 사람의 이름을 따 '브라운관'이라 부른—을 담은 아주 두꺼운 TV 수상기나 길쭉한 직육면체 모양의 컴퓨터 모니터가 대부분이었다.(앞쪽 사진 참조)

광전효과와 TV 카메라

음극선관을 이용해 전기신호를 영상으로 재현할 수 있음을 보여준 뒤 남은 과제는 영상신호를 어떻게 전기신호로 만들 것인가, 즉 TV 카메라의 문제였다. 앞서 언급했듯 셀레늄 같은 물질이 빛에 반응하여 전기를 흐르게 한다는 것은 일찍이 발견된 현상이었다. 이후 금속이 빛에 반응하여 전자를 방출하는 현상을 보이는, 전문용어로 '광전효과 (photoelectric effect)'에 대한 연구가 진행되었다. 앞서 말한 음극선관의 발광현상이 관 내부에서 기체와 전기가 상호반응하면서 나타나는 현상이라면, 광전효과는 빛과 금속이 상호 반응하여 일으키는 전기적 현상이었다.[70] 태양광 전기가 만들어지는 원리와 같은 것이다.

아날로그 TV 카메라는 이러한 광전효과에 착안하여 만들어졌다. 아날로그 카메라의 핵심부품은 크게 두 가지로 나뉘는데 첫째는, 카메라의 필름처럼 빛에 민감한 금속으로 만들어진 영상판, 둘째는 영상판에 형성된 전자를 읽어내는, 흔히 '전자총(electron gun)'이라 불리는 일종의 전자 스캔기기이다.(다음 쪽 그림 참조) 촬영대상으로부터 반사된 빛

---

70 광전효과, 또는 광전현상을 최초로 확인한 사람은 H. 헤르츠이다. 그러나 이를 이론적으로 설명한 사람은 A. 아인슈타인이다. 그는 광전효과가 빛이 가지고 있는 에너지 입자가 —추후 포톤 (photon)이라 이름 붙여진— 금속과 상호작용하면서 전자가 방출되는 현상이라고 설명하였다. 그의 주장이 더욱 중요한 것은 그때까지 파동으로만 이해되었던 빛이, 파동일 뿐 아니라 동시에 입자의 흐름이라는 것이다. 흔히 말하는 파동-입자 이중성 (wave-particle duality)이다. 아인슈타인은 이 논문을 상대성 이론 등을 담은 다른 논문들과 함께 1905년 발표하였다. 이후 실험을 거쳐 그의 주장은 사실로 입증되었다. 상대성 원리로 널리 알려진 아인슈타인은 광전효과와 빛의 입자이론으로 1921년 노벨 물리학상을 받았다.

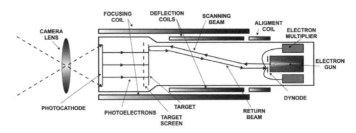

초기 아날로그 TV 카메라 구조

이 카메라 렌즈를 통해 영상판의 금속에 닿으면 광전효과에 의해 전자가 방출되고, 전자총을 이용해 전기신호로 바뀐 영상신호를 스캔해서 읽어내는 것이다. 이와 같이 음극선관과 광전효과의 원리를 이용하여 최초의 전자식 텔레비전 시스템을 만든 사람이 미국의 발명가 P. 판즈워스(1906-1971)이다.(아래 사진 참조)[71]

기술적 장치로서의 텔레비전은 이러한 과정을 거쳐 기계식에서 전자식 방식으로 일단 완성되었다. 그러나 사회적 장치로서의 텔레비전은 2차 대전 이후, 1940년대 후반부터 비로소 자리를 잡는다. 물론 이후에도 텔레비전의 기술적 완성도를 높이기 위한 개선의 노력은 계속된다. 모니터부터 내부 회로기판 및 전기부품, 튜너와 리모콘 같은 인터페이스 등은 TV의 사

P. 판즈워스와 그의 텔레비전.

71   전자식 TV와 관련한 유명한 일화는 판즈워스가 트랙터로 농사일을 하는 도중, 밭에 고랑을 만드는 것처럼 전자선으로 영상판을 스캐닝하는 아이디어를 떠올렸다는 것이다. 판즈워스는 중학시절부터 전기와 텔레비전에 관심을 가지고 거의 독학으로 그 분야를 접했으며, 알려지기로는 14살 때부터 이미 전자식 텔레비전에 대한 생각을 다듬어왔다고 한다. 이 스캐닝의 숫자, 즉 주사선의 숫자에 따라 아날로그 TV 영상포맷은 세 가지로 나뉜다. 525개의 NTSC, 625개의 PAL과 Secam 방식이 그것이다. PAL과 Secam의 차이는 컬러 신호전송에서 구분되는데, 이는 각 지역이나 국가별로 사용하는 전기의 주파수 차이에서 비롯된다.

용성을 증진시킴으로써 40년대 후반부터 50년대까지 텔레비전의 기술적 품질 개선과 사회적 보급을 늘리는 가장 중요한 요소들이었다. 그리고 1950년대 컬러 텔레비전 방송이 미국에서 시범적으로 실시되고, 60년대 일본과 유럽으로 확대되면서 아날로그 전자식 텔레비전은 정점에 이르게 된다. 이렇게 전개되어온 아날로그 전자식 TV의 역사는 1990년대 후반 디지털 텔레비전 방송이 개시될 때까지 거의 70여년 가까이 텔레비전 역사를 주름잡았다.

TV의 성장

1930년대 후반, 라디오 방송 시절부터 '눈으로 보는 라디오'로 일찍이 예고되었던 텔레비전 방송의 개막 준비는 마무리되었다. 1920년대 라디오 방송 시대가 열렸고, 텔레비전 방송은 그로부터 10여년 후쯤부터 본격적으로 시작되었다. 1939년 영국의 BBC가 이미 10년 이상 텔레비전 방송을 내보내고 있을 무렵, 미국의 NBC와 CBS는 대대적인 텔레비전 방송 개국을 선언하였다. 사람들에게 새로운 영상 미디어를 선보이는 한편, 기계식 TV를 훨씬 뛰어넘는 시청경험을 제공할 수 있는 전자식 텔레비전 시스템이 만들어진 것이다. 그러나 그 무렵 세계의 역사는 2차 대전의 격랑으로 빠져 들고 있었다. 텔레비전은 잠시 유보되어야 했다.

2차 대전이 마무리되고 텔레비전은 폭발적으로 확산된다. 미국의 경우 불과 몇 년 사이에 거의 모든 가구의 필수품으로 등장하였고, 그보다는 약간 늦었으나 영국에서는 1950년대 중반부터 매우 빠르게 확산되었다. 텔레비전의 황금기는 일찍부터 시작되었다. 미국에서는 벌써 초보적 형태의 케이블 TV가 등장했고, 컬러 TV가 실험적 수준에서 시도되었다. 텔레비전의 선택지를 늘일 수 있는 더 많은 텔레비전에 대한 요구,

시청각 경험을 높일 수 있는 더 나은 텔레비전에 대한 요구가 벌써 작동하기 시작한 것이다. 1960년대에는 일본과 유럽 등지로도 컬러 텔레비전 방송이 확대되었다. 같은 시기 방송위성이 등장하면서 전 세계가 방송으로 연결되었고, '세계를 여는 창'으로 비유되는 텔레비전이 폭발적 대중화 양상을 보여주면서 TV를 통해 세계가 하나로 묶인다는 '지구촌'이라는 용어도 등장하였다. 케이블과 위성의 등장은 더 많은 텔레비전의 시대를 열었고, 1990년대 중반 디지털 미디어 환경이 조성되면서 이제는 더 똑똑한 텔레비전의 시대로 접어들었다. 2000년 이후 디지털 텔레비전 방송이 세계 각지에서 도입되면서 아날로그 방송은 그 명맥을 다하게 된다. 그리고 2015년을 전후하여 CRT 모니터, 브라운 TV 등으로 불리는 아날로그 텔레비전 수상기 생산도 드디어 마감되었다. 디지털 TV에 이어 최근에는 스마트폰이 미디어의 중심축으로 성장하고, 새로운 영상 및 전송 기술이 등장하면서 텔레비전은 플랫폼과 형식, 내용의 차원에서 또 한 차례 큰 변화를 예고하고 있다.

대략 90여년에 이르는 발전사를 돌이켜볼 때 TV 미디어의 성장을 규정한 핵심 아이디어는 대략 세 가지 정도로 정리된다. 첫째는 TV 시청 감각의 최대화, 둘째는 TV 선택의 최대화, 셋째는 TV 사용성의 최대화라는 것이다. 감각의 최대화란 더 깊은 시청각 경험의 요구와 그에 대한 대응을 지칭한다. 일찍이 기계식에서 전자식으로, 1950년대 등장하기 시작한 컬러 방송, 고음질과 고화질 디지털 방송, 또는 3차원 입체 방송이나 UHD, 더 나아가서는 홀로그램 TV에 대한 기대 등은 그것을 보여준다. 선택의 최대화란 더 많은 TV 채널에 대한 방송 사업자, 시청자 등의 요구에 부응한 기술적 응답을 말한다. 예를 들어 케이블, 위성, 그리고 지금의 IPTV, 나아가 인터넷 TV처럼 무수한 TV 또는 온라인 동영상 채널의 등장이 그것을 보여주는 사례들이다. 사용성의 최대화는 텔레비전의 컴퓨터화를 의미한다. 수동적인 동영상 시청기라는 성격을 넘어 컴퓨터처럼 보다 적극적이고 참여적인 텔레비전의 사용을 의도하고 있다. 어느 방향으로의 발전이든 그것은 텔레비전이 자신에 대한 사회적 요구와 위상을 소화해가는 과정이며, 이는 앞으로도 텔레비전의 발전을 이끌어가는 중요한 요소로 작용할 것이다.

텔레비전과 자본주의 영광의 30년

라디오와 텔레비전은 많은 사람들에게 가장 친숙한 미디어다. 이들은 모두 20세기의 매체다. 시간표상으로만 그런 것이 아니다. 방송은 20세기 이전에는 탄생할 수 없었던 매체라는 점에서 더욱 그러하다. 첫 번째 이유는 기술적 배경이고, 두 번째는 사회적 배경이다. 방송으로서의 라디오와 텔레비전이 성장하기 위해 필요한 것은 기술이었으며 동시에 그 기술을 받아들일 준비가 되어 있는 사회였다.

전신부터 전화, 무선전신과 라디오, 음악 등 미디어와 사회의 측면에서 19세기에서 20세기로 넘어가는 세기적 전환을 가능케 한 기술적 토대는 전기이다. 전기에서 출발해 텔레비전과 연결된 전자공학은 이전의 전자공학에 비해 훨씬 정교하고 복잡하다는 점에서 전기와 관련된 과학과 기술이 이룩한 하나의 정점이다. 그 정점은 지속적인 기술개발을 통해 텔레비전 자체의 성장은 물론 다양한 부수적 효과를 거두면서 오랜 기간 유지되었다. 예를 들어 브라운관 TV 수상기는 핵심 부품인 유리 진공관의 큰 부피와 엄청난 무게 때문에 가장 시급한 개선이 요구되었으며, 또 부서지기 쉽고 수명이 짧은 한편 전기소모량이 많아 일정한 크기(최대 40인치) 이상으로 만들 수가 없었다. 이 과정에서 진공관과 반도체, 그리고 얇은 두께의 수상기 설계 및 제조 기술과 같은 높은 수준의 공학지식과 기술이 축적되었고, 이는 또 다른 분야(예: 레이더, 컴퓨터 등)로 파급되는 효과를 낳기도 하였다. 전기에 대한 지식과 연구 수준은 그만큼 진전되었으며 여기서 확보한 지식은 이후 다른 분야로 확산되면서 전자공학의 역량이 20세기 가장 중요한 과학지식으로 자리매김한다. 이는 1970년대부터 시작된 '극소전자혁명(microelectronics revolution)' 또는 '디지털 혁명'의 토대를 쌓아가는 과정이었다.

이와 같은 기술적 진전과 더불어 텔레비전의 성장과 변화의 과정은 20세기 들어 나타난 자본주의 체제의 변화 과정과 큰 틀에서 정확하게 일치한다. 이는 우연한 시간의 일치가 아니라 미디어 시스템과 각 시대의 사회가 밀접하게 연관되어 있음을 보여주는 또 하나의 사례이다.

20세기 자본주의 체제의 역사는 구조적 특징과 운용 방식에 따라 몇 단계로 구분된다. 연구자에 따라 서로 다른 여러 용어들을 사용하지만, 기본적으로는 세기 초반의 자유방임형 자본주의(liberal capitalism), 2차 대전 이후 70년대까지의 조직 자본주의(organized capitalism), 80년대 이후 탈조직 자본주의(disorganized capitalism) 등으로 나뉜다. 19세기 후반 자유방임형 자본주의의 틀은 1930년대의 대공황으로 막을 내리고, 이후 자본주의는 시장 실패를 교정하는 국가개입 방식으로 '케인즈'라는 이름이 상징하는 조직 자본주의 시대를 맞이한다. 그러나 조직 자본주의는 석유위기로 상징되는 1970년대를 지나면서 그 역량을 소진하게 되고 탈조직형 자본주의, 곧 신자유주의 체제로 다시 그 기본 틀이 달라진다. 한편 조직 자본주의 체제를 운용하는 방식의 기본 틀은 '포디즘', 그리고 탈조직 자본주의는 '포스트 또는 네오 포디즘'으로 부른다.

미국의 뉴딜로 대변되는 조직 자본주의의 체제는 2차 대전 이후

1970년대까지 '영광의 삼십년(glorious thirty years)'이라는 묘사가 상징하듯 전후 화려한 번영의 시기를 구가했다. 이 시기 서유럽은 복지국가의 틀을 구축하였고 미국은 거침없이 성장해 소위 자유주의 체제, 자본주의 체제의 대표주자로 올라선다. 이때부터 사회주의 체제의 대표주자인 소련과 각을 세우는 냉전의 체제경쟁이 전개됐고, 자본주의 체제의 경쟁력을 한껏 드러내는 중이었다. 조직 자본주의 체제는 국가/정부―자본/기업―노동/노동조합 3자 간에 간섭과 보장과 수용과 양보를 기초로 한 적절한 상호관계를 수립하고, 그에 기초하여 사회의 경제질서를 구축하는 것을 운용의 기본 틀로 삼았다. 이를 통해 생산과 소비의 원활한 선순환을 목표로 하는 바, 선순환 구도는 복지제도의 도입, 노동에 대한 적절한 임금수준 보장, 생활의 질 향상, 이에 기초한 소비의 진작, 노동 생산성의 증가, 기업매출과 이익의 증가 등으로 연결되는 것이었다. 국가는 여기서 적절한 규제와 진흥의 행위자로 작동하면서 경제적 안정과 성장은 물론, 나아가 사회적, 정치적 질서를 유지하고 조절하는 존재로 자리매김하게 된다. 이렇게 구조화된 자본주의의 작동 방식을 '포디즘'이라 지칭한다.[72]

이러한 선순환 구조를 기반으로 포디즘 체제는 큰 성공을 거두고 있었다. 대량생산과 대량소비 시대가 열렸다. 체제의 성공과 텔레비전은 상보적 관계를 이루었다. 텔레비전은 미디어이면서 동시에 그 자체가

72　'포디즘(Fordism)'이라는 용어는 미국의 자동차 왕으로 널리 알려진 H. 포드(1863-1947)의 이름에서 비롯되었다. 19세기말 20세기 초 과학경영을 주창한 미국의 산업조직 전문가 F. W. 테일러가 포드 자동차 회사의 경영방식을 일컫는 말로 처음 만들었으나, 이탈리아 사회학자인 A. 그람시가 1934년 '미국사회와 포디즘(Americanism and Fordism)'이라는 글을 발표하면서 널리 알려지게 되었다. 상대적으로 높은 임금, 표준화된 시설의 대량생산이 가져다주는 규모의 경제효과와 그에 따른 저렴한 상품가격 등을 특징으로, 생산과 소비의 선순환 구도를 목표로 하는 경영방식이다. 이를 사회적으로 확대하여 자본주의 경제체제의 작동구도를 재편하는 기본 철학을 뜻한다.

하나의 상품으로, 포디즘 시대의 윤택한 삶을 상징하는 핵심 소비지표의 하나였다. TV는 가장 대중적인 형태로 사람들이 요구하는 다양한 형식과 내용의 오락 프로그램을 제공해주는 문자 그대로 매스 미디어였다. 또, 텔레비전은 생산과 소비를 이어주는 중간매개자 역할을 수행하였다. 재화와 용역에 관한 정보제공(예: 광고)과 같이 소비와 직접적으로 연결된 역할 뿐 아니라, 자본주의 체제 하에서 생활의 질을 보장하는 세련되고 우아한 방식의 삶이 무엇인지를 각종 장르의 콘텐츠를 통해 끊임없이 보여줌으로써 문화적, 도덕적 규제자 또는 진흥자로서의 역할도 수행했다. 대량생산—대량소비를 특징으로 하는 규모경제의 포디즘 시대에 텔레비전은 시대의 특성에 부합하면서 동시에 시대가 요구하는 사회적 역할을 적절하게 수행했다.

포디즘 원칙에 기초한 자본주의 체제가 자본주의 영광의 30년이라는 기록적 성취를 만들어 낸 것과 텔레비전의 첫 번째 황금기가 시기적으로 부합하는 것은 시간뿐 아니라 사회와의 일치이다. 강력한 대중적 영상 메시지의 힘을 가지고 있는 텔레비전이 조직 자본주의 체제 안에서 사회적, 문화적 조절기제의 역할을 수행했고, 그렇게 함으로써 체제 순환구도의 한 축으로 크게 기여했다는 사실은 아무리 강조해도 과장된 것은 아니다.

번영의 어두운 그림자

그러나 1940년대 후반부터 1970년대에 이르기까지 전후 서구 자본주의 번영의 30년은 한편 거대한 국가와 기업으로 상징되는 관료사회, 길고 어두운 냉전의 그림자와 함께 한다. 때문에 화려한 서구 경제의 전면에는 불안함을 감추려는 과잉의 요소도 동시에 혼합되어 있다. 예를 들어 자본주의 영광의 30년, 그 시작점인 50년대 미국의 문화적 풍경은 대략 이렇게 그려진다. 라디오를 통해 당시 기준으로는 빠르고 부서지는 듯한, 로큰롤과 같은 새로운 음악이 쏟아져 나왔다. 텔레비전에서는 미래과학의 꿈을 묘사하는 우주여행 이야기 같은 것이 빛을 발하고 있었다. 기성세대는 번잡한 도심을 떠나 평안한 교외에서 TV가 전하는 오락을 즐기며 안정을 누리고 싶어 했으나, 젊은이들은 이전에 볼 수 없었던 헤어스타일이나 돌발적인 의상으로 어른들을 놀라게 하였다. 비행기 꼬리날개를 갖다 붙인 모양의 큰 자동차들이 도시를 내달렸다. 질주하는 자동차와 빠르고 큰 소리의 음악은 잘 어울리는 조합이었다. 석유는 너무나 저렴했고 사람들은 J. 케루악의 소설처럼 자동차와 함께 끝없이 길로 나섰다. 미래는 무한한 가능성을 약속하는 듯 보였다. 이것이 1950년대 과잉의 풍경이었다. 번쩍이는 텔레비전 화면 뒤에 어른거리는 불안의 그림자는 거대 기술관료 시대의 비인간적 면모, 그리고 냉전이라는 미국과 소련의 무서운 대결구도에서 비롯되는 것이었다. 역설적인 것은 거대한 조직의 사회, 그에 대한 불만, 그리고 국제적 차원의 냉전이 새로운 미디어를 낳는 직간접적 원천으로 작용했다는 점이다.

6장

디지털 혁명까지의 긴 여로

― 컴퓨터와 네트워크

2차 세계대전 이후부터 1980년대까지 대략 40여 년간 세계는 미국과 소련, 두 거대국가가 벌이는 긴장 가득한 대결구도, '냉전'의 자장 속에 포획되어 있었다. 물론 구도의 한 면에는 대전 이후 패권국가로 등장한 미국이 주도하는 '팍스 아메리카나'라는 평화가 있었으나 그것은 어디까지나 공포로 인한 균형이었다. 그런데 이 공포의 균형이 새로운 미디어를 낳는 원천이 되었다. 여기까지는 역설적이지 않다. 동서고금을 막론하고 정치적 대결에서 우위를 유지하거나 극복하려는 시도는 당연한 것이기 때문이다. 역설적인 것은 냉전의 공포 속에서 승리하기 —또는 패배하지 않기— 위해 만들어진 새로운 미디어가 양자 간의 전투적 갈등을 고조시킨 것이 아니라, 오히려 해방과 자유를 상징하는 미디어를 낳았다는 것이다.

이 미디어는 인터넷이다. 오늘날 인터넷은 사실상 거의 모든 미디어를 끌어안아 흡수하고 있는 거대한 플랫폼이다. 지금까지의 발전 양상으로 미루어 보건대, 앞으로 인터넷의 접속 방식이나 기기는 달라질 수 있어도 그 위상은 더욱 확대, 상승할 것이다. 그러나 인터넷을 말하

미디어 발명의 사회사

기 전에 컴퓨터와 네트워크에 대한 이해가 필수적이다. 인터넷은 컴퓨터 간의 네트워크로, 컴퓨터와 네트워크의 성장과 발전을 전제로 하기 때문이다.

데스크톱 PC를 넘어 '스마트폰'이라는 휴대용 컴퓨터가 보편화된 오늘날, 컴퓨터 없는 일상이란 상상할 수 없다. 또, 유선이든 무선이든 컴퓨터와 컴퓨터를 연결하는 네트워크, 즉, 물리적 연결망이 없는 상황 역시 상정하기 어렵다. 개인적·집단적 차원이든, 사적·공적 차원이든 컴퓨터와 네트워크는 정보사회, 지식사회 등으로 불리는 현대사회의 물리적 토대이다. 이것들이 현대사회를 만들어낸 핵심 요소이기는 하지만 그렇다고 해서 컴퓨터와 네트워크가 반드시 현대의 산물은 아니다. 기준에 따라 다를 수 있으나 컴퓨터와 네트워크의 기원은 상당히 오랜 역사적 연원으로 거슬러 올라간다.

디지털 혁명으로 가는 길 1—컴퓨터

컴퓨터는 무엇인가? 오랜 발전 과정 속에서 컴퓨터는 점차 진화된 정체성을 가지게 되었다. 먼저 컴퓨터라는 용어는 17세기 들어 본격적으로 쓰이기 시작했는데 본래 '계산하는 사람'이라는 뜻이었다. 삼각함수나 로그표를 만드는 일이었다. 이들이 계산할 때 기계적 도구를 함께 사용했음은 물론이다. 오래 전부터 사용된 주판이나 계산자 같은 것이 대표적 사례일 것이다. 그런 점에서 컴퓨터는 계산하는 사람뿐 아니라 계산기를 뜻하기도 했다. 물론 컴퓨터라 불리지는 않았지만 파스칼이나 라이프니츠의 계산기는 컴퓨터와 같은 것이다. 이후 19세기 들어 사칙연산뿐만 아니라 제법 복잡한 기능을 담은 다양한 형태의 계산기가 여러 나라에서 대중적으로 널리 사용되기 시작하였다. 20세기에 접어들면서 컴퓨터는 이제 단순한 산술 계산기기를 넘어 정보 처리 업무를 수행하는 기기로 발전하게 된다. 동시에 프로그램을 내장하고 주어진 과제를 수행하는 일종의 범용기계(general purpose machine)로 진화한다. 컴퓨터의 진화는 물론 점진적이었지만 대략 1960년대부터 가속이 붙어, 오늘날의 컴퓨터는 주어진 소프트웨어에 따라 거의 모든 종류의 과제를 수행할 수 있는 보편기계(universal machine)로까지 성장하였다.

'계산하는 사람'이라는 본래의 뜻처럼 컴퓨터를 단순 계산기 수준으로 여기자면 고대의 주판까지도 생각할 수 있다. 그러나 기계적인 자동 계산 작업 수행 장치에서 시작한다면 17세기 수학자이자 철학자인 프랑스의 파스칼 또는 독일의 라이프니츠에서 컴퓨터는 시작된다. 파스칼의 이름을 따 '파스칼린Pascaline'이라 불린 계산기는 그가 19세이던 1642년에 탄생했다. 숫자와 자릿수에 연결된 톱니바퀴를 기초로 덧셈과 뺄셈 두 가지 기능을 수행하는 이 기기는 세금 징수관이었던 부친의 업무를 돕기 위해 만든 것이라고 알려져있다. 그러나 만들기도 쉽지 않고 사용법도 어려웠으며 가격 또한 비쌌기 때문에, 관심을 끌기는 했지만 70개 정도만 제작되었고 팔린 것은 그보다 훨씬 적었다. 때문에 파스칼의 계산기가 실무적으로 큰 영향을 끼쳤다고 보기는 어렵다. 이후 1694년 독일의 수학자 라이프니츠가 파스칼의 계산기를 개선해 곱셈과 나눗셈 기능을 추가하고 사칙연산이 가능한 기기를 만들었다. 그러나 라이프니츠 계산기 역시 두 개 정도만 제작되고 사실상 사장되었다. 당시의 금속기술을 초과하는 수준의 정교함을 요하는 설계였기 때문에 제대로 작동하는 기기를 만들 수가 없었다.

이후 계산기는 100년 정도 일종의 휴지기를 거친 후 1820년대부터 비교적 빠르게 여러 형태로 만들어지기 시작했고, 이즈음부터 대중화의 길을 걸었다. 1820년 프랑스에서 '산수계산기(Arithmometer)'라는, 사용이 단순하면서도 정확하게 사칙연산을 수행하는 기기가 만들어져 제법 널리 쓰였으며 19세기 후반 미국과 러시아, 독일 등에서도 유사한 방식의 계산기가 만들어졌다. 그리고 1884년, 오늘날처럼 숫자판을 누르는 방식의 사용하기 편리한 계산기가 미국에서 만들어졌다. 또 계산결과를 인쇄할 수 있는 장치까지 함께 포함되면서 계산기는 폭발적으로 확산되기 시작하였다.

한편 사칙연산을 뛰어 넘는 로그나 삼각함수표 등을 계산할 수 있는 고급수준의 컴퓨터 역시 19세기에 시작된다. 이전까지 이들 표는 사람에 의해 만들어졌다. 1822년 영국의 수학자인 C. 배비지(1791-1871)는[73] '차분기관(difference engine)'이라는 첫 번째 컴퓨터를 만들었다.[74] 이 기기가 항해, 천문학, 건축설계, 토지측량 등 삼각함수나 로그[75] 계산에 유용하다는 점에 주목한 영국 정부가 배비지의 연구에 재정을 지원했으나, 배비지는 애초의 설계 이상으로 나아가지는 못했다. 톱니와 바퀴, 그리

---

73   그는 옥스퍼드대학 수학과의 루카스 교수였다. '루카스 교수(Lucasian professor)'란 케임브리지 대학을 대표하는 하원의원 H. 루카스가 1663년 연구지원기금을 유산으로 남기면서 그의 이름을 딴 교수 호칭이 만들어졌다. 2대 루카스 교수는 I. 뉴턴이며 1828년 C. 배비지, 1979년 S. 호킹 등이 우리에게 잘 알려진 루카스 교수들이다.

74   '차분'은 divided difference를 우리말로 번역한 용어이다. 더 쉽게 '차이'라고 이해해도 크게 틀리지 않는다. 수치들 간에 존재하는 법칙, 즉 차이의 일관성 또는 통일성—예를 들면, 각 수치들 간의 차이가 1 또는 다른 동일한 수가 될 때까지 뺄셈을 반복, 법칙을 찾아내는 것을—확인, 거기서 출발하여 문제를 풀어가는 계산방식을 말한다. 이렇게 하면 곱셈이나 나눗셈을 덧셈과 뺄셈만 사용하여 풀 수 있기 때문에 배비지는 자신의 계산기에 '차분기관'이라는 이름을 붙였다. 이렇게 수식을 변환하는 이유는 곱셈이나 나눗셈 같은 복잡한 계산을 덧셈과 뺄셈 형식으로 간단하게 처리할 수 있기 때문이다. 로그함수 같은 것도 천문학과 연관된 복잡한 곱셈이나 나눗셈을 덧셈과 뺄셈으로 바꾸어 처리하기 위해 고안된 개념이다.

75   항해와 천문학은 뗄 수 없는 관계를 가지고 있다. 다양한 측정기기와 컴퓨터가 활용되는 지금 시대의 항해에도 이는 마찬가지다. 항해에서 방향과 위치의 확인은 필수과제인데 그 중심에는 천체, 즉 시간변화에 따른 별과 달의 위치와 각도의 변화, 그에 기준한 배의 위치와 속도 등 많은 숫자들이 얽힌 복잡한 계산 작업이 있다. 삼각함수는 이 계산에서 필수공식이었고 로그는 이 복잡한 계산 작업을 보다 간편하게 수행할 수 있도록 만들어진 것이다. 19세기 산업혁명의 진전은 곧 세계화를 의미하였고, 세계화는 곧 무수한 항해를 뜻하였다. 계산의 중요성이 더욱 절실한 시대였다.

고 이들을 받치고 있는 기둥들이 당시의 금속 제조기술로 만들어 낼 수 없는 수준의 정밀함을 요구했기 때문이다. 아래 사진에 보이는 차분기관은 1990년대 런던의 과학박물관에서 배비지의 설계도에 따라 제작, 전시해 놓은 것이다.

배비지의 차분기관

한편 배비지는 복잡한 계산기인 차분기관을 넘어 데이터를 처리하는 장치, 즉 보다 범용적인 명령어를 담은 프로그램을 실행하는 오늘날의 컴퓨터와 같은 아이디어에 이르게 되고, 1837년 '해석기관(analytical engine)'이라 불렀던 컴퓨터의 설계를 완성했다. 그러나 실제로 만들어지지는 않았다. 차분기관도 초기의 단순한 모델만 만드는데 그쳤지만, 해석기관은 그보다 더 복잡한 기기인 탓에 만들기가 애초부터 불가능한 일이었다. 그 이유 중 하나는 규모였다. 설계에 따르면 해석기관은 증기기관을 동력으로 사용하였고 길이 30미터, 너비가 10미터에 이르는 오늘날 대형트럭이나 철도기관차 정도의 기계였다. 한편 데이터 입력에는 구멍 뚫린 천공카드—현대의 OMR(Optical Mark Reader) 카드의 원형에 해당하는—를 사용하였고, 출력으로는 프린터와 종을 사용하는 방식이

미디어 발명의 사회사

었다. 뿐만 아니라 정보를 저장하는 장치까지도 구비하고 있었다.[76] 현대 컴퓨터가 갖추고 있는 기본 요소를 이미 품고 있는 설계였던 것이다. 배비지를 '컴퓨터의 아버지'라 부르는 이유는 이러한 아이디어 때문이다. 실제로 차분기관이나 해석기관이 제대로 만들어지지는 않았지만 그가 보여준 아이디어나 기본 개념 등이 오늘날까지 여전히 유효한 점을 감안하면 그 호칭이 과장은 아니다.

왜 컴퓨터인가 – 19세기 후반의 변화

19세기에 전개된 컴퓨터의 약진은 단순히 성능 좋은 계산기를 만들고자 한 사람들의 관심 때문만은 아니었다. 2차 산업혁명이라는 명칭에 걸맞게 교통과 통신, 건축, 과학과 기술, 공학과 산업 분야에서 엄청난 변화가 전개되었다. 과학자들, 발명가들, 공학자들은 새로운 자원을 찾아 곳곳으로 나섰고 새로운 실험과 연구, 제조의 과정은 사람들의 관심을 끌어 모았다. 발명과 혁신에 끝이 없어 보이는 시기였다. 도시는 확대되었고, 철도노선은 날로 확장되었으며, 조선소에서 강철로 만든 배가 바다를 건너 세계를 연결하였고, 전신과 전화 등은 통신과 소통의 혁명을 가져왔다. 과학과 기술, 그리고 공학은 무한한 가능성을 약속하고 있었다.

이러한 사회적 정황에서 정부는 물론 공학자, 과학자, 은행가, 보험업자, 해운업자, 기업가 등은 모두 신속한 계산이 필요해졌고 계산은 점차 복잡해졌다. 이미 다양한 종류의 계산표(예: 삼각함수, 로그 등)가 책자

---

76   차분기관은 1991년 런던 과학박물관에서 재현되었다. 한편 해석기관을 배비지의 설계도에 따라 그대로 만들어보려는 작업이 지난 2010년도에 'Plan 28'이라는 이름으로 영국에서 시작되어 현재까지 진행 중이다.

로 만들어졌다. 계산표는 당시 컴퓨터라 불린 사람들—계산하는 사람—의 수작업으로 만들어졌다. 검산과정을 거쳐 수정되긴 했지만 오류는 얼마든지 남아 있었고 제대로 수정되지 않은 계산표 때문에 빚어지는 문제 또한 적지 않았다. 심지어 제대로 찾아내지 못한 산술적 오류들이 항해나 건축에서 재난으로 이어지지 않을까 하는 우려도 적지 않았다. 단순 계산기이든 복합적 데이터 처리기이든 19세기의 컴퓨터는 이러한 시대적 요구의 산물이었다.

19세기의 대미를 장식하는 컴퓨터는 미국의 통계학자이자 발명가인 H. 홀러리스(1860-1928)의 것으로, 그의 컴퓨터 명칭을 직역하면 '인구 통계 계산기(Census Counting Machine)'쯤 된다.(아래 사진 참조) 오늘날 컴퓨터와 정보 처리 서비스 기업의 대명사인 IBM(International Business Machine)은 여기서 비롯된다. 미국은 헌법에 따라 10년마다 인구센서스를 시행하는데 조사에는 몇 달 정도 걸렸지만 수집된 자료를 정리하는 데는 6~7년, 심지어 1880년 센서스 결과를 처리하는 데는 무려 8년이 걸렸다. 이 때문에 조사 결과를 정리하고 분석하다 보면 어느새 다음 조사 작업을 준비해야 하는 상황에 시달렸다. 이에 정부는 수집된 데이터를 신속하게 처리할 기계 장치 공모에 들어갔고 1890년, 홀러리스의 컴퓨터가 선정되었다.

오늘날의 OMR 카드와 유사한 구멍 뚫린 카드를 사용, 효율적으로 조사 자료를 처리하면서 센서스 결과가 나오는 시간이 6개월 정도였으니 상상 이상으로 단축된 것이다. 그러나 홀러리스

홀러리스의 컴퓨터

컴퓨터의 성능보다 중요한 것은 이러한 컴퓨터를 필요로 할 만큼 당시 사회가 복잡하게 팽창하고 있었으며, 팽창하는 사회를 관리하는데 필요한 효율적 정보 수집과 신속한 결과처리가 요구되었다는 사실이다. 통계학을 뜻하는 영어 단어 'statistics'의 본래 뜻은 그러한 업무를 지칭한다. 국가 업무의 처리에 요구되는 학문이라는 뜻으로 1770년부터 독일에서 사용되기 시작한 이 용어는 국가를 경영하기 위해 국가를 구성하는 국민과 지역에 대한 정보와 지식이 필수적이라는 인식에 기초하고 있으며, 그러한 배경에서 학문의 명칭으로 전용된 것이다. 정책 결정을 위한 판단의 기초 자료, 즉 데이터를 효율적으로 수집·처리하고 결과를 생산하는 장치가 절실했던 것이다.

트랜지스터와 전자식 컴퓨터 — 세기의 선물

이들 초보적 형태의 컴퓨터들은 20세기 들어 일취월장한다. 오늘날 디지털 컴퓨터라면 최신의 컴퓨터 기기를 칭하는 것처럼 들린다. 그러나 디지털 컴퓨터란 정보를 처리하고 저장하는 방식이 디지털이라는 뜻이다. 이런 뜻에서의 디지털 컴퓨터는 1930년대 후반에 이미 등장한다. 다만 당시에는 트랜지스터라는 반도체 대신 진공관을 사용했으며 회로

역시 전선을 사용했기 때문에 아래 사진에서 보는 것처럼 지금으로서는 상상조차 어려울 정도로 무겁고 부피가 컸다.

실제 작동하는 최초의 디지털 컴퓨터 중 하나는 '거대한 뇌(giant brain)'라는 별명이 붙었던

에니악 컴퓨터

에니악ENIAC(electronic numerical integrator and computer, '전자 컴퓨터'라는 뜻, 앞 쪽 사진 참조)으로 1946년 미국 펜실베이니아대학에서 만들어졌다. 에니악은 사람의 계산으로 20시간 걸리는 작업을 30초 만에 해냈지만 길이가 30미터에 높이는 2.4미터, 무게는 33톤, 사용한 진공관의 숫자는 1만 8000개, 그리고 한 번 작동하는 데 150킬로와트의 전기를 소모했다고 한다. 트랜지스터가 진공관을 대체하고 회로기판의 초소형화가 진행된 오늘날 이런 둔중한 형태의 컴퓨터는 사람들에게 익숙하지 않다. 때문에 당시의 컴퓨터를 '디지털 컴퓨터'라기보다는 '진공관 컴퓨터'라고 불러야 더 쉽게 받아들일 수 있을 것이다. 그러나 진공관이든 트랜지스터든 컴퓨터 본래의 구조와 설계, 개념 등은 그 무렵 이미 완성되었다고 할 수 있다.

컴퓨터에서 진공관의 역할은 스위치이다. 그러나 진공관은 부피가 크고 무거우며 부서지기 쉬워 수명이 짧고 전기소모가 많을 뿐 아니라 엄청난 열을 방출하는 등, 기계적 측면에서 한계가 분명했다. 운용 또한 복잡하고 시간이 오래 걸렸으며 불편했다. 그래서 프로그램을 새로 입력할 때는 진공관을 물리적으로 재배치하거나 전선을 다시 연결하는 식으로 처리할 수밖에 없었다. 때문에 기기로서의 신뢰도나 안정성, 처리 속도가 떨어지는 등 컴퓨터로서는 치명적인 문제를 내포하고 있었다. 이러한 문제를 해소하는 과정에서 1950년대 획기적인 컴퓨터 시대가 막을 올리게 된다. 트랜지스터 컴퓨터 시대가 열린 것이다.

전형적인 형태의 진공관

각종 트랜지스터들

트랜지스터가 획기적이었던 이유는 컴퓨터의 크기와 부피를 압도적으로 소형화한 반면 정보 처리 역량은 엄청나게 증가시킬 수 있었기 때문이다. 위에서 지적한 진공관의 여러 약점은 오히려 트랜지스터의 최대 장점이다. 진공관이든 트랜지스터든 역할과 원리는 동일하다. 이들의 핵심적인 역할은 전류의 흐름을 변화시키는 것, 즉 전류를 통과시키거나 차단하는 도체나 부도체의 역할을 수행하는 것이다. 그런 의미에서 이것들은 도체인 동시에 부도체인 반도체(semi-conductor)인 셈이다. 반대로 도체도 부도체도 아닌 반도체이기도 했다. 금속은 전기를 통과시키는 전도성(conductivity)에 따라 절연체, 도체, 반도체 등으로 구분된다. 전도물질의 연구 과정에서 셀레늄, 실리콘, 게르마늄 같이 모호한 전도성을 가진 물질들이 발견되었고 이것들을 전자의 흐름을 조절하는 원료, 즉 전자공학의 핵심부품으로 만들어낸 것이 트랜지스터 발명에 이르게 된 아이디어였다.[77]

---

77 실리콘 같은 반도체 물질에 비소나 인, 또는 알루미늄 같은 화학물질을 덧입히는 것을 '도핑(doping)'이라고 하는데, 이는 전자의 흐름을 강하거나 약하게 만들어 실리콘의 전자적 성능을 보다 강화하려는 것이다.

트랜지스터는 컴퓨터를 도약대 위에 올려놓은 발명품이다. 최초의 트랜지스터는 1947년 AT&T 산하의 벨 연구소에서 만들어졌다.(오른쪽 사진 참조) 전자공학 역사에서 가장 중요한 업적으로 기록될 트랜지스터의 발명으로 집

최초의 트랜지스터

적회로와 마이크로프로세서 등이 비로소 만들어질 수 있었고, 이후 오늘날까지 트랜지스터는 모든 전자 미디어 기기의 중추로 자리 잡는다.

여기서 가장 중요한 기술 발전은 트랜지스터들의 집적체인 마이크로프로세서의 등장이다. 최초의 마이크로프로세서는 1971년 인텔이 만든 4004 모델이다. 이전의 중앙처리장치(CPU Central Processing Unit)는 진공관이나 여러 장의 회로기판을 합쳐 쌓는 형대로 만들어졌으나 극소형 트랜지스터 집적회로인 마이크로프로세서로 대치되면서 컴퓨터는 이제 거대한 장치에서 간편한 기기로 탈바꿈했고, 그 편리함에 힘입어 넓고 빠르게 확산되었다. 실리콘밸리가 상징하는 정보통신 산업, 과학 관련 기술과 기업들은 거의 예외 없이 트랜지스터의 설계와 제조로부터 성장했다. 저 유명한 50년대의 페어차일드로부터 60년대 인텔에 이르는 실리콘밸리의 반도체칩 제조기업의 역사는 그것을 입증하는 기록이다.[78] 20세기 가장 중요한 기술을 컴퓨터라 한다면, 그 컴퓨터를 세기적 존재로 만든 것은 트랜지스터이다. 이런 점에서 트랜지스터는 20

---

78 실리콘밸리에 설립된 정보통신 분야 최초의 기업은 1947년 휴렛팩커드(Hewlett-Packard(HP))였다. 50년대부터 다양한 컴퓨터 관련 기기와 부품을 만들어 오던 HP는 60년대 공학계산기를 필두로 컴퓨터와 인쇄기, 스캐너 등 컴퓨터 주변기기 제조업으로 입지를 굳혀 오늘날에 이른다.

세기의 과학과 기술이 인류에게 준 선물이라고도 할 수 있다.

소프트웨어 이야기

앞서 언급했듯 컴퓨터는 본래 계산이라는 기능 하나만을 수행하는 기계였다. 오늘날 컴퓨터는 입력하는 명령에 따라 주어진 과제를 수행하는 범용기계로 진화하였다. 특정 업무 수행을 위한 기계에서 정보 처리 기기로, 나아가 어떤 역할이든 수행할 수 있는 보편기계가 된 것이다.

사전에 따르면 '기계'란 힘, 운동, 에너지를 전달하고 이동시키거나 변환하는 장치를 의미한다. 그러니 기계란 사전에 정해진 목적과 용도 외의 기능을 수행할 수 없는 특수성과 완강함, 그리고 제한적 성격을 지닌 단순한 것이다. 주판과 타자기가 그 예이다. 그러나 오늘날 컴퓨터는 어떤 프로그램을 입력하느냐에 따라 무수한 용도와 기능을 발휘할 수 있는 범용이며 보편적인 기계로서의 정체성을 확립하였다. 기계지만 더 이상 과거의 기계가 아닌 것이다. 이러한 정체성 확립에 원조 역할을 한 사람이 영국의 컴퓨터 과학자 A. 튜링(1912-1954)이다.[79] 그가 고안한 '튜링기계(Turing machine)'는 규칙에 따라 기록된 테이프의 기호에 따라 작동하는 기계, 즉 주어진 명령을 수행하는 기계를 지칭한다. 여기에 '보편적'이라는 뜻을 가진 universal을 덧붙인 이유는 명령하는 것은 무엇이든 구현할 수 있는 기계였기 때문이다. 이것이 오늘날 컴퓨터 이론의 출발점이며 컴퓨터 공학, 특히 소프트웨어 공학의 기본 개념이기도 하다.

---

79 튜링은 컴퓨터 이론의 창시자, 연합군 2차 대전 승리의 주역, 20세기 영국이 낳은 천재 등으로 칭송받는다. 그러나 그는 41세의 나이에 자살로 생을 마감했다. 동성애가 범죄였던 당시 영국에서 그는 범죄자였다. 명예와 일을 빼앗긴 것은 물론 화학적 거세까지 받은 그에게 남은 선택은 별로 없었다. 그가 자살한 방에서 청산가리가 묻은 사과가 발견되었다. 애플의 한입 베어 먹은 사과 로고를 튜링에 대한 추모헌정이라 말하는 사람들도 있었다. 그의 사후 55년이 지난 2009년, 영국 정부는 그의 공적을 인정하면서 정중하고 공식적인 사과의 뜻을 표명하였다.

컴퓨터가 이와 같은 범용적·보편적 기계로 새롭게 태어난 것은 하드웨어가 아니라 소프트웨어 때문이다. 물론 소프트웨어가 실제로 구현되도록 하드웨어 구조를 설계하고 만드는 것 역시 필수적이다. 최근 21세기형 교육의 화두로 떠오르는 '코딩' 또한 내용은 소프트웨어이다. 컴퓨터를 운용할 프로그램을 만드는 작업인 것이다. 하드웨어가 컴퓨터를 구성하는 물리적 부품들이라면 소프트웨어는 이러한 물리적 부품을 제어하고 작동시키는 명령의 집합, 즉 프로그램이다. 컴퓨터에 저장되어 필요할 때 불러내 사용하는 도구로서의 소프트웨어는 1950년대에서야 비로소 그 개념이 정립되고 만들어졌다. 이전까지 컴퓨터 소프트웨어는 그때그때 용도에 따라 컴퓨터 하드웨어의 회로를 다시 연결하는 방식으로 구현되었다. 또, 연결된 인쇄기나 카드입력기 같은 부가장치들은 별도의 구동장치를 갖추어 사용하였다. 그러나 컴퓨터의 용도가 점차 확장되면서 하드웨어를 기계적으로 재연결하는 방식은 그 비효율성으로 인해 신속하고 정확한 업무 수행 효과를 기대할 수 없었다. 이런 배경에서 컴퓨터에 아예 내장하여 특정 작업을 수행토록 하는 프로그램이 필요하다는 소프트웨어의 개념이 대두되었고, 동시에 컴퓨터가 어떤 작업을 수행하건 플랫폼으로서 갖추어야 할 기본 기능을 수행하는 프로그램(예: 입출력 장치, 파일시스템, 메모리, 부가장치 드라이버, 네트워킹 관리 등), 즉 '운영체제(operating system)'라는 소프트웨어의 개념 역시 함께 발전하였다.

이와 같이 소프트웨어는 수행 역할에 따라 크게 두 가지로 나뉜다. 첫째가 플랫폼 관련 소프트웨어, 둘째는 응용 소프트웨어이다. 플랫폼 소프트웨어는 컴퓨터의 운영체제(예: PC의 경우 윈도우즈, 애플의 맥, 리눅스를 스마트폰의 경우 안드로이드, 애플 iOS 등을 뜻한다.)가 대표적인 것이고, 응용 소프트웨어는 문서 작성이나 데이터 처리 프로그램, 게임 등 기능별

로 다양하게 만들어진 프로그램들-스마트폰 용어로는 '앱'-을 지칭한
다. 초기의 계산기에서 정보 처리 업무기기로 발전한 컴퓨터는 이제 프
로그램과 명령어를 통해 거의 모든 종류의 과업을 수행하는 만능기기로
진화하였다. 기술의 관점에서 보면 사회의 컴퓨터화, 또는 컴퓨터 사회
로의 변화를 가져온 주역은 컴퓨터 그 자체가 아니라 컴퓨터를 이와 같
이 구동할 수 있게 해준 소프트웨어였다.

PC의 등장

컴퓨터는 2차 대전 이후 본격화되어 1950년대 널리 확산되었다. 컴퓨
터와 함께 진행된 사회 변화의 폭과 깊이를 바라볼 때 컴퓨터를 '문명
을 바꾼 기계'라 칭하는 것이 결코 과장은 아니다. 그러나 '세상을 바꾸
는 기계로서의 컴퓨터'는 그것이 개인용으로 만들어졌을 때 비로소 시
작되었다고 할 수 있다. 개인용 컴퓨터가 만들어진 1970년대 이전까지
컴퓨터는 그 크기 때문에 대학이나 연구소, 기업이나 정부부처 등으로
사용이 국한되었다. '대형기구(main frame)'라고 불릴 만큼 당시의 컴퓨
터는 거대한 기계였다. 그러나 1960년대부터 메인 프레임을 소형화한
미니 컴퓨터가 만들어졌고, 컴퓨터의 대중화를 추구하는 변화의 물결은
1970년대부터 본격화되었다. 크기와 무게에 반비례해 성능과 역량은
엄청나게 강화된 컴퓨터 혁명의 주역은 개인용 컴퓨터, 즉 PC였다.

  PC의 등장은 이론적으로는 모든 사람들이 컴퓨터를 사용할 수 있
는 시대가 도래했다는 뜻이었다. 동시에 각급 기관들도 중앙집중형 메
인프레임 시대에서 분산형 미니 컴퓨터, 그리고 이제는 구성원 각자의
컴퓨터 시대로 조직이 달라졌다는 뜻이기도 했다. 최초의 PC에 대해서
는 여전히 논란이 있지만, 가장 널리 알려진 것은 1974년에 나온 '알테

최초의 PC 알테어와 1975년 1월 알테어를 표지로 실은 과학잡지 Popular Electronics

어(Altair 8800)'이다.(위 사진 참조) 사진에 보이는 것은 알테어의 본체로 오늘날의 컴퓨터와는 생김새가 매우 달라 입력과 출력처럼 기본적인 작동 방식조차 이해하기 쉽지 않다.

전면 패널에 부착되어 있는 똑딱이, 즉 토글스위치가 입력장치이고 —스위치를 위아래로 수없이 올렸다 내렸다 하는 방식으로 입력한다.— 비디오나 인쇄기 등의 출력장치는 별도로 설치하고 사용해야 했다. 오늘날 가격으로 대략 3천 달러에 이르는 비싼 컴퓨터였으나, 한 달 만에 4천 대가 팔릴 만큼 상업적으로는 대성공이었다. 그리고 이 컴퓨터의 운영체제인 '알테어 베이직'을 만든 회사가 오늘날 '마이크로소프트'로 성장하였으니, PC 혁명은 이렇게 시작되었다.

그러나 알테어는 오래 가지 못했고, 우리에게 익숙한 형태의 개인용 컴퓨터는 1977년 '애플'과 함께 시작된다. 오늘날 컴퓨터 업계의 최강자 중 하나로 꼽히는 애플 컴퓨터의 시작이다. 이어 80년대에는 'IBM PC' 가 시장을 휩쓸게 된다. 메인 프레임이나 미니 컴퓨터는 주변으로 밀려나거나 특수한 용도로 쓰이게 되고, 본격적인 개인 컴퓨터 시대가 열렸다. 누구나 컴퓨터로 쉽고 빠르게 업무를 처리할 수 있게 되면서 기업이나 정부, 대학, 연구소 같은 기구나 조직의 틀과 업무처리 방식도 달라졌다. 나아가 산업의 중심 역시 공장형 제조업에서 정보, 지식의 처리와 활용을 중시하는 정보 산업으로 이동하였다.

PC와 꽃의 아이들

그렇다면 누구나 쉽게 접근할 수 있는 크기와 형태의 PC는 어떻게 시작된 것일까? 대략 두 가지로 설명할 수 있다. 첫째, PC는 아마추어 전문가들의 작품이다. 스티브 잡스 같은 아마추어가 자기 집 창고에서 여러 부품들을 구입해 동료들과 시험적으로 조립한 애플 컴퓨터가 그 사례이다. 둘째, PC는 전문 IT 연구소의 생산물이다. 1970년대 제록스의 팔로알토연구소(PARC: Palo Alto Research Center)는 컴퓨터 과학자들을 고용해 그들에게 원하는 것을 마음껏 만들어 보라는 경영지침을 내린 바 있고, 그들이 만든 첫 번째 작품이 '알토Alto', 오늘날 데스크톱 컴퓨터의 원형처럼 인정받는 컴퓨터이다. 이 두 가지가 PC의 탄생에 대한 가장 보편적인 설명이다.

두 이야기는 모두 사실이다. 미국의 PC 시대는 그렇게 문을 열었다. 그러나 PC 혁명에서 주목해야 할 부분은 PC의 제조나 보급이라기보다 그것이 품고 있는 사회운동적인 측면이다. 당시 미국사회에 등장한 개인용 컴퓨터는 상품이지만, 그것은 통상적인 상품 이상의 의미를 품고 있다. 무엇보다도 개인용 컴퓨터는 컴퓨터에 대한 지식과 능력을 가진 젊은이들이 스스로 만들어낸 작품이라는 의미가 짙게 배어 있다. 전문가들의 PC 역시 마찬가지이다.

그 무렵까지 컴퓨터 운영 조직과 운영 방식은 중앙집중적 메인프레임 시대의 분위기가 지배적이었다. 전문가의 허가를 통한 사용, 전문가가 감독하는 방식의 정보 처리 같은 위계적 질서의 틀이 구축되어 있었다. 해커는 이러한 수직적이고 관료적인 컴퓨터 조직 체제를 비판하면서 등장한 일군의 정보운동가들이었다. PC가 만들어진 배경에는 이렇게 기존의 컴퓨터 운용방식에 대한 비판적인 정신이 자리하고 있다. 정보와 지식의 독점이나 집중을 막고, 누구나 컴퓨터를 이용해 지식과 정보를 활용하며 공유하고 교환할 수 있어야 한다는 것, 그렇게 궁극적으로는 사회 전체의 이성적 수준을 높이는 것, 그것이 PC를 통한 이들 젊은 컴퓨터 전문가, 연구자들의 새로운 비전이었다.

이러한 배경에서 초창기 PC 시대에는 자신들의 독특한 문화와 철학을 담아내려 노력하는 아마추어나 전문가들이 크게 활약하고 있었다. 그것을 뚜렷하게 보여주는 것이 아래 사진에 보이는 T. 넬슨의 『컴퓨터와 해방, 또는 자유』라는 책자이다. 「꿈의 기계(dream machine)」라는 부제가 달려 있으며 표지에는 '이제 우리는 모두 컴퓨터를 배우고 이해해야 한다.'는 인용문이 함께 인쇄되어 있다.

책 표지 그림이 보여주듯 1970년대 후반부터 만들어진 개인용 컴퓨터와 관련해 가장 인상적인 구호는 '민중에게 힘을(power to the people)!'이었다. 누구나 컴퓨터를 배우고 이해해야 함은 물론이고, 누구나 컴퓨터를 사용할 수 있어야 한다는 뜻이었다.

『컴퓨터와 해방, 또는 자유』. T. 넬슨, 1974년.

개인용 컴퓨터를 사회운동 차원으로까지 끌고 나간 이들 중 일부는 1960년대 미국사회를 휩쓴 저항문화의 세례를 받은 일명 '꽃의 아이들(Flower children)'이었다. 이들의 핵심적인 생각은 기성체제의 권위와 권력에 대한 강력한 반대와 비판이었다. 베트남 전쟁에 반대하는 반전운동의 파도는 당시 미국사회 전체를 강타하였다. 반전운동은 또한 기성의 정치와 경제체제 전반에 대한 저항이자 비판이었다. 이들이 택한 저항의 상징은 '꽃'이었다. 이에 공감한 사람들 중 '히피'라 불리는 젊은이들은 온통 꽃으로 장식한 옷을 입고, 머리에 꽃을 꽂았으며, 사람들에게 꽃을 나누어 주었다. 정녕 '꽃의 아이들'이었다.

개인용 컴퓨터에서 정보와 지식의 유토피아를 바라본 '꽃의 아이들'의 비전은 이러한 저항문화와 철학에 토대를 둔 것이었다. 이 저항문화, 또는 반문화(counterculture)의 흐름 속에는 '사람을 위한 기계', '인간을 위한 기계문명'이라는 생각도 포함되어 있었다. 여기에는 거대 규모의 공장형 기계, 기술관료적 사회 분위기 등에 대한 경고와 반성과 비판도 함께 담겨 있었다. 메인프레임 컴퓨터 시대부터 등장했던 해커들 역시 이러한 생각과 크게 다르지 않았다. 개인용 컴퓨터 혁명이 기존 컴퓨터의 중심지였던 동부가 아닌 서부 캘리포니아에서, 상대적으로 진취적이며 보다 자유롭고 개성 있는, 기존의 틀에 저항하는 반 권위적 문화가 자리 잡은 지역이었다는 점도 우연의 일치는 아니었을 것이다.

60년대 저항문화의 후손들은 그러한 희망으로 개인용 컴퓨터의 세계를 열어갔다. 그렇게 보편적 개인 컴퓨터의 시대가 열렸다. 그러나 이후 PC의 역사는 꽃의 아이들이 꿈꾸던 것과는 다르게 진행되었다. 그 출발 지점은 '해방과 자유, 민중에게 힘을'이라는 가치였지만, 동시에 그것은 당시 시작된 자본주의 체제의 재조직화와 매우 밀접하게 관련되어 있었다. 하나의 산물은 늘 두 가지 또는 그 이상의 빛과 그림자를 품게 마련이다.

디지털 혁명으로 가는 길 2—네트워크

컴퓨터는 그 자체로 완결된 독립적인 기기이다. 네트워크에 연결되어 있지 않더라도 프로그램과 명령어에 따라 주어진 업무를 충분히 수행할 수 있기 때문이다. 그러나 네트워크로 연결되어 수많은 컴퓨터들이 상호 결합하면서 기능과 용도, 의미와 효과 등에서 기하급수적인 도약을 이룩하였다. 디지털 혁명의 주역인 인터넷이 그 대표적인 상징이다. 인터넷은 개인의 일상과 인간관계는 물론이고 업무, 학업, 미디어, 나아가 경제, 정치, 교육, 군사 등의 영역에 엄청난 폭과 깊이의 변화를 몰고 왔다. 본격적인 의미에서의 컴퓨터 사회는 인터넷과 함께 생겨났다고 해도 과언이 아니다.

'네트워크'의 뜻을 굳이 풀어 쓰면 '그물처럼 엮인 선의 연결망'이다. 미디어는 모두 이런 네트워크로 연결되면서 구조적 완결성을 이루게 된다. 이 책에서 언급된 모든 미디어가 연결되지 않고서 홀로 존재할 수 있다. 그러나 그것을 '미디어'라 부르지는 않는다. 그것들은 다만 몇 가지 기능을 수행하는 독립된 도구에 지나지 않는다. 유선이든 무선이든, 네트워크는 미디어를 미디어로 기능하게 하면서 정체성을 확립시켜 주는 화룡점정이다.[80]

미디어 네트워크에 대해 이야기하기 전에 먼저 네트워크의 중요성을 확인할 수 있는 유명한 이야기를 하나 떠올려 보자. 아래의 삽화는 로마가 제일 강성했을 때, 제국의 곳곳을 잇는 가로망을 표시한 것이다. 시기적으로 보면 서기 96년부터 180년, 거의 100년에 이르는 오현제

---

80 '책의 네트워크란?' 이런 질문을 던질 수 있다. 연결망이라는 점에 주목한다면 책의 네트워크는 도서관, 서점, 중간유통업자, 저자, 독자, 출판사 등을 이어주는 보이지 않는 선이라 생각할 수 있다.

시대쯤 될 것이다.[81] 물론 이후에도 한동안 로마의 가로망은 그 역할을 훌륭하게 해낸다.

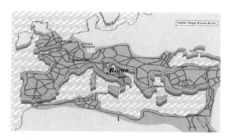

로마제국 주요 도로망

이 지도를 통해 아프리카 북서부 모로코에서 출발하여 지중해 연안의 북아프리카 각국을 거쳐, 이집트, 팔레스타인과 이스라엘, 터키를 지나 남동 유럽의 루마니아와 불가리아, 도나우강을 따라 세르비아와 체코, 오스트리아, 독일을 지나 영국까지, 영국을 되돌아 나오면서 프랑스와 스페인 북부, 포르투갈, 스페인 남부와 지브롤터를 지나고, 지중해 해변을 따라 남프랑스를 거치며 스위스와 알프스 산맥을 관통해 이탈리아 로마, 그리고 저 끄트머리 시실리까지 닿는 장구하고 흥미진진하며 아름다운 여정을 그려볼 수 있다. 여권도 없이 아프리카, 아시아, 유럽 세 대륙을 종횡으로 건너고, 국경수비대나 입국심사관, 세관원도 없는 안전하며 자유로운 여행.

이는 최첨단 과학과 기술을 가진 오늘날에도 이룰 수 없는 위대한

---

81 가장 넓은 로마 제국의 영토를 확보한 황제는 오현제 중 두 번째인 트라야누스로 98년부터 117년까지 재위했다. 트라야누스 이후 황제들이 즉위할 때 '아우구스투스보다 나은 행운을, 트라야누스보다 나은 지혜를'이라고 큰 소리로 기원했다는 이야기가 전해져 온다.

업적이다. 제국의 경계는 치열한 갈등의 최전선이었고 경계선 내부의 제국 역시 화평한 세상은 아니었으나, 적어도 오늘날까지 로마 제국은 인간의 역사가 이룩한 하나의 경이로운 장면이랄 수 있다. 그 경이로운 업적의 토대는 바로 '길'이다. 위 지도상에 검은 선으로 그려진 제국의 고속도로, 그것이 제국을 제국답게 만든 것이다. '모든 길은 로마로 통한다.'는 말 역시 여기서 나왔다. 더 정확히 그것은 길들로 이루어진 '네트워크'이다. 길의 네트워크, 그것이 제국의 가장 중요한 물리적 토대였다. 여기서 놓치지 말아야 할 것은 도로망 자체의 건설도 중요하지만, 도로망이 제대로 기능하려면 도로의 유지와 보수 등의 작업, 안전한 통행과 교역과 소통을 가능하게 해주는 치안과 군사력 등의 외곽 시스템 또한 중요했다는 점이다. 그래야 제국은 비로소 원활하고 효율적인 정치조직으로 기능할 수 있다.[82] 제국은 네트워크로 만들어진 것이었다.

미디어 네트워크

미디어 네트워크도 그와 같다. 네트워크는 미디어의 가장 중요한 물리적 토대이다. 네트워크는 가설뿐만 아니라 제대로 기능을 발휘하도록 유지와 보수, 효율적인 관리체계의 수립, 정체현상을 해결하는 작업, 나아가 네트워크의 품질과 전송 속도의 개선, 전송 용량의 확대작업 등도 중요하다. 그래야 미디어는 비로소 원활하고 효율적으로 기능할 수 있다. 교통이든 미디어든 네트워크는 '기간시설'이라고 부른다. 길의 네트

---

82   기원전 3세기 공화정 시대부터 꾸준히 만들어져 온 로마의 도로망은 전체 40만 킬로미터에 이른다. 로마의 도로는 오늘날 유럽 각국의 내부와 국제 간선도로망의 핵심으로 재활용되고 있다. 직접 비교하는 것은 무리가 있지만 오늘날 도로망이 가장 발달한 미국의 고속도로 전체 길이는 26만 킬로미터, 우리나라는 약 4천 킬로미터 정도이다.

워크를 혈관에 비유한다면 미디어의 네트워크는 신경에 비유할 수 있을 것이다. 네트워크가 사회의 존속과 운용을 위해 필수적이기 때문이다.

기술적으로 '미디어 네트워크'는 전기신호, 또는 정보를 주고받기 위해 가설한 매개체이다. 공동체를 뜻하는 '코뮤니타스communitas'에서 유래한 '커뮤니케이션'이라는 말을 구체적으로 풀면 네트워킹, 즉 연결이다. 그리고 미디어 분야에서 흔히 쓰이는 '플랫폼'이라는 용어는 유무선을 망라하여 네트워크로 연결된 미디어가 만들어내는 공간, 즉 그 위에서 다양한 것들을 시도할 수 있는 마당 또는 환경을 지칭한다.

연결 메커니즘으로서의 네트워크는 크게 두 부분으로 구성된다. 첫째는 하드웨어에 해당하는 물리적 전달 매개체 부분, 두 번째는 소프트웨어에 해당하는 '프로토콜protocol'이라는 통신규약 부분이다. 전달 매개체란 신호의 전송만을 담당하는 물리적 미디어를 말하며, 통신규약이란 서로 소통하는 미디어들이 이해하는 방식으로 신호를 처리하는 기술적 명령체계를 의미한다. 물리적 전달 매개체로 가장 대표적인 것은 구리선, 동축 케이블, 광섬유를 들 수 있다. 여기에 무선 네트워크를 추가하면 물리적 매개체는 네 가지인 셈이다. 물리적 네트워크 매개체들인 무선이나 유선은 이해하기 쉽지만 규약에 대해서는 약간의 설명이 필요하다.

통신규약으로는 인터넷 망에 적용되는 TCP/IP 같은 것이 대표적인데, 연결에 관여하는 미디어-여기서는 컴퓨터-가 주어진 기능을 수행하기 위해 따라야 하는 지침을 의미한다. 규약이 필요한 이유는 간명한데, 예를 들어 두 대의 컴퓨터를 선으로 연결한다고 해서 -어떤 선으로 어떻게 연결할지도 우선 해결해야 하지만- 바로 소통할 수 있는 것은 아니기 때문이다. 쉽게 말하면 기계는 다른 기계와 어떻게 소통해야 하는지 모르기 때문에, 그것들이 이해할 수 있는 신호로 번역해서 전달해 주어야 한다. 이러한 번역 행위를 '규약'이라 칭한다. 인터넷을 예로 들자면 '이더넷 카드(Ethernet)'라는 컴퓨터 부품이 규약과 관련된 작업을 수행하는 대표적인 것이다. 방송국과 시청자의 TV나 라디오가 상호 소통하기 위해 신호를 변조하여 송신하고, 수신기에서 이를 재변조, 즉 복조하여 신호를 재생하는 작업도 규약이라는 의미로 이해할 수 있다.

구리선 copper pair[83]

미디어의 물리적 네트워크 매개체 중 가장 오래되고 널리 쓰이는 것은 구리선이다. 구리가 전기 전도성이 가장 높은 금속이기 때문이다. 오늘날 전 세계에서 생산되는 구리의 절반 정도가 모두 전기와 관련된 용도로 사용되는 이유이기도 하다. 1820년대 전신 네트워크를 가설하면서 구리 전선을 사용했고, 1876년 전화기가 만들어진 이래 전화망 역시 높은 전기 전도성을 가진 구리로 만들어졌다. 때문에 구리 전화선은 가장 오래된 것이면서 동시에 지금까지도 가장 보편화된 네트워크 매개체이다. 아래 사진처럼 여러 가닥의 구리선을 꼬아 만든 선은 용도에 따라 다른 형태로 만들어지지만, 90년대 들어 인터넷과 같은 데이터 통신 수요가 늘어나면서 충분한 용량과 속도를 제공할 수 있도록 본래의 구리선을 개선한 것들이다. 초창기 전화망에 쓰인 구리선 네트워크는 음성 통화용으로 두 가닥의 전선만으로 이루어져 있었다.

---

83 영문 명칭에 'pair'가 들어가는 이유는 전화선 사진에서 보듯 8가닥의 선이 둘씩 꼬여 짝을 이루기 때문이다. 가정에서 사용하는 유선전화기와 전화연결 포트에 4개의 연결막대와 구멍이 있는 이유이기도 하다. 이렇게 꼬인 네 가닥의 선 중 하나는 전원케이블이며 나머지는 음성과 데이터 송수신용이다. 직선형태가 아니라 선을 꼬아놓은 이유는 그렇게 하면 외부에서 유입되는 잡음 신호가 서로 상쇄되기 때문이다.

그러나 구리 전화선이 기능적으로 문제는 없지만 정보전송 속도와 정보전송 용량이 낮기 때문에 음성 외에 인터넷과 같은 데이터 통신에는 상대적으로 열악한 매개체이다. 그런데 이는 구리선 본래의 문제이기

전형적인 구리 전화선

도 하지만 더 크게는 전화 네트워크 설계에서 비롯된 문제이다. 전화는 사람의 음성을 송수신하는 용도에 최적화하기 위해 의도적으로 네트워크의 기능을 제한해두었던 것이다. 음성은 기본적으로 초당 300~3300 헤르츠 정도의 저주파이기 때문에. 통화품질을 유지하기 위해 그 외의 신호들-더 낮은 저주파나 더 높은 고주파-이 선로에 끼어들어 잡음을 일으키지 못하도록 '저역필터(low pass filter)'와 '고역필터(high pass filter)'라는 일종의 보호막을 네트워크에 설치해 놓았다.[84]

데이터 통신이 늘어나면서 이 필터를 제거하고 고주파 대역의 데이터신호와 저주파 대역의 음성신호를 분리하여 동시에 처리할 수 있게 되면서 기존의 구리 전화선을 데이터 통신 용도로도 쓸 수 있게 되었다. 이렇게 개선된 네트워크를 전문용어로는 '디지털 가입자 회선(digital subscriber line DSL)'이라고 부르는데, 문제는 교환국에서 2킬로미터 이상 떨어져 있을 경우 전기신호의 누설 현상 때문에 본래의 전송 속도나 용량이 저하된다는 점이다. 따라서 중간에 중계기나 신호증폭 장치들이 필요하지만 그럼에도 이러한 해결책을 고안한 이유는, 네트워크

---

84 음성이나 소리에 관한 한 전화는 여전히 저주파 대역의 주파수에 최적화되어 있다. 그것은 DSL 구조에서도 마찬가지이다. 디지털 샘플링의 숫자가 낮게 책정되어 있는 것이다. 이 때문에 높은 소리(예: 음악)를 들을 때, 또는 DSL 모뎀에서 발생하는 고주파 신호가 침투할 때, '삐익'하는 날카로운 잡음이 울리게 된다.

를 새로 교체·가설하는 것이 비용 등의 문제로 비현실적이라는 판단이 작용하면서 기존의 네트워크를 최대한 활용하는 쪽으로 방향을 잡았기 때문이다.

동축 케이블 coaxial cable

동축 케이블에서 동축이란 아래 그림에서 보듯, 내부 전도체부터 케이블을 감싸고 있는 외부 피복까지 중심, 즉 같은 축을 공유하는 동심원 구조를 가지고 있기 때문에 붙은 이름이다. 아래 그림에서 내부 도체로 표시된 것은 구리, 또는 구리로 도금한 금속 케이블이고 나머지는 케이블을 둘러싸고 있는 절연체들이다. 여러 형태가 있지만 일반적으로 동축 케이블은 대량의 정보를 고속으로 전송하기 위해 개발된 것이다. 전송 용량 면에서 많게는 600개의 디지털 TV 채널을, 아날로그 신호일 경우는 150개의 TV 채널을 보낼 수 있다. 속도의 측면에서도 전통적인 전화망보다 80배 정도 빠르게 전송할 수 있으며, 잡음이나 간섭에 강하기 때문에 매우 우수한 물리적 네트워크 매개체 중 하나이다.

동축 케이블은 원래 1929년 AT&T의 벨 연구소에서 개발했지만, 기본적인 아이디어는 그보다 훨씬 전인 1880년에 이미 등장했다.

동축 케이블 같은 고도의 네트워크가 만들어지게 된 이유는 고주파 신호나 대용량 신호를 전송할 수 있는 연결 매개체, 전문용어로는 '트렁크 라인trunk line('기간선로' 정도로 번역할 수 있다.)'이라 부르는 선로가 필요했기 때문이다. 예를 들면 안

동축 케이블

미디어 발명의 사회사

테나와 송신기 또는 수신기 사이를 연결하거나(예: 방송국의 주조정실과 송출안테나), 전화교환국들 간에 이루어지는 대량의 전화신호 연결 작업을 감당할 수 있는 매개체가 요구되었던 것이다. 이런 점에서 동축 케이블은 일반 이용자를 위해서가 아니라 장비 개념으로 만들어졌고, 그 때문에 매우 완강한 구조를 가지고 있는 것이다.

동축 케이블이 고주파나 대용량 신호를 원활하고 신속하게 전송할 수 있는 이유는 무엇보다 빈틈없이 단단한 구조의 절연체로 싸여 있어 선로 내부의 전기신호를 온전히 유지할 수 있기 때문이다. 두 번째로는 절연체가 외부로부터 유입되는 잡음 신호를 차단해주는 역할을 수행하기 때문이다. 즉, 케이블 내부에서의 신호 누설, 또는 외부로부터의 잡음 신호 등을 절연체가 차단함으로써 원래의 전기신호가 효율적으로 전송될 수 있기 때문이다. 이런 장점 때문에 케이블 방송이 생기면서 네트워크 용도로 활용되었고 또한 높은 전송 용량과 속도를 요구하는 고속 인터넷망 용도로, 나아가 텔레비전, 인터넷, 그리고 전화까지 세 가지 서비스를-'triple play service(TPS)'라 칭하는- 동시에 제공할 수 있는 용도로도 발전되었다.

광섬유 optical fiber

'유리섬유(glass fiber)'라고 불리기도 하는 광섬유의 기본 아이디어는 빛을 신호매체로 이용하는 것이다. 빛은 사실 인류가 사용한 가장 오랜 신호매체 중 하나이다. 어린 시절 깨진 거울 조각을 이용해 빛을 반사했던 놀이를 기억하면 충분히 상상할 수 있을 것이다. 미리 코드를 정한 뒤, 그에 따라 거울로 빛을 반사시킴으로써 신호나 정보를 전달한 것은 인류의 역사와 함께 한 장거리 통신방식 중 하나이다. 19세기 초중반 물리학자들은 물을 통해 빛을 전달하는 실험을 수행한 바 있다. 물통 아래쪽에 구멍을 뚫고 그리로 물과 빛을 동시에 흘려보내면, 빛이 물 밖으로 새어나가는 것이 아니라 물속에서 반사되며 물과 빛이 함께 흘러내리는 현상을 관찰했다. 오늘날의 광섬유 네트워크도 이 원리와 전혀 다르지 않다. 즉, 투명한 실처럼 만들어진 유리관의 내부 거울에 빛이 연속적으로 반사되면서 신호가 전송되는 것이다.

광섬유 네트워크 구축에서 해결해야 할 과제는 크게 두 가지이다. 광섬유 자체의 제조, 그리고 빛의 신호를 생산하고 그 신호를 전달하는 방법이다. '광섬유'란 빛을 전달하는 실처럼 만들어진 유리를 뜻한다. 간단히 말해 유리이다. 유리의 원료이자 본래 작은 돌, 자갈을 뜻하는 '실리카silica'는 석영이라는 광물에 들어 있으며, 용광로에서 가열해 녹은 석영에서 유리를 추출해 낸다. 이 중 투명도와 순도가 매우 높은 재질에서 실처럼 광섬유를 뽑아내는 것이다. 두 번째 과제는 어떻게 빛의 신호를 생산하고, 이 신호를 유리섬유로 통과시키는가이다.

아래의 그림은 광섬유 네트워크가 신호를 전송하는 방법을 한 눈에 보여주고 있다.

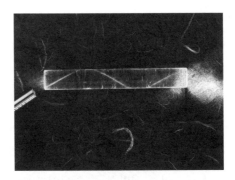

광섬유 내부의 신호전송 개념도

미디어 발명의 사회사

그림에서 보듯 광섬유는 유리 내부가 거울처럼 작동하도록 설계되어 있다. 빛의 신호는 거울에서 반사를 거듭하면서 네트워크를 통과해 전진한다. 광섬유의 우수성은 첫째, 순도 높은 거울의 연속적 반사로 신호가 전달되기 때문에 신호의 손실 문제를 사실상 우려할 필요가 없으며, 둘째, 그 때문에 광섬유 내부의 신호가 선로 밖으로 누설될 가능성도 없다. 셋째, 광섬유가 금속이 아니기 때문에 외부의 전기적 잡음으로부터 영향을 받지 않아 신호품질이 충실하게 유지될 수 있다.

광섬유 네트워크는 광섬유 제조기술과 레이저 기술이 완성되고, 두 기술이 상호 통합된 1960년대에 비로소 확립되었다.[85] 즉, 광섬유 네트워크에 레이저로 만들어진 빛을 관통시켜 필요한 용도로 활용하는 것이다. '레이저Laser'는 Light Amplification by Stimulated Emission of Radiation의 머리글자를 딴 용어로 직역하면 '자극방출을 통한 빛의 증폭'이라는 뜻이다. 기본 원리는 전기신호를 빛으로 전환시킨 다음, 그 빛에 계속 자극을 줌으로써 빛의 힘과 속도, 주파수 등을 필요한 수준만큼 증가시키는 것이다. 고체, 기체, 심지어 액체까지 여러 물질들로 레이저, 즉 광선을 만들어내지만 가장 쉬운 것은 1960년대에 만들어지기 시작한 '반도체 레이저(semiconductor laser)'이다. 우리가 일상적으로 사용하는 CD나 DVD 플레이어, 레이저 프린터, 바코드 리더 등은 물론이고 통신망에 사용하는 것이 바로 반도체 레이저이다.

반도체 레이저에서 전기신호를 빛의 신호로 전환시키는 것은 '발광다이오드(LED: light emitting diode)'이다. 다이오드는 정류기로 신호의

---

85 광섬유에 적외선을 사용할 수도 있다. 그러나 적외선은 특성상 물체를 통과하지 못하기 때문에 아주 짧은 근거리 통신에 더욱 적합하다. TV 리모콘이 적외선을 이용한 대표적인 통신기기이다.

유무에 따라 한쪽 방향으로만 작동하기 때문에 송신측에서 신호에 따라 빛을 켜고 끄는 방식으로 조절해 그 빛을 레이저 형태로 방출하는 것이다. 그리고 하나의 다이오드 위에 여러 개의 다이오드를 층층이 쌓고 같은 방식으로 작동시키면 여러 다른 주파수를 가진 빛의 신호, 즉 여러 가닥의 광선을 만들어낼 수 있다. 렌즈를 이용해 이 광선의 각도를 달리하여 광섬유 내부로 전송하면 신호는 거울에 반사되며 전진하게 된다. 수신측에서는 이렇게 들어온 빛의 신호를 '광전지(photocell)' 또는 '빛다이오드(photodiode)'라 불리는 장치를 통해 전기신호로 변환하는 것이다.

무엇보다 광섬유에서 놀라운 것은 정보전송 용량이다. 옆 사진은 광섬유 네트워크를 구성하는 선들로 광섬유 한 가닥의 굵기는, 얇게 만들 경우 사람 머리카락 굵기의 1/10 정도에 지나지 않는다. 그런데 이 한 가닥을 통해 이론적으로는 9만 개의 TV

광섬유 네트워크 선

채널을 송신할 수 있다. 속도는 당연히 빛의 속도이다. 일초에 지구를 일곱 바퀴 반 도는 빛의 속도. 이런 점에서 광섬유는 지금까지 만들어진 어떤 물리적 네트워크 매개체보다 속도와 용량 측면에서 우수하다. 때문에 1988년 대서양을 횡단해 미국과 영국, 프랑스를 잇는 최초의 광섬유 해저통신망이 완성되었고, 이후 국내외를 연결하는 장거리 통신망, 인터넷망, 가정으로 들어오는 전화나 데이터망까지도 거의 광섬유 네트워크로 교체되는 중이다.

미디어 발명의 사회사

네트워크 – 물리적 특성과 구조

앞서 언급했듯 네트워크는 어떤 물리적 매개체인가에 따라 정보의 전달 속도와 용량에서 차이를 보인다. 정보전송의 속도와 용량은 네트워크의 품질을 결정하는 핵심적 요건이다. 그러나 작은 전화선으로 충분한 집 안의 미디어 기기들을 대용량 광섬유 네트워크로 연결할 이유가 없는 것처럼 모든 네트워크가 모두 압도적인 속도와 용량을 갖추어야 하는 것은 아니다.

속도와 용량 차원에서 물리적 네트워크들 간에 차이가 빚어지는 몇 가지 이유를 짚어보면, 첫째는 신호잡음 또는 누설의 문제이다. 이는 신호품질의 저하도 야기하지만 전달용량과 크게 관련되는 사항이다. 둘째는 어떤 형식의 신호가 전송되느냐 하는 것이다. 전기적 신호인가 빛의 형태로 변환된 것인가에 따라 차이가 나기 때문이다. 셋째는 전달 매개체의 물리적 재질이다. 무선전파, 구리, 유리 등 매체의 물리적 성질에 따라 달라진다. 넷째는 선의 굵기, 즉 네트워크의 직경 문제이다. 이러한 요소들로 인해 앞서 말한 전달속도와 용량에서 차이가 빚어짐은 물론이고 네트워크 보안 또는 망 구축과 관련한 투자 대비 효율의 정도, 이용자들의 접근성 등에서도 일정한 차이가 생긴다.

앞서 설명했듯 광섬유는 가장 최근에 등장한 것이기도 하지만 그것이 가진 성능과 역량 측면에서도 다른 네트워크들을 압도한다. 이런 점에서 다른 네트워크에 비해 상대적으로 취약한 것은 무선이다. 그러나 무선은 설치가 간편하고, 기술이 발달하면서 용량과 속도도 점차 개선되고 있기 때문에 대안적 네트워크, 또는 보완적 네트워크로 충분히 기능할 수 있다. 특히 스마트폰과 같은 모바일 컴퓨터가 널리 확산되는 지금 사회적 중요성의 측면으로 본다면 무선 네트워크가 오히려 가장 중요한 설비라고 해야 할 것이다.

한편, 어떤 물리적 매개체를 사용하든 중요한 문제 중 하나는 '어떤 구조로 네트워크를 설계할 것인가'이다. 네트워크의 구조란 지도처럼 네트워크가 전체적으로 어떻게 배치되어 있으며 어떤 형태를 가지고 있는가를 뜻한다. 네트워크에서 구조가 중요한 이유는 그것이 커뮤니케이션의 구조를 결정하는 핵심 요소이기 때문이다. 다시 말해 네트워크가 어떤 형태로 설계되었는가에 따라 소통의 틀이 달라지고 네트워크 제어의 주체가 결정되며, 그로 인해 이용자들의 행위가 제한되거나 또는 이용자들의 적극적인 행위를 끌어 낼 수도 있다.

예컨대 방송의 네트워크는 중앙집중적이며 수직적이고, 위계적인 구조를 가지고 있다. 방송이 프로그램 제공자 중심의 네트워크 구조를 가지고 있기 때문에, 이용자들의 커뮤니케이션 형태는 매우 제한적일 수밖에 없다. 제공자들이 열어 둔 플랫폼과 방식으로만 소통할 수 있는 권위적 구조의 네트워크이다. 반면, 인터넷의 네트워크는 구조적으로 그와 정반대의 형태를 띠고 있다. 수평적이며 분산적이고, 중심이 없는 구조를 가지고 있는 것이 인터넷이다. 이러한 틀의 네트워크는 거의 모든 형식의 커뮤니케이션 모델을 구현할 수 있다. 쌍방향적 소통도, 위계적인 소통도 가능한 것이다. 물론 어떤 네트워크나 커뮤니케이션 구조가 우월하다고 단정할 수는 없다. 용도에 따라 구조는 충분히 다르게 설계될 수 있기 때문이다.

컴퓨터와 네트워크는 디지털 혁명을 구현하는 물리적 초석이다. 컴퓨터와 네트워크 이야기는 인터넷을 말하기 위한 마중물이었다. 이것들이 만들어 낸 '멋진 신세계'를 우리는 인터넷이라고 부른다. 그리고 인터넷은 이후 미디어의 모든 것을 바꾸어 놓았다.

7장

디지털 혁명과
정치경제적 변동
― 인터넷과 웹

20세기 후반까지 미디어의 꽃은 텔레비전과 신문이었다. 매스 미디어의 시대는 여전히 난공불락의 성채였다. 지금도 대중매체로서 TV의 위력은 여전하다. 그러나 신문은 말할 나위 없고 전통적 의미의 텔레비전 역시 점차 사위어가는 중이다. 결과론적 평가이긴 하지만 1970년대에 접어들면서 분명해진 것은 미디어 환경, 나아가 세상을 크게 바꾸어 놓을 커다란 전환이 일어나고 있었다는 점이다. 그것은 컴퓨터, 특히 개인용 컴퓨터의 발전이며 동시에 이들 컴퓨터를 연결한 네트워크의 확장이었다. 미디어 환경은 물론이고 사회를 바꾸어 놓을 통칭 '디지털 혁명'이 막 부화하고 있었던 것이다. 그리고 디지털 혁명은 그 무렵 전개된 자본주의 체제의 재구조화, 즉 정보 자본주의의 등장과 맥을 같이 한다.

디지털 혁명의 시대, 그것을 기반으로 한 미디어의 풍경은 매우 빠르게 달라지기 시작한다. 매스 미디어에서 개인화된 미디어로, 전화에서 인터넷으로, 그리고 이동통신 분야가 이전보다 훨씬 새로워진 모습으로 거듭나면서 확장되는 새로운 미디어 풍경이 꿈틀거렸다. 전통적 텔레비전의 약화와 컴퓨터의 보편화, 대중화한 스마트폰의 위력 같은 것이 오늘날 미디어 환경의 모습이다. 이와 같은 미디어 변동의 가장 커다란 계기는 컴퓨터와 네트워크를 끌어안고 성장한 인터넷이다.

'인터넷'이라는 용어는 1974년에 처음 쓰이기 시작하였다. inter와 network가 결합된 인터넷Internet을 직역하면 '네트워크들 간의 네트워크'를 뜻한다. 구체적으로 말하면 컴퓨터들을 연결한 네트워크들을 상위 단계에서 연결한 네트워크이다. 더 넓게 정의하면 인터넷은 다양한 형태와 방식으로 정보를 전송하거나 검색·공유·교환할 수 있는 컴퓨터들의 네트워크, 또는 플랫폼을 지칭한다. 여기에 기술적인 핵심 요소를 더한다면 인터넷은 TCP/IP라는 프로토콜을 이용하는 컴퓨터 네트워크이다.

7-1. 인터넷의 시작

그러나 순전히 컴퓨터 네트워크를 말하는 것이라면 그 시작은 1950년
대 후반으로 거슬러 올라간다. 당시 미국 공군이 각 기지의 레이더 시스
템을 하나의 네트워크로 묶어 운용했던 것이 컴퓨터 네트워크의 시발점
이다. 뒤를 이어 1960년에는 민간 항공사들이 비행기 운행 스케줄의 조
정과 탑승권 예약 등을 위해 컴퓨터 네트워크 시스템을 구축하였다. 그
즈음 이들 기관이나 조직 외에 개인 컴퓨터 사용자들을 연결하는 네트
워크에 대한 구상이 등장하기도 했다. 또, 기업이나 연구소에서는 네트
워크로 연결된 분산형 컴퓨팅 시스템—메인프레임 컴퓨터로 데이터를
처리하는 중앙집중형 컴퓨팅 시스템이 아니라, 개별 사용자들이나 사용
부서에 작업을 분산시키고 이들 컴퓨터를 연결하여 데이터 처리와 자료
공유 등의 작업을 진행하는—을 개발해 도입하기 시작하였다.

  컴퓨터와 컴퓨터 네트워크가 이처럼 대학이나 기업, 군대에서 자체
적 연구와 실행을 통해 성장하는 사이 매우 다른 계기와 취지에서 이 분
야 연구에 뛰어든 곳이 있었다. 그곳은 '다르파DARPA(Defense Advanced
Research Projects Agency)'라 불리는 미 국방성 산하 연구소였다. 만약
이 연구소가 개입하지 않았더라면 오늘날 컴퓨터 네트워크, 즉 인터넷
의 구조와 성격은 매우 달라졌으리라고 예측할 수 있다. 1958년 아이젠
하워 대통령 시절 설립된 다르파는 군용은 물론 사회적으로도 큰 영향
을 끼칠 미래형 최첨단 기술과 과학 영역에 대한 연구를 주 임무로 하는
기관이었다. 그리고 연구소는 학계와 산업계, 공공부문과 정부기관 등을
연결하는 일종의 연구협력조직 형태로 운용되었다. 다르파가 개입하면

서 컴퓨터 네트워크에 대한 연구는 어느 한 대학이나 기업, 민간 연구소가 수행하는 개별적 연구과제가 아니라 국가적 차원의 공공연구 프로젝트라는 성격을 갖게 되었다.

스푸트니크 위성

다르파의 설립은 물론 다르파의 연구주제 설정에 가장 직접적인 계기를 제공한 것은 스푸트니크Sputnik 위성이었다. 1957년 10월 소련은 아래 사진에 보이는 무인 우주선을 세계 최초로 지구 궤도에 쏘아 올리는 데 성공하였다. 무게 84킬로그램, 지름 60센티미터 크기의 스푸트니크 위성은 한 시간 반 만에 타원형 궤도로 지구를 한 바퀴 도는 속도로 우주 공간을 유영하고 있었다.

스푸트니크 위성(사진출처:https://www.futura-sciences.com/sciences/definitions/astronautique-spoutnik-5002/)

'여행의 동반자'라는 낭만적 이름을 가진 위성이었지만 세계를 바꾸어 놓은 담대한 위성이기도 했다. 그도 그럴 것이 이 위성은 이미 서로 핵폭탄을 품에 안은, '냉전'이라는 최고 수위의 긴장 관계를 유지하고 있던 미국과 소련에 우주경쟁을 하나 더 추가하였기 때문이다. 우주경쟁은 과학의 경연장이었지만 기술과 과학의 발전은 물론 정치적으로, 나아가 군사적으로도 엄청난 함의가 있는 것이었다. 스푸트니크의 발사와 성공은 소련이 이 모든 측면에서 미국을 압도했음을 전 세계에 보여준 사건이었다.

2차 대전 이후 소위 '팍스 아메리카나Pax Americana'라는 국제적 패권과 자본주의 번영의 분위기를 즐기고 있던 미국에 스푸트니크는 놀라운 도전이었으며 동시에 무서운 위협이기도 하였다. 미국사회는 소련에 대해 놀라지 않을 수 없었으며, 또 한편 소련에 대한 극도의 공포에 사로잡히지 않을 수 없었다. 2차 대전에서 쑥대밭이 되었던 소련이 어떻게 불과 십수 년 만에 미국의 과학과 기술을 능가할 수 있는가?[86] 만약 이 우주선에서 핵폭탄, 수소폭탄 공격이 전개되면 어떻게 되는 것인가?

'스푸트니크 공포(Sputnik shock)'에 사로잡힌 미국의 대응은 그러나 매우 침착했다. 요약하면 두 가지다. 하나는 과학과 기술교육의 대대적 혁신, 둘은 우주비행 프로젝트

미국 시사주간지 『Time』, 1958년 1월 6일자 1957년의 인물. 스푸트니크 위성을 들고 있는 N. 흐루시초프 소련 공산당 서기장.

86　대중적으로 2차 대전은 미국과 영국을 주축으로 한 연합군과 독일 간의 전쟁으로 알려져 있다. 그러나 전쟁의 내용과 역사적 측면에서 2차 대전은 독일과 소련의 전쟁이다. 독일과 러시아는 1차 대전에서도 이미 부딪힌 바 있다. 2차 대전 중 유럽 동부전선에서 벌어진 무수한 전투에서 혁혁한 승리를 거둔 소련의 역할이 없었다면 전쟁은 어떤 결말로 이어졌을지 단정할 수 없을 정도이다. 대전 중 입은 소련의 피해는 막대했다. 군인은 물론 민간인을 포함한 사망자와 부상자가 모두 합해 2700만 명에 이른다. 육군, 해군, 공군을 모두 합한 미군의 규모는 가장 많았던 1945년 1200백만 정도였다. 2차 대전에 기여한 소련의 역할은 전후 미소냉전의 대결 속에 묻혀 버렸다.

—유인 우주선 달 착륙 및 귀환으로 요약되는 '아폴로 프로젝트Apollo project'—추진. 미국은 이와 관련된 최첨단 연구를 수행하는 기관의 하나로 다르파를 설립한 것이다. 거창한 두 개의 프로젝트는 모두 성공했다. 그리고 그것이 오늘날 미국이 유지하고 있는 기술과 지식 패권의 핵심 토대, 또는 원천이라고 할 수 있다. 이렇게 본다면 소련의 스푸트니크는 역설적으로 미국의 힘을 더욱 강화시키는 토대로 작용한 셈이다.

인터넷 설계의 기본 원리

스푸트니크 공포로부터 다르파가 수행한 많은 과제 중 하나는 컴퓨터 네트워크 연구였다. 이것이 오늘날 인터넷의 밑거름이 되었으니 이 역시 스푸트니크가 낳은 역설이라고 할 것이다. 다르파가 설정한 네트워크 설계의 핵심 목표는 두 가지로 정리해 볼 수 있다. 첫째는 네트워크의 구조적 완강함(robustness)이고 둘째는 네트워크의 강한 자생력(survivability)이다. 이러한 인터넷의 초기 설계 목표와 관련하여 대중적으로 널리 유포된 이야기는, 소련의 핵공격에도 버틸 수 있는 명령과 통제와 소통 시스템을 유지함으로써 국가의 지휘체계가 가동할 수 있도록 하는 통신 네트워크라는 것이다. 문서로 이런 목표가 기록되어 있지 않다는 점에서 공식적으로는 사실이 아니겠지만, 인터넷 설계에 그 같은 목표가 충분히 작용했음은 불문가지이다. 특히 컴퓨터 네트워크 연구가 스푸트니크 충격에 대한 대응으로 시작된 것임을 감안하면 그러한 동기를 부정할 이유는 없다.

중요한 과제는 네트워크의 완강함, 자생력, 방어력 등을 물리적으로 어떻게 구현할 것인가이다. 해결책은 두 가지 방향에서 만들어졌다. 첫 번째는 네트워크의 구조, 두 번째는 정보의 처리방식이다. 우선 완강하며 자생력 있고 방어력을 갖춘 분산형 네트워크 구조를 구축함으로써, 쉬운 말로 풀면 끊어져도 끊어진 것이 아니도록 설계하는 것이다. 두 번째는 정보를 본래 형태로 전송하지 않고 작은 단위, 즉 '패킷packet'으로 나누어 전송하고 수신 쪽에서 분산된 패킷들을 재조합해 본래 정보를 복원하는 방식으로 처리하는 것이다. 물론 인터넷 구축을 위한 이러한 해결책은 당장 만들어지지 않았으며, 60년대 초반에 시작된 연구로부터 계산하면 15년 정도에 걸쳐 완성된 장기 설계 지침이었다.

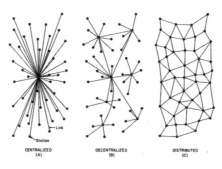

서로 다른 네트워크 구조의 대표적 사례

위 그림은 서로 다른 구조를 가진 네트워크의 연결 개념도를 간략하게 도식화한 자료이다. 왼쪽 첫 번째는 중앙집중형, 두 번째는 탈중앙집중형, 세 번째는 분산형 네트워크 구조이다. 중앙집중형의 대표적 사례가 방송이라면 탈중앙집중형의 사례는 전화망이다. 그림에서 충분히 유추해볼 수 있듯이 중앙집중형, 탈중앙집중형 네트워크는 중앙부 선로와 노드에 문제가 발생할 경우 네트워크 전체, 또는 상당부분의 작동이 심각하게 타격을 입거나 사실상 소통불능 상태에 빠지게 된다. 반면 인터넷이 가지고 있는 세 번째 분산형 구조는 그와 다르다. 앞서 '끊어져도 끊어진 것이 아니도록'이라는 말은 이러한 네트워크를 지칭한다. 그림

미디어 발명의 사회사

에서 볼 수 있듯 분산형 네트워크는 하나의 링크가 끊어진다 해도 여러 방향으로 이어진 우회로를 이용해 각각의 노드를 연결할 수 있기 때문에 네트워크 전체의 작동에 치명적인 문제가 발생하지는 않는다. 이것이 완강하며 자생력 있고 방어력을 갖춘 구조의 인터넷을 지탱하는 물리적 구조이다.

두 번째, 인터넷상의 정보처리 방식과 전송방식 역시 네트워크의 완강함과 자생력, 방어력을 구현하는 패킷교환 방식으로 설계되었다. 패킷교환 전송방식에 대한 아이디어는 다르파 프로젝트 초창기부터 등장했지만 실제 가동될 수 있는 통신 프로토콜로 —통상 TCP(transmission control protocol), 그리고 이와 함께 작동하는 IP internet protocol— 확립된 것은 1974년이다.[87] 그리고 이를 만든 V. 서프와 B. 칸은 이 업적을 인정받아 '인터넷의 아버지(Fathers of the Internet)'라 불리고 있다.

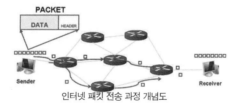

인터넷 패킷 전송 과정 개념도

위의 그림은 송신자가 보내는 정보가 패킷 단위로 분할되어 그물망 형태로 분산된 네트워크를 따라 정보의 일부는 아래쪽 링크로, 일부는

---

87 데이터를 패킷으로 분할한다는 것은 데이터를 포맷한다는 의미이다. 그리고 이 포맷의 과정에서 분산된 각 패킷에 전송자의 IP, 데이터의 크기, 수신 IP주소, 고유번호 등을 기록하게 된다. 패킷의 크기는 일정하지 않으나 대략 1에서 1.5킬로바이트 정도로 재단된다. 패킷 작업은 'TCP(Transmission control protocol)'와 'IP(Internet protocol)'라는 프로토콜이 담당하는데, TCP가 데이터 패킷 작업 담당이라면 IP는 데이터 전송 담당이다.

중간의 링크를 통해 수신자의 컴퓨터로 전달되는 과정을 보여주고 있다. 패킷교환 방식의 프로토콜에는 전송에서 오류가 발생했거나 일부 패킷이 분실될 경우에도 여러 차례 다시 보내도록 하는 재전송 교정 시스템(error correction)이 부가되어 있다. 또 패킷들이 어느 경로든 통과 가능한 링크를 따라 목적지로 이동할 수 있는 일종의 교통 안내 체계인 '라우팅 시스템' 역시 부가되어 있다. 이처럼 미리 경로를 정할 필요가 없는 분산 네트워크의 특성 때문에 네트워크에 과도한 부하가 발생하지 않고 효율적으로 정보를 전송할 수 있게 된다. 이런 과정에서 네트워크 전체의 품질과 안정성, 신뢰도 등이 유지되는 것이다.

이렇듯 인터넷의 구조를 분산형으로 만들고, 데이터를 패킷 교환 방식으로 전송하는 이유는 첫째, 항상적인 네트워크 연결 상태를 유지하기 위하여, 둘째, 어떤 형태의 정보라도(예: 문자, 문서, 사진, 동영상 등) 처리할 수 있는 미디어로 기능하기 위해서이다. 오늘날 인터넷이 어떤 종류의 미디어로도 기능할 수 있고 어떤 형태의 정보도 송수신할 수 있는 유연성을 갖추게 된 까닭은 바로 이러한 인터넷 설계의 기본 원칙에서 비롯된다.

성장의 경과

지금까지 대략 50년 정도의 역사를 가진 인터넷의 성장을 시기별로 구분해 본다면, 1960년대부터 첫 20년은 다르파 주도의 연구와 실험의 기간, 1980년대는 공공기관과 기업을 중심으로 한 성장과 확대의 기간, 그리고 1990년대 중반 이후부터는 일반에게 공개되는 대중화의 시대로 나눌 수 있다. 다르파의 연구 프로젝트로서 최초의 인터넷은 아래 지도가 보여주듯 1969년 미국 서부 지역의 대학 네 곳을 연결한 것이다.

1969년 미국 인터넷 연결망 지도

1980년대로 오면서 군사용 인터넷은 따로 분리됐고, 다르파의 컴퓨터 네트워크 프로젝트는 이제 미국과학재단(NSF: National Science Foundation)의 몫이 되었다. 군사 프로젝트에서 시작된 인터넷이 대학과 연구소 등을 중심으로 한 지식 프로젝트로 성장하는 도약기를 맞이한 것이다. 이즈음 PC가 폭발적으로 보급, 확산되기 시작하였고 1994년이 되자 인터넷은 대학, 연구소, 정부와 공공기관, 도서관, 기업을 떠나 드디어 모든 사람들에게 개방된다.

1969년 첫 번째 네트워크로 시작한 이래 지금까지 눈부시게 성장한 인터넷은 이제 아래 그림이 보여주듯 지구 전체를 뒤덮는 거대한 정보의 그물망이 되었다. 물론 세계 인구의 절반 정도는 여전히 인터넷과 연결되어 있지 않다. 특히 지리적, 사회적으로 열악한 아시아 태평양 지역과 아프리카의 사정이 두드러지지만, 정작 본고장 미국에서도 경제적인 이유로 인터넷과 단절된 상태에 놓

여있는 사람들이 적지 않다.

PC통신 — 또 다른 인터넷

아직 일반에게 공개되기 전, 인터넷의 성격이 군사용 과학기술 프로젝트에서 지식정보 플랫폼 프로젝트로 막 전환되고 있던 1980년대에 인터넷과는 무관하게 개인 컴퓨터 사용자들이 자생적으로 만든 컴퓨터 네트워크와 커뮤니티가 있었다. 공식 인터넷은 아니지만 사실상 인터넷과 다를 바 없는, 그들만의 인터넷이 만들어졌던 것이다. 사람들은 이를 'PC 통신'이라 불렀다. 이들은 기존의 전화망을 이용하는 자신들만의 컴퓨터 서버—일반에게는 흔히 '게시판, BBS(bulletin board system)'로 알려진—와 네트워크 통신 시스템을 구축하면서 PC 통신 환경을 선도적으로 만들어 나갔다. 시스템 운영자들은 자신들이 마련한 소수의 컴퓨터와 전화망으로 연결된 BBS를 개설하고, 이용자들은 자신의 컴퓨터와 모뎀, 그리고 전화망을 통해 BBS를 매개로 상호 소통하는 PC 통신 동호회 같은 커뮤니티를 형성했다.

BBS라는 자생적이고 독자적인 컴퓨터 네트워킹을 통해 이용자들은 채팅, 정보 검색, 뉴스 및 정보의 공유와 교환, 각종 동호회 모임 운영, 게임과 오락 등 컴퓨터와 컴퓨터 네트워크가 보여주는 다양한 사회적 기능을 각자의 목적과 용도에 맞게 즐기고 있었다. 이런 점에서 볼 때 PC 통신은 여러 측면에서 오늘날 포털과 웹, 소셜 미디어의 선구적인 모습을 보여주었다. 당시 컴퓨터 이용자들은 이와 같은 BBS에 폭발적으로 반응하였고 90년대 중반 인터넷이 상용화된 이후에도 BBS는 인터넷 접속을 포함한 컴퓨터 네트워커들의 커뮤니티 역할을 수행하였다. 여기에 주목한 기업들은 PC 통신 사업에 뛰어들었고, 한국의 예를 들자면 1980년대 후반에서 1990년대 후반까지 한국통신의 하이텔, 데이콤의 천리안, 나우콤의 나우누리 등이 대표적인 BBS로 가동되었다. 미국 역시 마찬가지 양상을 보여주었다. 1994년 인터넷이 상용화에 들어갈 무렵 미국에서는 이미 1700만 정도의 사용자가 6만여 개의 개인 또는 중소 IT 기업들이 운영하는 사설 BBS를 이용하고 있었다.

그러나 그것이 PC 통신의 정점이었다. BBS는 개인 또는 중소규모의 기업들이 구축한 통신 시스템이기 때문에 규모나 용량이 적을 수밖에 없었다. 네트워크 역시 기존의 아날로그 전화망을 사용했기 때문에 연결이나 전송 속도도 느릴 수밖에 없었다. 물론 한국의 경우는 통신 전문 기업이 뛰어들면서 훨씬 고도화된 서비스를 제공하기도 했지만, 1994년 시작된 인터넷의 상용화, 그리고 웹의 등장과 확산은 PC 통신이 문을 닫는 결정적 계기가 되었다. 상용화 이후 등장한 저렴한 가격의 인터넷 접속 서비스, 또 웹이 확대되면서 사용하기 쉽고 내용도 훨씬 다채로우며 연결의 범위도 지구적으로 확장되는 인터넷을 PC 통신이 대적할수는 없었다. 사람들은 이제 인터넷과 웹의 마당으로 이동하고 있었다.

고퍼 – 웹 이전의 인터넷

1990년대 초중반에 인터넷은 두 가지 커다란 변화의 계기를 맞이하게 된다. 첫 번째는 인터넷이 대학, 정부와 같은 기관이나 조직을 넘어 일반에 공개되면서 상용화된 것, 두 번째는 그 무렵 웹이 만들어지고 폭발적으로 수용된 것, 이 두 계기는 환골탈태라고 할 만큼 인터넷의 성장 경과에서 가장 중요한 분기점이다. 이에 주목하여 웹을 기준으로 웹 이전의 인터넷과 웹 이후의 인터넷으로 시대를 구분하기도 한다.

이러한 변화가 도래하기 전, 그러니까 웹이 대중적으로 수용되기 전,

시기적으로는 1980년대 중반, 기술적 기반을 구축한 인터넷은 아직 연구자들과 군사용 수준에 머물러 있었다. 그리고 주로 문서 형식의 학술 자료를 상호 교환하는 용도로 활용되고 있었다. 다른 한편으론 이용자들이 스스로 구축한 PC 통신이 크게 성장하는 중이었다. 이제 빠르게 성장하는 인터넷을 앞으로 어떻게 더 발전시킬 것인가, 또 인터넷을 일반에게 언제, 어떻게 공개할 것인가 등의 논의들이 연구소, 대학, 정부기관 등을 중심으로 본격적으로 시작되고 있었다. 핵심적인 문제는 '어떤 형태의 인터넷으로 만들어 발전시킬 것인가?'였다.

그 무렵 웹에 관한 아이디어도 제시되었으나, 같은 시기에 또 다른 아이디어로 등장한 것이 바로 아래 사진에서 보는 것과 같은 '고퍼 gopher'[88]라는 프로그램이었다. 고퍼는 메뉴 형식으로 구성되어 있어 누구나 직관적으로 이해하기 쉬운 자료 검색 시스템이었다. 웹 보다 훨씬 이해하기 쉬웠다. 각 주제와 관련된 문서 자료의 디렉터리, 이와 같은 디렉터리를 갖춘 다른 컴퓨터 서버의 링크 주소록 등을 포함한 것으로, 고퍼 인터넷은 바로 전자 도서관이었다. 연구 자료나 학술적 정보 등을 연결해 참조하고 공유할 수 있게 해주는 자료 포털이었다. 그 즈음까지 인터넷이 가진 본래적 성격에 가장 적합한 형태의 것이었다.

웹 이전 고퍼 인터넷 페이지의 모습

---

88 '고퍼(gopher)'는 본래 다람쥐를 뜻한다. 특히 땅굴을 파는 능력이 뛰어난 다람쥐인데 인터넷을 통한 자료 검색이 그러한 행동과 유사하다는 의미에서 붙여진 이름이다.

PC 통신이 컴퓨터에 관심을 가진 아마추어나 전문가 등의 사회적 취미활동 성격의 것이었다면, 고퍼는 전자 도서관 성격의 것이었다. 미국 미네소타대학의 컴퓨터 연구자들이 만든 고퍼 시스템은 웹이 막 시작되던 1992년, 1993년 무렵 대학을 중심으로 빠르고 넓게 확산되었다. 당시에는 웹보다 오히려 더 대중적이었다. 그러나 고퍼가 전진할 수 있는 길은 거기까지였다, 고퍼는 자료에 접속할 수는 있었지만 자료와 자료를 연결해주는 정보 검색과 상호 참조의 기능은 가지고 있지 못했다. 그게 결정적인 이유였다. 1993년 웹은 그 전년보다 무려 3천배 이상 늘어났다. 핵심은 '하이퍼'라는 연결 방식이었다. 고퍼나 PC 통신은 웹이 가지고 있는 유연함에 막혀 더 이상 나아가지 못하였다.

7-2. 웹과 웹의 진화
—인터넷의 분기점

웹은 인터넷을 그 이전과 이후로 나누는 분기점이다. 인터넷 발전에 커다란 획을 그은 존재이다. 웹이 중요한 이유는 이것이 오늘날 거의 모든 미디어를 흡수하는 거대 플랫폼으로 성장했기 때문이다. 그러나 웹의 시작은 의외로 소박하다. 웹은 1989년 스위스에 위치한 유럽 핵물리학연구소(CERN)의 영국 과학자 T. 버너스 리가 연구소 내부와 전 세계 과학자들 간의 연구 자료 공유를 목적으로 만든 컴퓨터 데이터의 네트워킹 프로그램이다. 그런 취지에서 버너스 리는 몇 가지 후보로 생각했던 이름 – '정보망(information mesh)', '정보광산(information mine)' 등과 같은– 대신 알기 쉽게 '월드와이드웹 world wide web'이라 불렀다.

버너스 리 첫번째 웹 페이지 사진 모음

웹을 통한 정보와 지식의 공유, 즉 상호 참조와 연결은 컴퓨터 데이터의 즉각적인 확인과 공유, 그리고 교환을 의미한다. 그러기 위해 웹은 먼저 데이터 작성 시 통일된 표준 언어를 사용하면서 시작한다. 데이터 작성에서 html(hyper text markup language), 즉 '마크업'이라는 컴퓨터 언어를 사용해 데이터(예: 문서)를 구조적으로 질서 있게 작성하고 데이터와 데이터를 연결하는 경로는 하이퍼링크hyperlink로, 그 연결을 실행하는 방식으로 하이퍼 트랜스미션 hyper transmission'이라는 프로토콜을 사용한다. 여기서 '하이퍼hyper'란

미디어 발명의 사회사

몇 가지 뜻이 있지만 본래 '무엇을 넘어서'라는 의미이다. 유추하면 현재의 페이지를 넘어 다른 페이지로 바로 건너갈 수 있는 웹의 연결을 상징하는 뜻으로 차용한 것이라 할 수 있다.

한편 웹은 그 내용과 기능, 성격의 측면에서 만들어진 이후 대략 세 차례 정도의 변화를 겪게 된다. 초기의 웹을 웹 1.0, 그 이후는 2.0, 그 다음 세대는 3.0, 이런 이름으로 구분하는데, 이러한 진화의 과정은 소프트웨어로서의 웹을 이용해 다양한 기능을 발휘하는 앱(application)-요즘 흔히 '어플'이라 부르는-이 개발되면서 시작되었다. 곧 웹을 프로그램이 작동하는 환경이나 플랫폼으로 간주하고 그 위에서 구동되는 각종 소프트웨어들이 개발되면서 웹의 진화가 본격화된 것이다. 웹 1.0, 2.0, 3.0 등은 각각 1990년대 초창기, 1990년대 후반부터 2000년대까지, 그리고 2000년대 중후반 이후로 구분할 수 있으나 이러한 시기적 구분보다는 각각이 품고 있는 서로 다른 의미와 그 차이에 훨씬 큰 함의가 있다.

먼저 웹 1.0은 읽는 웹, 즉 이용자들이 웹 사이트 제공자의 페이지(데이터)를 읽기만 할 수 있는 정보전달형 웹을 일컫는다. 약간의 상호작용이 가능하지만(예: 물품 구매 주문 등) 전체적으로는 일방향적 커뮤니케이션 구조의 웹이다. 이런 점에서 초창기부터 시작된 웹 1.0이 지금이라고 사라진 것은 아니며, 많은 경우 웹 1.0은 여전히 넓게 사용된다. 이에 반해 웹 2.0는 쌍방향 커뮤니케이션 구조의 웹을 지칭한다. '읽고 쓰는 웹'이라는 말도 있듯이, 웹 이용자들이 데이터 작성에 직접 참여하며 참여한 사람들 간의 상호 소통도 가능한 구조이다. 위키피디아 같은 웹 2.0의 선구적 형태를 포함해 오늘날을 풍미하는 유튜브나 페이스북 같은 각종 소셜 미디어가 여기에 해당한다. 중요한 것은 이용자들의 참여가 없다면 웹 2.0은 애초에 성립 불가능한 구조라는 점이다.

한편 웹 3.0은 현재 진행되고 있는 웹의 변화 현상, 또는 웹의 발전 방향을 지칭하는 용어인데 아직 분명하게 그 실체가 정립되어 있는 것은 아니다. 웹 3.0의 가장 대표적인 사례로 거론되는 '시맨틱 웹semantic web'은 아직 구현되고 있지 않은 상태이다. 유의해야 할 것은 시맨틱 웹이 등장하는 배경과 문제의식이다. 시맨틱 웹은 인터넷 공간에 넘쳐나는 정보의 홍수 문제에서 시작된다. 사용자들이 익히 경험하듯 지금처럼 검색어에 기초한 기계적 정보 검색은 정보 과잉의 문제를 낳기 때문에 원하는 검색 결과를 찾기 매우 불편하고 어렵다. 이의 해결 방안으로 제시되는 것이 시맨틱 웹이다. 즉 검색어에 검색의 맥락과 의미, 사용자의 의도 등을 결합하여 구현하는 해결책으로 고안되고 있다. 이런 점에서 개별 사용자의 취향이나 선호도를 감안하여 검색 결과들을 보여주는 서비스는 아주 초보적인 형태지만 시맨틱 웹의 사례가 될 수 있을 것이다.

하이퍼의 기원

종합하면 웹은 일종의 소프트웨어로 지식과 정보의 저작 도구이자, 상호 연결 도구이며 동시에 공유와 교환의 도구이다. 곳곳에 저장되어 있는 데이터를 클릭과 링크라는 간편한 방식으로 공유할 수 있게 만든 웹은 미디어 플랫폼으로서의 인터넷을 더 높은 단계로 도약시키는 가장 큰 디딤돌이 되었다. 한편 사용자에게 제공되는 편의라는 측면에서도 웹은 컴퓨터가 가진 잠재적 가능성을 최대한 활용하는 플랫폼이자 애플리케이션으로, 또한 인터넷은 웹과 결합됨으로써 비로소 오늘날과 같은 범용 미디어로 성장할 수 있었다.

여기서 가장 중요한 개념이자 실제적인 기능이 '하이퍼hyper'이다. 하이퍼는 데이터와 데이터를 연결한다는 ―가장 대표적인 방식이 오늘날의

'클릭 앤 링크click and link'인데─ 개념과 방식을 구현한 기술의 이름이다. 하이퍼가 아니었다면 웹은 컴퓨터 사용자가 작성해 여기저기에 저장해 둔 컴퓨터 문서들에 불과했을 뿐이고 인터넷은 거대한 파일을 집적해 놓은 데이터 창고에 지나지 않았을 것이다. 흩어진 문서나 데이터 창고 그 자체로는 무용지물이다. 더 극단적으로 그러한 웹과 인터넷은 무용지물이다. 이런 점에서 웹과 웹의 연결을 가능하게 하면서, 오늘날의 인터넷을 인터넷답게 만든 하이퍼의 중요성은 결코 간과할 수 없는 핵심 중의 핵심이다.

하이퍼는 버너스 리가 웹을 설계하면서 처음으로 만든 것은 아니다. 물론 컴퓨터 네트워크 상에서 실제 구현되는 하이퍼 프로토콜은 그의 작품이지만 적어도 용어나 개념 자체는 이미 오랜 역사적 기원을 가지고 있다. 우선 하이퍼, 즉 데이터와 데이터를 연결한다는 것은 정보 검색의 차원에서 보면 정보의 공유, 즉 정보의 상호 확인 또는 상호 참조를 의미한다. 마우스를 이용하거나 키보드를 조작하는 방식으로 이런 개념을 실행할 수 있도록 만들어진 데이터를 '하이퍼 텍스트'라 부르는데, 책이나 논문을 읽다 필요한 자료, 공유하고픈 자료, 참조하고픈 자료, 관심을 불러일으키는 자료 등을 그 자리에서 바로 연결·확인·참조하는 것을 말한다. 하이퍼가 없다면 사용자는 책이나 논문의 참고문헌 목록을 따라 처음부터 다시 찾아나서는 물리적 수고와 시간을 투자해야 할 것이다. 더 나아가 본문에는 언급되어 있지만 문헌 목록에 없다면 그것은 사실상 자료 정보의 실종 상태를 뜻한다. 인터넷 이전, 온갖 종류의 색인 카드를 이용하여 자료를 찾았던 도서관을 상상해 보면 쉽게 그 상황을 이해할 수 있다. 책이나 논문의 숫자가 적다면 별 문제가 아니지만, 정보의 홍수 시대에 그것은 견딜 수 없는 딜레마의 상황이다. 대규모의 자원을 투자해 생산된 엄청난 분량의 정보와 지식을 제대로 찾아 활용할 수 없다면 그것은 거대한 사회적 낭비이다.

사실 어떻게 쉽고 편리하게 정보를 찾을까 하는 문제는 발행되는 책의 종류와 부수가 늘어나면서 대두된, 아주 오래된 사회적 과제이다. 오늘날 도서관에서 사용하고 있는 '듀이 십진분류법'은 학문 주제별로 번호를 부가하여 도서를 정리하고 검색카드를 만듦으로써, 차고 넘치는 정보를 적절히 체계화해 사용자들이 보다 쉽고 편리하게 활용하도록 한 것이다.[89]

V. 부쉬의 질문과 메멕스

간단히 말해 하이퍼는 정보의 검색과 이용 방법을 기계화, 자동화한 것이다. 효과적인 정보 이용법을 기계화, 자동화 차원에서 접근한 가장 중요한 인물은 과학 연구 행정가로 널리 알려진 V. 부쉬(1890-1974)라는 미국의 전기공학자이다. 2차 대전 중 미 국방성 내의 과학 연구개발국(OSRD;Office of Scientific Research and Development) 책임자로 일하면서 그는 당시 일반 군사무기 연구는 물론 '맨해튼 프로젝트'로 널리 알려진 핵폭탄 개발 제조 계획의 초기 단계를 지휘하였던 인물이다.

대전이 종료되던 1945년 7월, 부쉬는 미국의 월간 시사교양 잡지인 『애틀랜틱』에 「사람이 생각하는 것처럼(As we may think)」라는 제목

---

89 이 체계는 1876년 미국의 M. 듀이라는 도서관 사서가 만들었다. 예를 들어 000번대의 책은 특정 학문 분야나 주제에 속하지 않는 책을, 100번대는 철학, 200번대는 신학, 분류번호 300은 사회학, 400은 언어학, 500은 자연과학, 600은 기술, 700은 예술, 800은 문학, 그리고 900은 역사분야. 그런데 이와 같은 구분 방식보다 번호의 순서를 정한 논리가 더욱 흥미롭다. 000을 일반분류의 번호로 정한 이유는 특정 질서가 없는 혼돈이 세계의 출발이기 때문에 특정 분야에 속하지 않는 것들에게 부여하고, 그 다음 혼돈에서 질서를 찾기 위한 인간의 노력이 철학이라는 점에서 100번을 철학에, 200번은 유한한 인간이 절대적 존재인 신을 찾아 나선다는 뜻에서 종교를, 사회학은 300번인데 인간이 사회를 형성하고 운영하는 지식을 담았다는 점에서, 그리고 400번은 인간과 사회가 소통하는 데 필수적인 도구가 언어라는 점에서 언어학, 인간을 둘러싼 자연에 대한 지식인 자연과학은 500, 거기에서 발전된 기술에 대해서는 600, 그리고 700은 인간 삶을 윤택하게 하는 예술 분야를, 문학은 인간의 영혼을 풍요롭게 만드는 것이라는 점에서 800을, 그리고 마지막 900은 이 모든 분야를 망라하는 기록이라는 취지에서 역사에 부여하였다. 이 도서 분류체계는 상황과 필요에 따라 나라별로 약간의 차이는 있지만 여전히 전 세계에서 가장 널리 쓰이는 기본 체계이다.

의 글을 기고하였다.(옆 사진 참조) 이 글에서 그가 던진 질문은 '지금까지 인류가 생산한 그 엄청난 분량의 기록(record), 즉 지식과 정보를 어떻게 해야 효과적으로 활용할 수 있을 것인가?'였다. 차고 넘치는 정보더미 속에서 전문가조차도 자기 분야

1945년 7월 『애틀랜틱』지에 기고한 부쉬의 글

의 연구논문이나 자료를 제대로 찾아 읽기 어렵다면, 그것은 전문가만의 문제가 아니라 사회적 문제라고 생각했다. 정보 홍수 자체가 문제라기보다, 생산되는 정보를 효율적으로 활용할 방법이 없다는 것이 더 큰 문제라고 지적한 것이다.

이 글에서 부쉬는 정보 홍수 상황을 극복할 수 있는 해결책으로 자신이 '메멕스(Memex; memory extender)'-우리말로 번역하면 '기억 확장기'-라 명명한 정보 검색 및 활용 시스템의 기본 구상을 제시한다.(다음 쪽 그림 참조) 실제로 만들어지지는 않았지만 메멕스의 핵심은 첫째, 정보 저장 매체인 마이크로필름, 둘째, 마이크로필름 자료를 검색하는 인덱스 키패드, 셋째, 모니터, 넷째, 사용자 작업 저장장치(예: 카메라) 등이다. 인덱스 표 번호의 키패드를 눌러 필요한 자료를 모니터로 불러 오고, 기존의 자료에 사용자가 추가한 작업 내용을 카메라로 촬영해 별도의 마이크로필름으로 저장하고, 여기에 인덱스 번호를 부여하여 나중에 필요한 경우 다시 검색할 수 있도록 한다는 것이었다. 이렇게 따로따로 존재하였던 정보와 정보를 엮어 새로운 정보를 만들고 그것을 저장하여 추후 재활용하도록 한다는 의미에서 부쉬는 이 기기에 '기억 확장기'라는 이름을 붙였다.

부쉬와 메멕스 개념도

여기서 중요한 것은 메멕스의 기계적 작동 자체보다 정보 활용을 자동화하기 위해 그가 차용한 아이디어이다. 그 아이디어의 핵심은 사람의 연상 작용이다. 사람이 생각한다는 것은 연상 작용의 연속이다. 하나의 아이디어는 다음 아이디어로, 또는 전혀 다른 아이디어로 마치 길이 이어지듯 ―그는 이것을 '연상의 길(associative trails)'라고 불렀다.― 자연스럽게 연결된다. 이것이 그물망 같은 구조를 가진 뇌가 생각하고 작동하는 방식이다. 뇌가 작동하듯이 ―그의 글 제목처럼 '사람이 생각하는 것처럼'― 정보와 정보를 자동으로 연결하는 기계를 만들자는 것이 부쉬가 생각한 메멕스 설계의 핵심 아이디어였다. 이와 같은 아이디어는 1960년대에 이르러 T. 넬슨과 D. 잉글버트 같은 컴퓨터 전문가들에 의해 '하이퍼 텍스트'로 ―이는 1963년 넬슨이 만든 용어이기도 하다― 만들어졌고[90], 다시 1980년대 후반 버너스 리의 '웹'으로 이어졌다. 오늘날의 인터넷과 웹은 이처럼 오랜 과정을 거쳐, 하이퍼 텍스트와 하이퍼 링크라는 기술을 완성해 사람이 사고하고 추론하는 과정을 자동화, 기계화한 것이다.

---

90   넬슨이 '하이퍼 텍스트'라 명명한 자신의 네트워크 컴퓨팅은 개념과 설계 수준에 머물렀고, 1967년 브라운 대학에서 실제 운용 가능한 시스템으로 완성했다. 당시에는 주로 교육용으로 활용되었는데 예를 들면 문학작품 수업 중에 참조해야 할 다른 작품을 불러들이거나 연결할 때 이용하는 식이었다.

장기혁명으로서의 정보화—1970년대 정치경제적 변동의 시작

20세기 중후반부터 빠르게 진행된 컴퓨터와 네트워크의 진화, 인터넷의 확산은 흔히 '디지털 혁명'이라 부른다. 디지털 혁명은 내용적으로는 '정보 혁명'으로, 그리고 혁명의 물리적 토대를 이룬 반도체 기술에 주목해서는 '극소전자 혁명(microelectronics revolution)', 또 거시적 맥락에서는 '3차 산업혁명' 등으로 불린다. 이렇게 다양한 이름으로 불리는 것은 이들의 진화와 확산을 바라보는 다양한 관점의 반영이기도 하다. 컴퓨터와 네트워크의 진화, 인터넷의 등장과 확산의 배경에는 무엇이 있는 것일까? 또는 이러한 진화와 확산을 어떤 관점으로 설명할 수 있을까?

산업적이거나 행정적인 또는 군사적인 용도와 목적이 컴퓨터와 인터넷 발전의 가장 직접적인 동기지만, 그것이 전부는 아니며 그렇게 설명하는 것은 매우 좁은 시각이다. 이 문제와 관련하여 지금까지 제시된 설명의 틀은 연구자들에 따라 다양하고 복잡하기 때문에 정설은 없지만, 크게 두 가지 정도로 요약할 수 있다. 첫째는 산업론(industrial theory), 둘째는 체제론(regime theory)이다. 산업론은 자본주의 체제의 경제 부분에 주목하면서 20세기 중반 이후 산업과 경제의 규모가 질적, 양적으로 크게 팽창하게 되는데 이를 조정·관리하기 위한 산업적, 경영적 대응이 이러한 정보기술과 그에 기초한 디지털 혁명으로 전개되었다는 주장이다. 한편 체제론은 자본주의 체제의 위기와 대응, 유지와 변화를 위한 재구조화에 주목하여 이들이 정보기술, 디지털 혁명과 어떻게 연결되는가를 설명하고 있다.[91] 산업론이 자본주의 경제체제의 통상

---

91 여기서 사용한 체제론은 자본의 축적 체제와 조절 양식을 핵심 개념으로 하는 '조절학파(Regulation School)'의 주장을 요약, 정리한 것이다.

적 운용 방식의 관점에서 정보, 디지털 혁명을 설명하고 있다면, 체제론은 자본주의 체제의 위기와 변화에 대한 비판적, 정치경제학적 관점에서 정보·디지털 혁명을 설명하고 있는 것이다.

산업론

산업론의 이론적 출발점은 항상적 팽창과 순환 시스템으로서의 자본주의 체제이다. 확대성장은 자본주의 경제체제의 기본 요건이다. 국제적인 범위에서는 물론, 국제적 범위를 감당하기 위한 국내적 범위에서의 대응 역시 반드시 수행되어야 할 과제이다. 2차 대전 이후 시장은 지구적 규모로 빠르게 확대되었고, 기업 역시 지구적 규모에서 경영 활동을 전개하고 있는 만큼, 필요한 정보(예: 다른 지역, 다른 국가, 다른 시장, 고객의 취향과 선호도, 마케팅 등과 관련한 각종 정보)가 늘어나게 되고, 정보 수집의 범위와 양이 늘어나면서 이를 송신·교환할 수 있는 물리적 기반 시설이 확장되어야 함은 물론, 이들 정보를 취합·정리·분석·판단하는 업무의 중요도 역시 높아진다. 이러한 산업과 경제의 요구를 담아내는 물리적 토대가 바로 각종의 네트워크와 컴퓨터 같은 정보 처리 시스템이라는 것이 산업론의 핵심 설명이다.

이제 자본의 축적을 위해서는 제품의 생산보다 제품의 수요와 시장에 대한 정보가 더욱 중요해졌다. 생산 현장은 보다 저렴한 비용의 지역으로 쉽게 옮길 수 있는 유동적인 것이었다. 정보 관련 업무가 경제적으로 확대되고 기업과 정부 차원에서 점차 중요도가 높아지면서, 사회 전반에도 크게 영향을 끼치게 된다. 이러한 배경에서 1960년대부터 '정보사회'라는 용어와 담론이 등장하는데, 제조업과 공장보다 이제는 정보와 지식이 부가가치를 생산하는 가장 요긴한 경제 활동이 되었다는 인식에서 비롯된 현상이다. 또 제조업의 현장이 다른 나라로 이동하고, 정보와 지식에 기초한 산업이 성장하는 사회 변화의 논의가 확장되면서 1970년대 서구 선진국에선 산업사회에서 탈산업사회로, 정보지식사회로의 전환이라는 다양한 사회적 담론이 제기되기 시작하였다. 정보사회론, 또는 탈산업사회론 같은 논의는 이런 점에서 산업론의 변형, 또는 산업론에 기초하여 당시 나타난 새로운 사회적 징후들을 설명하는 담론들이라 할 수 있다. 이러한 변화를 감당하는 물리적 토대가 곧 각종 정보 기술이라는 것이다.

체제론

산업론은 정보사회론, 탈산업사회론과 마찬가지로 다소 선형적 성격의 논의이다. 이를 테면 농경사회, 산업사회, 탈산업사회 순으로 시대의 변화가 이어진다는 담론이다. 물론 이러한 변화가 연속적인 것이냐, 단절적인 것이냐를 둘러싼 논란이 있지만 산업론은 자본주의 체제의 적응과 변화를 경제와 기술의 관점에서 설명하는 논의이기도 하다. 이 점에서 체제론은 산업론과 구별된다. 체제론은 자본주의 체제의 유지와 확산을 위한 물적 토대로서 정보통신 관련 기술이 ―그것이 네트워크든, 컴퓨터든, 인터넷이든, 이동통신이든― 발전되었다는 일반적 수준의 논의를 넘어, 자본주의 체제가 당면한 축적의 위기를 어떻게 극복했는가에 분석의 초점을 두고 정보통신 기술의 등장과 확산 문제를 이해하려는 시도이다.

체제론의 첫 번째 관심사는 1970년대 전후 서구 자본주의 체제가 당면한 위기의 분석이고, 둘째는 그 위기를 넘어서는 전략전술의 차원, 즉 자본주의 체제의 재구조화에 대한 것이다. 1970년대 서구 자본주의 체제는 30년 번영의 영광이 크고 빠르게 쇠퇴 국면으로 빠져 들어가는 시기이다. 1974년~75년의 석유 위기는 포디즘에 기초한 자본주의 축적 체제가 더 이상 작동하지 않는다는 것을 상징적으로 보여준 사태이다. 포디즘 축적 체제의 핵심은 고임금과 사회복지, 고생산성과 대량생산, 적절한 소득과 대량소비로 이어지는 선순환 구조였다. 그러나 다양한 요인들로 인해 선순환 구조의 틀이 더 이상 유지되기 어려운 환경이 된 것이다. 한편 1960년대 후반부터 미국과 유럽사회는 정치적 차원의 위기도 동시에 경험하게 된다. 기존의 사회질서나 행정 또는 사법조직의 관행, 군사안보 체제에 반항하거나 아예 다른 질서를 지향하는 운동과 행동들이 점차 확산되기 시작하였고, 더 많은 자유를 지향하는 이 움직임들은 때로 폭력적 시위와 저항의 모습으로 나타나기도 하였다. 프랑스의 '68운동' 또는 '68혁명',[92] 그리고 미국의 '베트남 반전운동'이나 '히피' 등은 새로운 가능성을 모색하는 행동들이었다.

이 지점에서 첫째, '포디즘적인 자본 축적 체제가 적합지 않다면 자본주의 정치경제 체제는 이제 어떤 방향으로 나아가야 하는가?'라는 질문을 마주하게 된다. 이 질문에 대해 체제론은 첫째, 자본 축적 전략의 변화, 둘째, 사회공학적 대응 방안 모색이라는 내용으로 설명하고 있다. 매우 복잡하고 정치한 논의들이 이어지지만 간략하게 정리하자면 축적 전략의 변화는 표준화된 대량생산, 대량소비 체제가 아닌 다품종, 소량생산, 주문생산 등을 특징으로 하는 유연 생산 체제로, 그리고 세계 시장

---

92 1968년 5월 프랑스에서 일어난 대규모의 대학생 시위와 노동자 파업사태를 일컫는 용어로 관점에 따라 '68운동', 또는 '68혁명'으로 불린다. 시작은 프랑스의 베트남 전쟁 참전에 반대하는 일군의 대학생들이 미국의 신용카드 회사인 아메리칸 익스프레스 파리 지사를 공격한 것이었다. 이후 프랑스 전역에서 엄청난 규모의 반전시위가 벌어졌고, 이에 동조하는 노동자들의 대규모 파업투쟁이 전개되었다. 이처럼 전례 없는 규모의 반체제 운동으로 이어지면서 결국 드골 대통령은 사임하게 된다. 한편 이 사태는 미국과 독일, 일본 등에까지 영향을 미쳐 베트남 전쟁 반대 운동의 세계화는 물론, 나아가 기존의 정치체제와 권력집단 전체에 대한 문제제기로 확대되었다.

을 겨냥한 생산과 특히 금융 부분의 자유화와 세계화를 기본으로 한다. 여기서 정보 부분은 유연 생산 체제와 금융 세계화를 가능하게 하는 기술적 토대인 동시에 그 자체로서 독립적인 신성장 동력으로 배치된다. 둘째, 이러한 경제 시스템의 재구조화에 발맞추어 사회와 정치를 조절하는 이데올로기적 토대로 신자유주의가 국내외적으로 널리 유포되고, 현실의 제도와 법률로서 구현된다. 체제론은 이러한 변화의 국면에서 정보통신 기술이 산업 자본주의 체제에서 정보 자본주의 체제로의 재편을 지향하는 데 필수적인 물리적 도구로 성장·육성되었다고 설명하고 있다.

산업론이든 체제론이든 가장 본질의 측면에서 이들이 지칭하고 있는 것은 J. 베니거의 용어를 빌면 '제어혁명(control revolution)'이다. 제어혁명은 우선 생산과 유통과 소비라는 경제 영역에서 빚어지는 부조화를 해소하는 기술적 해결책이 산업 전반에 가져오는 거대한 변화를 지칭한다. 제어혁명은 더 나아가 새로운 경제와 기술 발전에 사회가 적응하는 방식과 그에 관련된 사회 변화를 이끌어내는 이데올로기적 작업을 지칭하는 것이기도 하다. 20세기 중반 이후의 컴퓨터와 네트워크의 발전, 그 이후 지금까지 엄청나게 진화하고 성장해 '혁명'이라고까지 묘사되는 인터넷이 상징하는 정보통신 기술의 변화, 그 바탕에는 이처럼 경제와 정치, 사회에 나타나고 있는 이전에 없던 변화를 적절하게 관리·통제·조절, 나아가 재편성하고자 하는 기술적 제어, 경제적 제어, 사회적 제어, 정치적 제어의 기제들이 작용하고 있는 것이다.

8장

개인의 부상과 사회의 후퇴

— 모바일 미디어스케이프

'셀폰', '이동전화', '핸드폰', '휴대전화', '스마트폰' 등 여러 이름으로 불리는 모바일 미디어. 지금은 모바일 미디어의 시대이다.[93] 각국이나 지역별로 약간의 차이만 있을 뿐 모바일 미디어의 확산은 세계적 현상이다. 국제전기통신연합(ITU: International Telecommunication Union)의 통계에 따르면 이동전화 가입자 절대수는 2013년에 이미 세계 인구를 넘어섰다. 스마트폰으로 국한해도 세계 인구의 65퍼센트 정도가 사용하는 것으로 나타나고 있다. 통계는 또, 모바일 미디어 사용 여부가 소득과도 관계없다는 것을 보여주고 있다. 속도와 범위의 차원에서 지금까지 어느 미디어도 이처럼 빠르고 광범위하게 확산되지는 않았다. 기능의 측면에서도 특히 스마트폰은 지금까지 등장한 모든 미디어를 포괄하는 강력한 성능을 갖추고 있다.

　사용자 모두가 경험하고 있듯이 이제 강력한 기능을 갖춘 모바일 미디어는 편리한 휴대품이 되어 세대나 성별, 지역과 국가를 넘어 대다수

93　휴대형 미디어라면 일찍이 80년대의 워크맨, 그리고 '삐삐'라는 이름으로 알려진 90년대 초반의 비퍼(beeper), 나아가 태블릿 등까지 포괄할 수 있다. 그러나 워크맨과 삐삐는 극히 예외적인 경우를 제외하면 골동품이 되었고, 노트북이나 태블릿은 적지 않은 수요가 있지만, 스마트폰에 비교할 수는 없다. 여기서 '모바일 미디어'는 스마트폰이든 그 이전의 피쳐폰이든 이동전화를 포괄하는 용어로 사용한다.

의 사람들에게 필수적인 도구로 자리 잡았다. 세대와 관계없이 모바일 미디어 사용 시간은 빠르게 증가하고 있으며 특히 30대 이하 젊은 층으로 내려갈수록 압도적이다.[94] 또 어린이, 심지어 3~4세의 유아들에게까지도 스마트폰은 전혀 낯설지 않은 디지털 기기로 자리 잡고 있다. 한편 '휴대폰 없이 살아보기' 같은 미디어 차단 실험에 참가한 사람들은 거의 예외 없이 '휴대폰 없이 살 수 없다.'고 답하고 있다. 물론 약간의 휴지, 또는 차단의 시간은 가질 수 있지만 모바일 미디어와의 단절, 또는 부재의 상황은 상상할 수 없다는 것이다.

때문에 모바일 미디어의 확산은 통상적인 차원의 미디어 확산을 넘는 사회문화적 함의를 품고 있다. 단적으로 그것은 삶 자체의 미디어화를 상징하는 기제이다. 언제, 어디서나, 편리하게 접속할 수 있는 미디어 환경에서 착잡하게 확인하게 되는 것은 인간의 삶이 미디어화되었다고 해도 과장이 아니라는 점이다. '미디어 과잉', '미디어 무한(media unlimited)'라는 용어가 포착하고 있듯이 모바일 미디어와 관련하여 우리가 상시 목격하는 풍경은 거의 모든 사람들이 거의 모든 장소에서 스마트폰을 내려다보고 있는 모습이다. 정녕 무한한 미디어 과잉의 사회적 조건을 보여주는 징후들이다. 사회학자 김홍중이 묘사하듯 모바일 미디어 사용자들은 마치 주변과 무관한 단자들처럼 각자 유리되어 있지만, 반면 먼 곳의 누군가와는 매우 긴밀하게 연결되어 있는, 독특한 미디어 사용의 풍경—'모바일 미디어스케이프'—을 만들어 낸다. 이런 의미에서 모바일 미디어는 특정 기능을 수행하는 수동적 기기라기보다 사회

---

94 2017년 미디어 이용 행태 조사 결과, 한국의 20대 젊은이들은 하루 평균 거의 4시간 정도를 모바일 미디어에 사용하는 것으로 나타났다. 수면 시간 다음으로 가장 긴 시간을 모바일 미디어에 소비하고 있다.

적 정경까지도 변화시키는 능동적 행위자이기도 하다.

이처럼 양가적 함의를 품고 있는 모바일 미디어는 대략 1990년대 중반부터 세계적으로 확산되기 시작하였다. 오늘날을 풍미하고 있는 스마트폰은 2007년 데뷔한 아이폰부터이다. 때문에 '아이폰'을 기점으로 그 이전과 그 이후로 나눠지기도 하지만, 군이 스마트폰이 아니더라도 모바일 미디어는 시대의 대세임을 일찍부터 입증해왔다. 모바일 미디어는 1990년대 초중반에 걸쳐 아날로그에서 디지털로 전환되는 것을 계기로 폭발적으로 성장했다. 이후 2000년대 중반을 넘겨 아이폰을 필두로 한 스마트폰이 기하급수적으로 확산되면서, 모바일 미디어는 오늘날의 미디어판 전체를 사실상 평정했다. 통화 기능을 겸비한 손 안의 작은 네트워크 컴퓨터인 스마트폰이 그토록 짧은 시간에 이런 힘을 발휘하게 될 줄은 그 누구도 예측하지 못했다. 그러나 모바일 미디어 자체의 역사는 그보다 훨씬 장구하다.

모바일 미디어의 긴 역사

모바일 미디어의 연대기는 여러 기준으로 다양하게 구분할 수 있다. 우선 개념의 등장 차원에서 보자면 유선전신과 무선전신의 사례처럼, 유선전화가 점차 확산되면서 무선전화라는 아이디어가 자연스럽게 도출되었고, 그 시점은 20세기 초까지도 거슬러 올라간다. 실제로 독일에서는 이미 1930년대에 기차에서 사용할 수 있는 전화 서비스를 개발해 제공하기도 했다.

한편 이동하면서 통화할 수 있는 기기로만 따지면 1930년대 후반, 캐나다와 미국에서 만들어진 '워키토키walkie talkie'가 그 시초이다.(오른쪽 사진 참조) 워키토키는 오늘날도 양방향 무전기로 민간은 물론 경찰 등에서 여전히 사용하고 있는 무선기기이다. 초창기의 워키토키는 주로 군부대,

경찰 등에서 사용하기 시작했고, 2차 대전이 끝
나자 민간 부분에서 이에 착안한 이동전화 기기
와 서비스에 대한 연구를 시작하게 되었다. 이것
이 오늘날의 이동통신 서비스가 만들어지게 된
첫 번째 계기이다.

최초의 군사용 워키토키

　이후 일반인을 위한 모바일 미디어는 1940
년대 후반 카폰의 등장부터 본격화된다. 자동차
에 설치해 사용했기 때문에 '카폰car phone'이라
불렸던 이것은 널리 대중화되지는 않았지만 적어도 기능의 측면에서 보
자면, 이동전화다운 이동전화의 본격적 시작이라고 할 수 있다.(아래 사
진 참조) 카폰일 수밖에 없었던 이유는 송수화기는 물론이고 송수신 장
비, 그리고 안테나의 크기와 전원 문제 때문이었다. 사진에서 보듯 송수
화기가 집전화기 이상으로 컸고, 송수신기도 큰 가방 정도의 크기였기
때문에 자동차 트렁크에 비치할 수밖에 없었으며, 자동차 배터리 이외
에는 전원을 공급할 다른 대안이 없었기 때문이다.

　이후 1973년이 되어서야 비로소 이용자 휴대가 가능한, 오늘날과 같

은 의미에서의 모바일 미디어 기기가 처음 탄생했다.(오른쪽 사진참조) 사진에서 보이는 것은 물론 시제품이고 편리한 휴대가 가능한 기기와 무선 네트워크가 구축되어 실제로 이동통신 서비스가 제공되기까지는 1980년대까지 십 년 정도를 더 기다려야 했다.

최초의 이동전화기

당시 이 기기의 무게는 무려 2킬로그램이었다. 오늘날 대체로 150그램 이하인 스마트폰에 비하면 무려 열 배 이상 무거웠으니 이 전화기를 '벽돌'이라 부른 이유를 충분히 짐작할 수 있다.

한편, 서비스 기반기술의 종류로 구분하면, 휴대형 전화기가 아니라는 점에서 0세대라 불리는 카폰을 제외하고 1세대는 아날로그, 2세대는 디지털로 나뉜다. 아날로그 서비스는 대략 1980년을 전후하여 일본과 북유럽에서 처음 제공되기 시작했는데, 아날로그 시스템의 가장 큰 문제는 이용자 수가 제한되어 원활한 서비스 제공이 어렵다는 점이었다. 때문에 이 시점까지 이동전화는 특수한 용도(예: 경찰, 군사용, 업무용, 긴급연락 등) 이외에는 사실상 쓰이지 않았고, 쓸 수 있는 환경이 제대로 구축되지 않아 보급도 저조했으며 사회적인 의미나 파장도 그리 크지 않았다.

그러나 유럽의 경우 1991년, 한국의 경우는 1996년, 2세대 디지털 서비스가 개시되었다. 이를 계기로 모바일 미디어는 디지털 미디어 혁명의 한 부분으로 빠르게 발전하기 시작한다. 특히 디지털 3세대부터는 알파벳 모듬잔치처럼 혼란스러울 정도의 다양한 이동통신 기술들이 등장한다. CDMA 2000, W-CDMA, HSDPA 등이 그것이다. 3세대 서비

미디어 발명의 사회사

스는 나라별로 차이가 있지만 대략 2000년 초부터 중후반 사이에 개시되었다. 지금은 여기서 한 단계 더 진전하여 4세대 LTE 서비스가 시작되었고, 한국을 기준으로 LTE 서비스는 2012년부터 제공되었으며, 다른 나라들도 거의 비슷한 시기에 4세대 서비스를 도입하였다.

이렇게 보면 모바일 미디어는 개념으로부터 실제 서비스에 이르기까지 대략 80년 정도의 제법 긴 역사를 가진 매체이다. 그러나 사용하기 편리하면서 널리 보편화된 미디어로 자리 잡은 것은 1990년대 디지털 전환 이후의 일이고, 이를 기준으로 하면 우리에게 익숙한 모바일 미디어의 역사는 불과 30년 정도라고 할 수 있다. 이 30년 동안 모바일 미디어의 확산은 물론, 관련 기술 역시 기하급수적 도약이라고 밖에 표현할 수 없을 정도로 엄청난 진전을 이룩하였다. 아래의 사진은 약간 희화화된 느낌을 주기도 하지만, 첫 휴대전화기부터 스마트폰에 이르기까지 모바일 미디어가 이룩한 비약적 발전상을 한 눈에 비교하여 보여주고 있다.

이통 시스템 구조

앞서 '알파벳 모듬잔치'라는 표현을 썼지만, 디지털 모바일 미디어의 기술은 이름이 다르듯 서로 다르다. 예를 들면 2세대 디지털 모바일 미디어의 경우, 발상지를 기준으로 미국과 유럽 방식으로 구별된다. 유럽식은 통칭 'GSM(Global System for Mobile Communications)', 미국식은 'CDMA(Code Division Multiple Access)'라 불리는데, GSM은 유럽 각국이 협력하여 공통의 디지털 이동통신 기술기준을 만든 것이고, CDMA는 퀄컴이 개발한 기술을 한국이 상용화에 성공하면서 미국에서도 2세대 서비스 명칭으로 굳어졌다. 그러나 3세대를 넘어, 오늘날의 4세대 'LTE(Long Term Evolution)' 방식에 이르면 사실상 통합된 형국이어서 더 이상 구별에 의미를 둘 필요는 없다.

한정된 전파자원의 활용과 전파의 송수신 방식에서 서로 다른 기술을 사용하고는 있지만, 기본적으로 이동통신 서비스 구조 자체는 세대와 무관하게 동일하다. 다만 후속 세대일수록 데이터 전송 용량과 속도에서 기술 발전에 힘입어 크게 증가하게 된다. 이동통신 시스템 구축에 요구되는 핵심적 기술요소는 대략 세 가지로 추려볼 수 있다. 첫째는, 송수신 단말기 부분, 둘째는 네트워크 연결 부분, 셋째는 전파 부분이다. 이 세 가지 과제가 일정 수준 이상으로 갖추어져야 모바일 미디어로서 제 기능을 발휘하게 되고 이동통신 시스템 역시 제 역할을 수행하게 된다.

우선 송수신 단말기와 관련해 최초의 기기가 '벽돌폰'이라는 별명으로 불렸던 것처럼 클 수밖에 없었던 가장 큰 이유는 배터리 때문이었다. 벽돌폰의 크기 중 약 70퍼센트 정도를 차지하는 것이 배터리였고, 지금과 같은 스마트폰 시대에도 가장 크기가 큰 단말기 부품은 아직도 배터리이다. 사실 소형이면서 가볍고, 동시에 고성능인 배터리 제조기술은 여전히 커다란 과제이다. 한편 송수신 단말기는 간편하고 휴대에 적절한 크기와 무게라는 기본적 제약 요소를 품고 있기 때문에 이에 맞는 기기를 설계·제조한다는 것은 상당한 기술력이 요구되는 작업이다. 배터리 이외에도 단말기에 필요한 각종 칩(예: 메모리, 베이스밴드, 신호변환 장치, 무선신호 송수신 무선주파수 RF 칩 등), 마이크와 스피커, 안테나, 카메라와 플래쉬, 각종 스위치와 조절장치(예: 전원, 볼륨, 화면밝기 등)의 제조에는 극소전자기술은 물론, 소재 가공에 요구되는 정밀기술, 화학기술[95] 등까지 적절한 수준으로 발전해야 하기 때문이다.

둘째, 네트워크 연결 부분은 기기와 기기를 연결해 주는 교환의 기능을 담당하는 영역으로 이동통신 서비스를 제공하는 데 가장 요긴한 물리적 바탕이다. 네트워크 연결 부분의 대명사는 기지국인데 용도와 기능에 따라 규모와 시설에 차이가 있지만 기본적으로는 안테나와 중계기, 그리고 음성과 데이터 부분을 담당하는 교환기 등이 핵심 장비로 구성되며 여기에 전원장치와 정류기, 그리고 각종 장비의 성능을 유지하는 데 필수적인 냉난방 장치 등이 부가된다. 통신과 관계없는 냉난방 장치들이 필요한 이유는 기지국의 전자장비들이 습도와 온도에 민감하여 자칫 오작동을 일으키기 때문이다.

첫 번째 송수신 단말기, 그리고 두 번째 기지국으로 대변되는 네트워크 연결 부분은 세 번째 과제인 한정된 전파자원 문제에 비해 상대적으로 쉬운 과제라고도 할 수 있다. 기기나 기지국의 문제는 관련 장비

---

95 화학적 기술이란 예를 들어 플라즈마를 이용하여 모바일 미디어의 칩을 제작하는 경우를 들 수 있다. 워낙 극소형이고 정밀한 회로기판이기 때문에 기계적 방식으로 칩을 만드는 것은 사실상 불가능하다. 때문에 '플라즈마'라는 일종의 기체를 불어넣는 방식으로 칩 제조에 요구되는 기계적 절삭이나 천공의 기능을 수행하는 것이다.

의 설계와 제조 능력에 따라 해결할 수 있는 것이기 때문이다. 그러나 한정되어 있는 전파자원은 물리적 능력으로만 해결할 수 있는 문제가 아니다.

전파자원의 문제

전파는 유한한 자원이다. 이론적으로 전파가 유한하다고 할 수는 없다. 전자기파의 범위는 매우 낮은 저주파부터 매우 높은 X선, 그 이상의 감마선까지 엄청나게 넓기 때문이다.(아래 표 참조) 그러나 이 모든 전파를 모두 사용할 수 있는 것은 아니다. 각 주파수 대역별로 특성이 있기 때문에 미디어 용도로 사용할 수 있는 것은 이중 일부에 지나지 않는다. 또 사용 가능한 전파를 모두 하나의 용도로만 쓸 수 있는 것이 아니기 때문에 각각의 용도에 따라 —예를 들어 방송용, 통신용, 민간용, 군용, 경찰, 비상시 예비용 등— 배정하고 나면 가용할 수 있는 전파자원은 더욱 줄어들게 된다. 나아가 전파는 주파수 대역에 따라 서로 다른 특성을 가지고 있기 때문에 그에 따라 배정할 수밖에 없고, 때문에 자원은 더욱 줄어들게 된다.

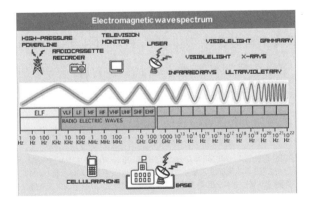

미디어 발명의 사회사

그림에 표시되어 있듯 라디오, 텔레비전, 이동전화, 위성 등 미디어 용으로 쓸 수 있는 전파는 중파(MF)나 초단파(VHF), 극초단파(UHF), 마이크로파 일부 정도이다. 이와 같은 무선전파가 얼마나 한정적인 자원인지를 쉬운 예로 설명할 수 있다. 전파의 특성상 이동통신용으로 가장 적절한 주파수 대역은 극초단파(UHF: Ultra High Frequency) 부분이다.[96] 즉, 300Mhz~3000Mhz(3Ghz) 대역의 전파로 이용 가능한 전체 전파의 대역폭은 3000 - 300=2700Mhz이다. 극초단파는 특성상 이동통신과 디지털 방송용으로 가장 적합해 세계적으로도 가장 이용률이 높은 전파이다.

이 대역을 모두 이동통신 용도로 사용한다 가정하고 계산해 보면 전파가 얼마나 희소한 자원인가를 실감할 수 있다. 사람의 음성을 전화로 제대로 전달하기 위해서는 대략 300Hz~3400Hz(3.4 Khz)의 전파대역이 필요하다. 그렇다면 지금 2700Mhz 전부를 음성통화용으로 배정한다 해도 2700×백만hz÷3400hz=794,117 정도, 즉 아무리 높여 잡아도 80만개의 음성통화 서비스만 가능하다는 의미이다. 2017년 한국의 LTE 가입자는 중복 가입자를 포함해 5천만 명이 넘는다. 아무리 많은 무선전파를 동원한다 해도 5천만 가입자에게 음성통화마저 제대로 제공할 수 없는 수준이다. 지금 스마트폰은 컴퓨터이다. 음성통화는 일종의 부가기능 정도이고 온갖 종류의 데이터 서비스가 차고 넘친다. 이 엄

---

96 한편, 방송용으로는 30Mhz~300Mhz 사이의 초단파가 가장 널리 쓰인다. 각국별로 주파수 대역 배치는 다르지만, 한국의 경우 FM 라디오 방송은 88~108Mhz 사이, 디지털 방송 전환 이전의 지상파 텔레비전은 54~216Mhz 사이로, Ch 2, 5, 7, 9, 11, 13 등으로 이름 붙여 배정되어 있다. 예를 들어 서울의 KBS 제 1 FM은 93.1Mhz의 대역, KBS 1TV는 190~196Mhz 대역의 전파를 사용하게 된다. 지난 2012년 한국은 텔레비전 디지털 전환을 완료하면서 전파가 재배치되어 지상파 디지털 TV는 이제 극초단파 영역으로 사용 전파를 이전하였다.

청난 전파수요를 어떻게 해결할 것인가는 간단한 문제가 아니다. 한정된 전파자원의 문제는 다른 미디어도 마찬가지지만, 특히 이동통신 서비스 시스템 구축에서 가장 어렵고 오래된 과제였다.[97]

이 때 제시된 해결 방안이 자원 재사용(reuse) 아이디어였다. 아이디어는 간단해 보이지만 실제 이를 구현하는 것은 전혀 간단하지 않은 과제이다. 전파 재사용 아이디어의 기본 구조는 첫째, 이동전화 서비스 구역을 세포처럼 배열된 단위로 구획하고(오른쪽 그림 참조)[98] 둘째, 각 구역에서 사용한 전파는 간섭이나 혼신을 막기 위해 바로 인접구역에서는 사용치 않고 그 너머의 구역에서 다시 사용하며 셋째, 사용자가 하나의 구역에서 인접구역으로 이동할 때 전화 사용에 지장이나 불편함을 주지 않는 범위 내에서 자연스럽게 전파를 재배정하는 —일명 '핸드오버 handover' 또는 '핸드오프handoff'라고 부르는— 것이었다.[99] 이러한 재사용아이디어가 도면상의 생각에서 실제 기술로 구현되기까지는 무려 30년의 세월이 걸렸다.

이렇게 세포처럼 배열되어 있는 시스템 구조의 모양에서 '셀폰' 또는 '셀룰라'라는 이름이 유래되었고, 이 구조의 이동통신 네트워크는 1979

---

97   1960년대 초기 미국의 이동통신 서비스 구현과 관련, AT&T는 가입자를 4만 명 이상 받을 수 없었다. 최소한의 서비스 품질을 유지하기 위한 어쩔 수 없는 조처였다. 예를 들어 당시 뉴욕에서는 전화를 걸기 위해 평균 30분 정도나 기다려야 할 정도였다고 한다.

98   셀, 즉 서비스 구역의 크기는 위치에 따라 상이하다. 도시에서는 빌딩들이 전파 전달을 방해하면서 만들어내는 음영지역─전파가 도달하지 못하는 지역─이 많기 때문에 시골보다는 훨씬 촘촘하게 나뉘고 그에 따라 기지국의 수도 크게 늘어난다. 한편, 큰 건물의 내부 벽과 층 바닥 역시 전파 전달에 장애물로 작용하기 때문에 별도의 핌토셀(femtocell)을 ─femto는 10의 마이너스 15승을 뜻하는 덴마크어로 '아주 작은'이라는 뜻─ 구성하고 초미니 중계기를 부착하여, 대략 반경 10미터 정도의 통신 서비스를 제공한다.

99   더 쉽게 설명하면, 안테나 1개로 80만 개의 음성통화가 가능하다면, 이를 각 구간으로 나누어 구간마다 안테나를 설치하면, 안테나 수x80만 개의 통화 서비스가 가능하다는 것. 실제로는 구현이 불가능하지만 적어도 기본 개념은 이런 식으로 이해할 수 있다.

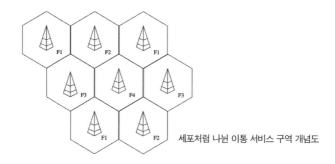

세포처럼 나뉜 이통 서비스 구역 개념도

년이 되어서야 비로소 일본에서 처음으로 구축되었다. 셀 구조에서 유추할 수 있듯이 이동통신 서비스 제공에서 가장 중요한 부분은 앞서 언급한 핸드오버, 즉 한 셀을 넘어 다른 셀로 이용자가 이동할 때 간섭현상이나 혼선을 방지하기 위해 다른 전파를 사용하게 되는데 이때 통화가 끊김 없이 자연스럽게 이어지도록 하는 것이었다. 이는 특이한 상황이 아니라 이동통신에서 가장 기본적으로 발생하는 상황이라는 점에서 가장 핵심적인 기술 과제였다. 여러 방식의 해결책이 있으나 대표적인 것은 각 서비스 구역에 가설된 기지국과 통신 단말기가 함께 사용자의 이동에 따른 단말기 신호 강도의 변화, 또 이동에 따른 새로운 전파 배정 등을 모니터링하고 서로 교신을 주고받으면서 품질의 악화 없이 자연스럽게 이어주는 방식이다. 여기서 짐작할 수 있듯 이동통신 시스템은 기기와 시스템 간의 신속한 접속 및 전파의 세기에 따른 연결 상태의 조정과 재배치 등과 같은 매우 복잡한 작업을 무리 없이 정교하게 수행할 수 있는 첨단 전자기술력의 산물이다.

스마트폰의 충격

비교적 짧은 시간 안에 이루어진 모바일 미디어의 세대별 기술 진화의 핵심은 데이터 전송 용량과 전송 속도의 증가이다. 이는 기술 내부의 공학적 논리의 산물이라기보다, 빠르게 늘어나는 가입자의 숫자와 함께 더 중요하게는 사용자들의 커뮤니케이션 요구가 다양한 방향에서 폭발적으로 제기된 결과이다. 물론 서비스 제공 기업들의 사업과 서비스 전략도 동일한 비중으로 작용한 것이지만, 기본적으로는 아래로부터의 요구라고 하는 것이 사태의 진실에 더욱 가깝다. 그리고 이 요구를 그 어느 기기보다 제대로 받아 안은 것이 바로 스마트폰이다.

스마트폰은 기존의 모바일 미디어 환경을 뿌리로부터 흔들어 놓았다는 평가를 받고 있다. 이통 산업, 이통 서비스, 이통 사용 방식 등 이동통신과 관련한 문화 전체를 바꾸어 놓은 것이다. 무엇보다 모바일 기기에서 인터넷을 인터넷답게 PC처럼 사용할 수 있었던 것은 사용자들에게 이전에 없던 사용경험을 제공해 주었다. 이동 중에도 노트북보다 훨씬 편리하게 마치 데스크톱 컴퓨터를 활용하는 것과 같은 환경이 만들어졌다. 또한 다양한 앱을 구동할 수 있게 된 것 역시 기기의 사용성을 최대화한다. 사용자는 물론 프로그램 개발자들에게도 스마트폰은 새로운 플랫폼이었다. 기능적 요소에 더해 통신사 중심의 수직적이고 폐쇄적인 기왕의 서비스 체제가 붕괴하면서 전혀 다른 서비스 산업이 성장하는 토대가 열렸다. 압도적 사용성을 가진 스마트폰은 미디어 이용 측면만 아니라 개인도 집단도, 사적인 차원의 행동부터 공적인 차원의 조직과 운영 방식까지도 크게 바꾸어 놓았다.

본래 모바일 미디어는 전화의 개념에서 벗어나지 않았다. 그러나 2007년 아이폰을 필두로 한 스마트폰은 모바일 미디어를 컴퓨터 개념으로 접근했다. 음성통화가 전화의 기본이었던 시대에서 이제 음성통화는 모바일 기기가 가진 여러 많은 부가기능 중 하나로 격하되었다. 순전히 기능의 차원에서 정의하면 통화도 가능한 휴대용 네트워크 컴퓨터, 그것이 스마트폰이다. 그리고 휴대용 컴퓨터라 해서 사양이 축소된 것이 아니라 엄청난 성능을 보유하고 있다. 흔한 비유지만 스마트폰 컴퓨터는 2014년 미 항공우주국 나사가 발사한 화성 탐사 우주선의 컴퓨터보다 훨씬 강력한 성능과 사양을 가지고 있다. 한편 흥미로운 것은 어디에서 '스마트폰'이라는 용어가 시작됐는지 불분명하다는 점이다. 2000년대 초반 마이크로소프트에서 휴대용 전화기를 '스마트폰'이라 부른 것이 시작이라는 설도 있고, 그보다 앞서 1990년대 중반 노키아와 모토로라, 프랑스 알카텔이 공동으로 컴퓨터와 휴대폰을 융합한 신제품 개발에 나섰는데 그때 처음 '스마트폰'이라는 명칭을 붙였다는 주장도 있다.

어느 쪽이 되었든 스마트폰 시대를 연 것은 애플의 아이폰이다. 미국의 시사주간지 『타임』은 1월에 시제품이 공개되고 그해 6월 시장에 출시된 아이폰을 2007년 '올해 최고의 발명품'으로 선정, 발표했다.(아래 사진 참조) 이때 심사목록에 함께 오른 제품들 중에는 친환경 자동차, 휴머노이드 로봇도 포함되어 있었다. 타임은 아이폰 선정 이유를 '아름다운 디자인', '촉감의 발견', '기기가 아니라 플랫폼', '혁신의 기기', '새로운 모바일 생태계 구축' 등으로 설명하였다. 아이폰의 디자인과 촉감 또는 사용성(usability), 나아가 사용자 경험 (user experience) 등은 이미 널리 알려진 부분이기 때문에 다시 설명할 필요는 없을 것이다. 플랫폼이란 아이폰이 컴퓨터로서 각종 프로그램 소프트웨어—'앱'이라 부르는—를 저장하고 구동할 수 있으며, 혁신이란 지속적인 성능 향상, 보완, 새로운 기능이나 디자인

의 추가가 가능한 기기라는 점, 그리고 모바일 생태계의 변화란 그동안 이동통신 서비스 제공업자를 정점으로 종속적 지위에 있던 단말기 제조 부분이 완전히 자유로운 독립체로 발돋움할 수 있게 된 것, 그리고 모바일 미디어가 소프트웨어 개발자들의 플랫폼으로 개방된 것 등을 말한다. 이런 점에서 아이폰은 시스템을 개선한 보수적 발명품이 아니라 새로운 시스템을 만들어낸 급진적 혁신의 산물이다.

그러나 유의해야 할 것은 전혀 새로운 기기로 생각되는 스마트폰 역시 나름의 역사와 기록을 가지고 있다는 점이다. 추적해보면 그 첫 번째 것은 IBM이 1994년 시장에 출시한 '사이먼'이라는 이름의 개인용 통신기기(personal communicator)이다.

사이먼은 미국에서만 유통되었고 당시 900달러로 —2017년 가격으로는 1500달러— 매우 비쌌으며, 주로 업무용으로 5만대 정도가 팔린 것으로 알려졌다. 가장 크게 내세운 기능은 이메일, 일정표, 메모, 주소록 등 대체로 업무 처리에 필요한 기능들이었다. 기기의 전체 크기는 가로 폭은 스마트폰과 비슷하지만 길이가 두 배 정도 길고, 무게는 대략 세 배 정도 더 무거운 사양이었다. 흑백화면으로 터치스크린 기술을 차용했고, 입력용 스타일러스를 사용했다는 점이 눈에 띄며, 확장 슬롯이 있어 게임이나 다른 소프트웨어를 구동시킬 수도 있었던 점 역시 주목받았다. 기능의 측면, 그리고 디자인과 사용성 등의 차원에서 사이먼은 오늘날 스마트폰의 선구자임을 분명하게 보

IBM 사이먼

1993년 애플 PDA 뉴턴

여주고 있다. 한편 사이먼은 물론 90년대 노키아 등에서 만든 커뮤니케이터 전화기 역시, 1980년대 중반에 등장해 '손 안의 컴퓨터'라 불렸던 PDA(personal digital assistant)에 이동통신 기능을 추가한 것이기 때문에, PDA 역시 계열은 다르지만 오늘날 스마트폰이 있게 한 선구적 기기라고 할 수 있다.

이동성과 사인주의—모바일 미디어와 사회[100]

모바일 미디어는 컴퓨터, 인터넷과 함께 1970년대부터 본격화된 정보통신 기술 발전의 최신판이다. 지금 전개되는 4차 산업혁명 담론에서도 모바일 미디어는 중추적 위치를 차지하고 있다. 단순하게 말하면 모바일 통신 기술은 통신상의 물리적 장애를 최소화함으로써 언제 어디서나 쉽게 소통할 수 있도록 개발된 것이다. 물리적 장애란 거리를 의미하기도 하지만, 네트워크의 관점에서는 이동하는 '노드'—기기 또는 사용자를 지칭—, 즉 연결이 두절된 노드의 실종 상태도 포함된다. 노드가 이동 상태에 있을 때 사실상 실종되거나 링크가 단절되는 것을 방지하기 위한 것이 이동통신 시스템 구축의 핵심 모티프라고도 할 수 있다. 여기서 대전제는 노드가 네트워크와 상시적으로 연결되어 있어야 한다는 것이다. 이는 역으로 이동 중에도 상시적으로 연결할 수 있는 네트워크의 구축이 사회의 필수적 과제로 인식되기 시작했다는 것을 의미한다. 이런 점에서 본다면 모바일 미디어의 이동성이란 이동성을 부정하는 이동성, 즉 사용자에게 이동의 자유를 준 것이 아니라 노드가 부재상태, 또는 두

---

100   이 부분의 논의는 2002년 언론정보학보에 발표한 필자의 논문 「이동성과 사인주의—이동전화의 사회적 함의」에서 발췌 인용한 것임.

절상태, 또는 실종된 상태로 있지 않도록 촘촘한 링크에 항상 연결되어 있어야 한다는 사회적 요구를 구현한 것이다.

한편 모바일 미디어는 가장 적나라한 형태의 개인 미디어이다. 개인 미디어란 개개인의 독립적이고 자유로우며 편리한 소통 행위를 가능하게 해주는 기제를 말한다. 그러나 생각해보면 모바일 미디어는 단순히 최적화된 개인형 통신수단을 넘어, 사적 공간을 의미하는 배타적 소통 행위의 영역을 만들어 낸다는 의미에서 개인주의적, 나아가 사인주의적인 매체이다.[101] 사용자들은 모바일 미디어를 사용함으로써 주위의 환경이나 사람, 그리고 상황으로부터 벗어나고자 하거나, 주변과의 관계를 단절하는 듯한 독특한 풍경을 조성한다. 그리하여 모바일 미디어는 공공장소에서도 사용자 자신만의 공간을 만드는 일종의 차단장치로도 작용한다. 그러나 차단장치는 적어도 사용자 개인에게는 단단하지 않다. 사용자들은 개별화된 자신의 영역과 외부 세계를 자유롭게 넘나들고, 소통 행위를 임의로 조절할 수 있다. 여럿이 함께 있을 때에도 금세 혼자만의 연결, 혼자만의 소통경험을 만들어 낼 수 있는 기기가 모바일 미디어이다. 이처럼 모바일 미디어는 사용자 본인의 세계는 열어두면서, 다른 사람의 세계에 대해서는 편의적으로 여닫는 매체로 작동한다. 사용자는 여기서 '상황통제'라는 심리적 안정감까지 느낄 수 있게 된다. 이런 점에서 모바일 미디어는 사용자 개인에게 아주 요긴한 기제이며, 바로 그 때문에 모바일 미디어는 개인주의적인, 더 나아가 사인주의적 성격을 가지지 않을 수 없게 된다.

---

101   '사인주의(privatism)'는 개인주의와 비슷한 의미를 가진 용어이나 여기서는 그보다 한걸음 더 나아간 '비사회적 개인주의(asocial individualism)'이라는 부정적인 의미로 차용한 것이다.

이동성과 개인주의, 나아가 사인주의적 성격은 모바일 미디어가 드러내는 가장 커다란 두 가지 사회적 특징이라고 말할 수 있다. 문제는 이동성, 또는 사인주의적 성격을 대체로 기술이 사용자에게 제공해 주는 지극한 편리함 정도의 차원에서 이해한다는 점이다. 그러나 이동성은 이동 그 자체가 목적이 아니며 사인주의 또한 사인주의 그 자체가 목표는 아니다. 끝없이 분주하게 움직이는 이동성의 삶, 그리고 사인주의적 사회 현상에는 우리로 하여금 그렇게 생활하고 행동하며 생각하도록 요구하는 특정한 정치경제적, 사회적 조건들이 존재한다. 그러한 조건들과 기술은 상호 조응하면서 원인과 결과로 서로 순환하며 맞물리게 된다. 이것이 모바일 미디어가 만들어지고 널리 확산되는 사회적 맥락이다.

이동성의 뜻

이동성은 가장 보편적인 인간 활동의 하나로, 기본적으로 사람, 물자, 자본, 정보 등의 유동적 상황을 의미한다. 현대사회로 접어들면서 이동의 방식과 계기, 그리고 범주는 더욱 빨라지고 많아지고 넓어졌다. 교통과 통신 기술이 발달하면서 이동성의 차원이 달라진 것이다. 이는 글로벌리제이션이라는 현대 자본주의 체제의 변화와 크게 연관되어 있다. 오늘날의 지구화 현상에 유의한다면 현대사회는 곧 '이동하는 사회'라고 해도 틀리지 않다. 세계화 시대의 이동성은 원하든 아니든, 많은 사람들의 삶의 기본 형식이 되었다. 개인적 차원의 교육이든 직업이든 여행이든 이민이든, 또는 업무적 차원의 출장이든 부임이든 이동, 그것도 장거리 이동은 현대사회에서 삶의 필연적 조건이다.

사람, 물자, 자본, 정보 등의 이동성은 비단 오늘날의 현상은 아니다. 근대화의 과정은 전 세계를 효과적으로 연결하는 기술체제를 지속적으로 개발해온 과정이기도 하다. 특히 시간과 공간의 장벽을 넘어 항상 더 넓은 범위의 시장을 확보하고, 자본 축적의 기제를 건설하는 것은 팽창적 순환을 생명선으로 하는 자본주의 체제의 기본 속성이다. 각종 교통수단과 통신기술의 개발, 도입은 그것을 보여주는 증거들이다. 자본주의의 역사를 지리적 변화의 역사와 연관시켜 바라보는 이유도 여기에 있다. 교통과 통신기술은 장소와 거리의 제약으로 인해 발생하는 불필요한 마찰로부터 개인과 조직을 자유롭게 해준다. 이러한 이동의 기술체제는 생산과 분배, 그리고 소비의 과정을 가속화하고 일관된 과정 (synchronization)으로 진행되도록 조절함으로써 자본주의가 원활하게 운용되도록 해주는 물적 기반의 하나이다. 다시 말해 이동성은 가속화, 그리고 일관 과정화와 함께 자본주의 운용의 사회적, 경제적 원칙이 되는 것이다.

특히 1970년대 이후 서구 자본주의 체제는 위기에 직면하면서 지구적 범위에서 작동하는 훨씬 커다란 체제로의 재구조화를 준비하였고, 이는 80년대의 '세계화' 또는 '지구화'라는 물결로 이어졌다. 경제와 산업의 활동 영역을 지구적 범위로 상정하고, 이전의 조직화된 포드주의적 생산 및 노동체제에서 탈조직화의 방향을 취하며, 동시에 생산과 금융의 세계화 전략을 추진하기 시작하였다. 그리고 컴퓨터 및 정보기술 부분은 이와 같은 전환을 뒷받침하는 물리적 토대의 역할을 담당하는 한편, 그 자체로서 독립적 산업으로 발돋움하게 된다. 지구적 범위로 확장된 공간에서 자본의 원활한 순환과 축적을 위해 예컨대 공장의 이동, 노동의 이동, 자본의 이동 등을 무리 없이 신속하게 수행하는 것은 선결 과제가 되었다. 개인부터 집단에 이르기까지 이전보다 훨씬 가속화된 사회의 이동성은 이러한 체제 운용의 결과적 현상이다. 결국 지금 여기서의 이동성은 자연스런 현상이라기보다 자본이 자본을 둘러싸고 있는 일정한 제약을 벗어나 자유롭기 위해 의도적으로 강하게 조직한 것이라고 말할 수 있다. 이런 측면에서 사람들은 스스로 이동하는 것이 아니라, 이동하지 않을 수 없도록 강제된 것이라 해도 틀리지 않다.

정보통신 기술은 지구적 범위에서 시간적 공간적 통제와 조절을 위한 기술체제의 핵심 부분, 즉 자본주의 체제의 경제적, 사회적 과정의 이동성, 가속화, 그리고 일관성을 이루기 위한 물리적 기반 시설의 하나이다. 거시적 체제의 네트워크가 제대로 작동하려면 미세한 부분을 연결하는 최전선의 노드는 필수적이다. 또 노드와 네트워크가 상시 연결되어 있어야 비로소 체제는 신속하고 일관성 있게 움직인다. 이동전화를 '이동식 노동 수용소'라고 부르는 것은 과장이 아니다. 이런 점에서 기술적 발전의 수준과 내용도 그렇지만, 모바일 미디어는 시기적으로도 1970년대 이후 자본주의 체제의 변화를 담고 있는 기술적 산물이다.

'사인주의'의 뜻

'사인주의'란 개인들이 스스로에게 의미 있는 영역을 건설하고자 하는 행위, 사고, 그리고 욕망과 실천 행위 등을 지칭한다. 이는 개인의 일탈적 선택이 아니라 개인과 사회 간의 긴장 관계의 산물이다. 긴장 관계가 조성되는 이유에 대해 대략 두 가지 정도의 근원을 짚어볼 수 있다. 첫째는 거시적 시각에서 '근대화'라는 장구한 과정이 낳은 복잡다기한 과학기술체제, 경제와 산업의 강력한 조직, 국가와 같은 거대 관료기구의 문제이다. 이러한 공공의 영역은 개인에게 대체로 불투명하며, 이 영역이 어떻게 작동하는지 사람들은 이해하기 어렵다. 정보공개 같은 요구가 늘어나지만 거부되는 경우도 적지 않고, 설령 공개된다 하더라도 전문가가 아니면 요령부득일 경우가 적지 않다. 개인과 사회의 긴장 관계는 여기서 발생한다. 정치적, 관료적, 기술경제적 체제와 개인이 영위하는 생활 세계 간에 유기적 연관 관계가 만들어지지 않고 서로 소외되어 있는 분열 현상이 나타나는 것이다. 이 지점에서 개인들이 자신에게 의미 있는 관계를 설정하고, 존재의 의미를 찾을 수 있는 자유로운 개인의 영역을 추구하고 건설하려 노력하는 것은 자연스러운 선택이다.

둘째는, 신자유주의 이데올로기와 시대의 문제이다. 신자유주의는 이데올로기이며 동시에 제도적 틀이다. 또 정보자본주의 체제의 정치사회적 프로젝트이다. 복잡하게 말할 수도 있지만 핵심은 영국 수상 대처가 남긴 저 유명한 말 속에 담겨 있다. "사회란 없다. 존재하는 것은 개인으로서의 남자와 여자, 그리고 가족이 있을 뿐이다." 삶은 개인적 차원의 것이고, 따라서 공동체는 중요한 존재가 아니며, 공공적 참여 또는 정부의 개입 같은 것은 최소화되어야 한다는 것이 신자유주의적 사고의 핵심이다. 따라서 개인과 사회 공동의 복지라는 가치에 기초한 복지국가 시대의 정부 정책은 줄여야 하고, 경제적으로는 탈규제와 민영화 등 자유경쟁 원칙에 기초한 시장만능적 제도들이 자리 잡게 된다. 케인즈 방식의 조직 자본주의 체제가 무력해지면서 70년대 소위 '탈조직 자본주의'로 재구조화하는 정치사회적 맥락은 이렇게 만들어진다. 신자유주의적 이데올로기와 제도적 틀이 힘을 발휘하게 되면서 개인들은 점차 고립적 존재로 포위된다. 동시에 그렇기 때문에 개인들은 스스로의 삶을 개척해야 하는 능동적인 '자기 경영자'로 자리매김하게 된다. 무수한 자기계발서가 범람하는 것도 이러한 사회적 변동의 반영이다.

자본이 권력의 전면으로 나선 시대, 국가가 자본 도우미 정도로 역할이 재조정되는 시대, 노동조합은 배제와 억압의 대상이 된 시대, 개인과 사회는 분열되며, 많은 사람들에게 사회는 기댈 것 없는 어두운 곳이고, 그 어두움은 미래로까지 긴 그림자를 드리운다. 상황이 이렇다면 체제 밖에 어떤 길이 없는 한 체제 내부의 많은 개인과 집단에 가장 중요한 가치나 목표는 '경쟁력을 갖추고 어떻게든 살아남기'가 될 수밖에 없다. '어떻게든 살아남기'가 구성원들을 밀고 나가는 기본 동력일 때, 각자의 초점은 고난 받는 자들의 연대가 아니라 자신에게로 향할 수밖에 없다. '사회 같은 것은 없다.'는 신자유주의 체제의 기본 철학은 바로 이러한 인간형, 오롯이 자기를 위해 사는 지극히 사인주의적인 인간형을 요구한다. 이러한 사회적 삶의 조건 속에 놓여있는 오늘날의 사람들에게 개인적인 통제와 조정이 가능한 커뮤니케이션 행위, 그리고 그러한 행위를 통한 개인적 자유(?)의 영역을 구축하는 것은 매우 매력적인 선택이 아닐 수 없다. 모바일 미디어는 이처럼 현대인들에게 통제와 자유의 계기를 동시에 부여해주는 매우 유력한 기술로 자리 잡고 있는 것이다.

되짚어보면 이동성에는 자유로운 개인의 공간을 확보했다는 심리적 자신감도 포함되어 있으며, 또 실종의 두려움이 아니라 항상 어딘가로 이어져있다는 연결의 안정감도 있다. 한편 끊임없이 어디론가 연락을 취하는 사람들의 모습은 외로운 실존에 대한 위안을 지속적으로 확인하려는 심리의 발현이기도 하다. 그러나 이면에 존재하는 것은 신자유주의 체제가 투하하는 불안함, 그 자체이다. 지금의 개인들은 근대가 낳은 '고독한 군중'보다 훨씬 멀리 떨어져, 쫓기듯 부유하는 '외로운 개체'들이다. 그들은 오늘도 고개 숙인 채, 자신의 모바일 미디어를 놓칠 수 없다는 듯, 어디서든 단단히 붙잡고 있다. 그러나 이동의 자유가 구속인 것처럼 연결의 안정감 역시 불안하며, 화면을 응시하고 기기를 조작하는 것은 고립된 상태의 다른 표현이다. 이런 점에서 모바일 미디어는 지금의 그 어떤 미디어보다 현대사회와 그 속에서 홀로 살아가는 개인을 가장 적확하게 반영하고 있는 매체이다. 그런 점에서 앞으로의 모바일 미디어는 지금보다 더욱 강하게, 인간과 더욱 밀접하게 연결된 형태의 것으로 발전할 가능성이 매우 크다.

모바일 미디어와 정치행동

모바일 미디어에는 끊임없이 유동하는 정보 자본주의와 신자유주의 체제가 새겨져 있고, 그 체제 내에서 개인의 삶은 스스로의 책임 하에 삶을 개척해나가야 하는 자기 경영의 주체로, 끊임없이 분주하며 누군가와 소통하는 이동의 모습으로 이어진다. 거시적으로 바라볼 때 이러한 삶의 형식은 개인의 부상과 사회의 후퇴라는 양상으로 나타난다. 물론 그것이 오늘날 모바일 미디어 시대에서 확인할 수 있는 사회적 현상의 전부는 아니다. 모바일 미디어에 자본주의의 재구조화와 연관되어 있는 이동성, 그리고 공동체로서의 사회가 아니라 단자들의 집결 단위로 위축된 사회가 빚어내는 사인주의적 경향성이 짙게 배어 있는 것은 틀림없는 사실이지만, 모바일 미디어는 또, 그 정반대의 모습으로 기능하는 존재이기도 하다.

앞서 언급했듯 노드와 노드가 항상, 신속하게 연결 가능한 모바일 미디어가 바로 그 때문에 매우 단단한 조직화의 기제로 작동한다. 모바일 미디어가 의외의 지점에서 매우 큰 정치적 힘을 가지게 되는 까닭이다. 널리 알려진 '2011 아랍의 봄', 또 한국사회가 경험한 '2017 촛불혁명' 같은 것은 모바일 미디어가 가지고 있는 정치적 파장을 직관적으로 이해할 수 있는 사례들이다. 다양한 기능과 위상, 성격의 차원에서 쉽게 짐작할 수 있듯 모바일 미디어는 신속한 이슈의 파급 경로이자 매우 효과적인 선전과 여론의 전달 매체이며, 따라서 양적·질적 차원 모두에서 충분한 크기와 깊이를 공유하면서 정치적 조직화 작업을 수행할 수 있는 플랫폼이다. 이런 점에서 모바일 미디어는 그것 자체가 매우 뛰어난 공동체적 경험을 제공해줄 수 있는 집단적 성격의 소셜 미디어이다.

물론 정치행동, 사회운동의 조직화 같은 것은 모바일 미디어가 가진 기술적 역량의 소산은 아니다. 모바일 미디어는 매우 민첩하고 유능한 사회적 기능의 잠재력을 가지고 있는 것일 뿐, 그것의 활용은 사람과 조직의 역량과 판단에 달려있기 때문이다. 또 개인적이고 휘발성이 강한 모바일 미디어의 성격상, 정치행동이나 사회운동의 지속성과 단단한 조직력의 구축과 같은 문제는 모바일 미디어 자체와는 별도의 것으로 여전히 각 개인과 단체 등이 풀어야 할 과제이다. 이런 의미에서 미디어는 여전히 중립적이고, 정치행동이나 사회운동은 여전히 사람의 몫임을 확인시켜 준다.

모바일의 미래?

모바일 미디어의 기술은 아날로그 1세대부터 지금의 4세대 LTE에 이르기까지 대략 10년 정도를 주기로 발전해 왔다. 이미 스마트폰 이후의 스마트폰에 대한 이야기가 나오고 있고, 전체 시스템의 차원에서 5세대 모바일 미디어에 대한 이야기도 이미 시작되었다. 일반적인 예상은 4세대 도입 후 10여년 시점을 상정하고 있다. 이동통신의 발전사가 보여주고 있는 10년 주기의 반복이다. 그때의 5세대 모바일은 지금의 미디어 이상으로 더 커다란 사회적 시스템으로 성장할 것이다. 다음 장에서 더 자세히 논의하겠지만 단기적이든 중장기적이든 모바일 미디어가 어떤 형태로 진전할지 많은 이론들이 제기되고 있다. 그러나 어떤 양상으로 전개되든 분명한 것은 그것이 모바일뿐 아니라 미디어 전반의 미래에 대한 이야기가 되리라는 점이다. 현재 우리가 목격하듯 모든 미디어는 이제 사용자들의 손 안으로 들어와 있거나, 그 안에서 사용자 개인에 의해 조종되기 때문이다.

9장

두 개의 큰 질문

지금까지 먼 선사시대의 기호에서부터 역사시대의 문자를 첫 번째 미디어로 시작하여, 오늘날의 스마트폰까지 기술을 중심에 놓고 각 미디어의 등장과 확산에 얽힌 시대적, 사회적 맥락을 짚어보았다. 핵심 주제는 인류의 길고 긴 역사와 함께 한 미디어, 그리고 각각의 미디어와 연관되어 있는 기술과 과학, 그리고 그 미디어와 당대 사회의 배경과 역사적 맥락에 대한 이야기였다. 이제 미디어 발명의 사회사, 그 이야기의 마무리에 이르렀다. 마지막 화두로 두 가지를 선정했다. 첫 번째 주제는 미디어의 미래, 좀 더 정확히 말하면 미디어 생태계와 미디어 기기의 미래상, 그리고 두 번째 주제는 미디어와 IT 영역에서 나타나는 미국의 패권 문제이다. 책의 취지에 비추어 본다면 이 부분은 일종의 부록이다. 그러나 빠트릴 수 없이 중요한 이야기이기도 하다.

왜 미디어의 미래인가? 미디어 발명의 사회사라는 주제에 비추어볼 때 '미디어의 미래'라는 화두는 맥락이나 이유, 중요성 등에 별도의 설명이 필요치 않을 정도로 자명하다. 먼저 미디어의 미래에 대한 질문은 미디어의 역사를 탐색하는 이유와 관련이 있다. 과거를 돌아보는 이유는 현재를 이해하고 반성하며 미래를 가늠해보고, 더 나은 미래를 기획하기 위한 것이다. 지금까지 다양한 종류의 미디어와 기술과 역사를 짚어본 가장 중요한 이유 중 하나는 오늘날 미디어 환경이 어떤 과정을 거쳐 만들어진 것이며, 지금의 환경을 만드는 데 기여한 핵심 요소가 앞으로는 어떻게 달라질지, 또 어떤 요소들에 의해 어떻게 미래의 미디어 환경이 조성될 것인지를 생각해 보자는 것이다. 물론 미래는 인간이 알 수 없는 영역이다. 같은 맥락에서 과거는 우리가 바꿀 수 없는 영역이다. 알고는 있지만 바꿀 수 없는 과거에 대한 이해는 미래를 예측하고 그에 맞는 준비를 하거나, 나아가 새로운 미래를 만들어낼 지침을 제공해준다.

그러면 왜 미국인가? 미국이라는 화두를 선정한 것에 대해서는 약간의 설명이 필요하다. 앞부분에서 여러 차례 언급했듯, 19세기 이래 전기전자 미디어의 역사와 관련해 나타나는 가장 두드러진 현상 중 하나는 이들이 거의 예외 없이 미국에서 만들어졌거나, 성장했거나, 미국을 통해 세계적 범위로 확장되었다는 점이다. 유럽의 기여를 가볍게 볼 수는 없지만, 전체적으로 미국의 역할은 압도적이다. 미디어와 IT 분야에서 나타나는 미국 주도 현상은 현대로 올수록 더욱 강화되고 있으며, 굳이 전문가의 예측을 빌지 않더라도 미국의 압도적 우위 현상은 앞으로 계속될 것이다. 이런 점에서 미국에 대한 질문은 미디어 발명의 사회사가 묻고 있는 질문, 그 이후의 질문이라고도 할 수 있다. 어떤 맥락에서 미국 우위의 현상이 빚어지는지, 그리고 한국 같은 후발 국가들이 여기서 어떤 교훈을 찾아야 하는지에 대한 설명이 필요하다는 생각을 가지고 책의 말미에 두 번째 큰 질문으로 던진 것이다.

9-1. 미래의 역사
─뉴뉴 미디어 생태계와 사회

미래에 대한 질문은 늘 흥미롭다. 그러나 누구나 알고 있듯 미래는 인간 인지능력 밖의 대상이다. 미래를 알고 바꾸어 버린다면? 과거를 지우고 바꾸어 버린다면? 사람들의 상상을 끌어당기는 공상과학 소설의 주제가 되겠지만, 정해진 시간의 흐름 속에서 원인과 결과를 바꿀 수 있다면 그것 자체가 모순이다. 과거를 바꾸어 현재의 존재가 없어진다면, 미래를 바꾸었는데 정작 현재가 없어진다면? 이와 같은 모순이 그것이다. 과거는 현재의 조건이며, 현재는 그런 의미에서 미래의 조건이다. 바로 그 때문에 오히려 미래에 대한 질문은 우리의 흥미를 북돋운다. 특히 현재의 변화를 이해하기 어려울 때 미래에 대한 질문은 우리를 더더욱 초조하게 만든다.

그러나 미래가 완전히 맹목의 대상인 것만은 아니다. 현재 사회에서 나타나고 있는 일정한 경향성(tendencies)과 그 경향성을 추동하는 힘(forces)을 파악한다면 그 연장선상에서 일정 수준의 예측은 가능하다. 경향성은 사회적으로 드러나는 주요한 현상들을, 힘은 그것을 관통하고 있는 저변의 흐름 또는 현상들을 빚어내는 요인을 뜻한다. 여러 측면에서 미디어의 미래를 생각해볼 수 있지만 여기서는 첫째, 미디어 산업이 어떤 지형으로 재편성될 것인지, 둘째, 미디어 기기, 즉 미디어의 형태가 어떻게 달라질 것인지에 대해 짚어보기로 한다. 즉 현재 미디어 생태계에서 나타나고 있는 특징적 현상들과 그를 추동하고 있는 요인들을 살펴보고, 그에 기초하여 미디어 산업의 지형도와 미디어 기기의 미래 모습을 큰 틀에서 생각해보는 것이다.

거듭 말하지만, 앞으로 미디어 환경이 어떠한 양상으로 펼쳐질지 그 누구도 정확하게 예언할 수는 없다. 예언과 예측은 다르다. 여기서 말하는 미디어 환경의 미래는 예측의 수준이다. 현재까지의 변화를 이끌어 왔던, 그리고 현재 진행되는 변화를 추동하는 여러 요소들을 사회적, 물리적, 추상적 차원에서 파악해 보고, 그에 기초하여 앞으로 전개될 상황을 예측의 수준에서 짚어본 것이다. 사실 방향성 정도만 짐작해보는 예측도 얼마든지 틀릴 수 있다. 그러나 지금까지 미디어의 발전을 이끌어온 힘과 경향성 등을 근본적인 수준에서 파악할 수 있다면, 그러한 힘과 경향성이 앞으로도 여전히 일정한 작용을 할 것이라 유추해 볼 수 있다. 또 전기전자 미디어의 경우 미국의 역할이 주도적이었던 점을 감안하면, 미국에서 나타나고 있는 미디어 영역에서의 변화는 앞으로의 미디어 환경 변화를 짐작해 볼 수 있는 매우 중요한 방향타가 될 수도 있을 것이다.

요동치는 미디어 생태계

뉴미디어 시대가 열리면서 다양한 용어들이 동시에 생겨났다. '미디어 믹스', '미디어 스크램블', '미디어 컨버전스', '옴니 미디어', '미디어 빅뱅'. 이들은 표현만 다를 뿐 뉴미디어 등장으로 요동치는 오늘날의 미디어 생태계를 묘사한 용어들이다. 비교적 추상적인 이들 표현보다, 미디어 생태계의 변화를 가장 선정적으로 묘사한 제목은 '신문은 죽었다. TV도 죽었다.' 정도가 될 것이다. 그러나 사실은 신문도 TV도 죽지 않았다. 새로운 미디어들이 등장할 때마다 기존 미디어들의 대체, 또는 기존 미디어의 소멸 같은 예언들은 항상 쏟아져 나왔다. 그러나 전문가의 연구를 빌지 않더라도 기존의 미디어들이 사라지는 것이 아니라 새로운 형식으로 재매개 또는 재탄생, 재활용되고 있음은 누구나 확인할 수 있다.

그렇다고 전통 미디어들이 그 상태로 온존하는 것은 아니며, 새로운 미디어 생태계에서 크게 달라지고 있다. 형태는 여전할지라도 표현의 장르도, 표현의 경로도 바뀌고 있다. 주변을 돌아보면 소설이나 연극보다는 텔레비전 드라마나 영화가, 긴 비디오보다는 클립형 동영상들이, 그림이나 조각보다는 사진이, 고전음악보다는 상업적 대중음악이나 영화·드라마 배경음악이 더 주목받고 있다. 또 광고를 중심으로 하는 미디어의 수익모델 자체는 크게 달라지지 않았지만 콘텐츠 공급 방식부터 사회적 위상, 독자 또는 시청자들이 접속하는 방식까지 매우 크게 달라졌다. 동시에 커뮤니케이션 구조도 '일대다(point to many)' 같은 매스미디어형 구조에서 훨씬 다양한 커뮤니케이션 형식이 자리 잡았고, 동질적인 대규모 집단이 아니라 사용자 개인, 또 특성을 공유하는 미디어 이용 집단이 더욱 의미 있는 대상으로 등장하였다.

이러한 변화는 구체적으로는 인터넷, 컴퓨터, 그리고 최근의 스마트폰 등의 폭발적 확산으로부터 시작되었다. 이를 한 마디로 묶어 '디지털의 태풍'이라고 부르기도 하는데 태풍의 핵심은 첫째, 미디어의 플랫폼이 달라지고, 둘째, 콘텐츠의 형식이 달라지며, 셋째, 접속 기기와 미디어 사용 방식이 달라지는 것이다. 네트워크는 인터넷으로, 플랫폼은 웹으로, 콘텐츠는 클립 형식의 동영상 위주로, 기기는 모바일로, 사용은 언제, 어디서나, 자유자재로 이루어지고 있다. 세대별로 차이가 적지 않지만, 디지털 기기에 익숙한 세대의 범위가 비교적 폭이 넓고, 사회적·경제적으로 주도적인 세대를 기준으로 한다면 현재는 물론 앞으로 다가올 미디어 생태계 변화의 폭과 깊이는 생각보다 크다고 보아야 할 것이다.

우선 주목해야 할 것은 수익모델 부분이다. 가입료, 구독료, 사용료 등 미디어의 수익구조와 관련한 여러 모델이 있지만 광고모델은 가장 강력하다. 그것은 매스 미디어 시대에서나 지금과 같은 점차 개별적이고 개인적이며 파편적인 미디어로 변화하는 시대에도 여전하다. 그런데 광고의 모델이 달라지고 광고가 분산되고 있다. 광고의 기본 형태가 무차별적인 매스 미디어형에서 점차 효율성 높은 개인별 소구형으로 변모하고 있는 것이다. 이는 다름 아닌 컴퓨터와 인터넷의 영향이다. 결국 '매스 미디어'는 그 용어에서도, 미디어의 차원에서도, 이용자의 차원에서도, 산업적 수익모델의 차원에서도 점차 내리막길을 걷고 있다.

두 번째, 디지털 미디어 환경이 조성되면서 영상 소비 행태의 변화 역시 주목해야 할 요소 중 하나이다. 요약하면 실시간 TV 시청 습관이 사라지고 있는 것이다. 물론 세대별 차이를 감안해야 하지만 '유튜브' 또는 스트리밍 서비스를 통해 사용자들은 자기의 시간에, 자기의 장소에서, 자기의 기기를 통해 영상 콘텐츠를 접속하고 있다. '프로그램 몰아보기' 같은 소비 형태 역시 점점 익숙한 풍경이다. 이 때문에 텔레비전이라는 수상기 자체의 위치는 물론, 기존 방송의 편성이라는 개념과 실제 효과도 점차 그 가치를 잃는 중이다. 또 '시청자'라는 용어와 개념도 크게 약화되어 '이용자' 또는 '사용자'로 바뀌고 있다. 같은 맥락에서 라디오 매체도 인공지능 음성비서와 존재의 이유를 두고 각축하는 상황까지 나타난다. 미디어 사용자 본인의 선호도와 취향, 필요를 즉각적으로 충족시켜 준다는 점에서 라디오는 음성비서와 비교하기 어려운 존재가 될 수 있음은 물론이다. 물론 음성비서의 대중화가 아직 두드러진 현상은 아니지만 그것은 충분히 예상 가능한 시나리오이다.

세 번째, 인터넷과 컴퓨터와 스마트폰이 만들어내는 새로운 미디어 생태계와 관련해 가장 주목받고 있는 것은, 개인들 간의 사회적 온라인 네트워크인 '소셜 미디어social media'이다. 유튜브는 물론, 전 세계 20억 명이 넘게 사용하고 있는 미디어 '페이스북' 외에도 '트위터', '인스타그램' 등 많은 종류의 소셜 미디어들이 사람들이 열광하는 가운데 빠르게 성장하고 있다. 한국의 '싸이월드'는 이미 선사시대의 이야기처럼 들리며, '카톡' 역시 이미 새로운 것이 아니다. 매스 미디어 시대의 전달과 시청의 일방향적 미디어 개념은 하나의 방식에 지나지 않게 되었으며 이제는 전달, 시청, 공유, 교환, 창작, 배포 등 매우 다양한 접속과 이용의 방식들이 생겨나고 있다. 과거와 같은 공급자 주도가 아니라 이용자 주도의 환경이 만들어지고 있는 것이다.

위에 언급한 몇 가지 사례들은 일시적이거나 우연한 예외적 현상이 아니라 이미 적지 않은 시간 동안 미디어 생태계에서 진행되어 온 것들이다. 연구자들이 지적하듯 우리가 지금 경험하는 것은 미디어의 개별화(예: 개인용 미디어 기기의 확산), 미디어의 개인화(예: 이용자 주도적 사용 현상), 미디어의 분극화(예: 콘텐츠 소비 선호 및 취향의 다변화) 현상이다. 사적이든 공적이든 공통적 사회 경험의 경로이자 대상이었던 미디어는 이제 개인적 차원의 소유와 경험의 대상으로 그 위상이 달라지고 있다. 미디어 이용 역시 개인이 능동적으로 사용 환경이나 방식을 통제하고 있으며, 콘텐츠나 메시지의 소비는 물론 생산에서도 개인이 역할 주체로 나서고 있다. 나아가 개인의 기호와 선호도, 이용 목적에 따라 특정한 콘텐츠 또는 채널, 특정한 기기로 자유롭게 이동하면서 이용 또는 회피하는 현상이 나타나고 있다. 물론 이러한 경향성이 전체 미디어 이용자 세대에 걸쳐 나타나는 것을 아닐지라도, 세대에 따라서 이미 정착된 경우도 있음을 감안한다면 이러한 양상이 확대되는 것은 다만 시간의 문제일 뿐이다.

미디어 생태계—중장기 전망

컴퓨터와 함께 인터넷과 웹이 널리 확산되기 전, 미디어의 종류는 방송과 통신으로 매우 명료하게 구분되었다. 산업과 기업의 차원에서도 각 미디어는 매우 다른 영역들에서 생존하고 있었다. 지금도 사실 두 영역은 매우 다르다. 그러나 '디지털 태풍'이 불면서 방송과 통신은 거의 중복되는 영역으로 재조정되었다. 그러나 실상은 방송과 통신의 동등한 상호 진입 또는 결합이 아니라 통신의 방송 영역 진입이라고 보아야 하며 실제로도 그렇게 진행되었다. 그런데 이 영역으로 또 하나의 행위자들인 인터넷 관련 기업, 그리고 인터넷을 플랫폼으로 삼고 활동하는 앱 관련 기업들이 진입하였다.

새로운 미디어 생태계는 다양한 배경과 맥락에서 만들어진다. 가장 먼저 생각할 수 있는 것은 정보 처리와 관련된 디지털 기술과 정보 흐름을 제어하는 네트워크 기술로 대변되는 미디어와 IT의 급속한 발전과 진화이다. 두 번째는 이와 같은 기술적 발전과 변화의 내용을 최대한의 산업적 기회로 활용하고자 하는 관련 사업자들의 경쟁적 경영 전략을 들 수 있다. 세 번째는 정부의 정책 의지이다. 각종의 뉴미디어와 IT를 활용, 정보 경제 역량을 강화하거나 국가 정보화 같은 사회적 목표를 추진하는 한편, 국가의 대외 경쟁력을 강화하려는 정부의 정책적 의지 또한 미디어 생태계 변화의 중요한 배경으로 작용한다. 네 번째 요소는 개인들의 주체적 행동과 선택이다. 단순한 시청자라는 용어보다 사(이)용자, 소비자, 수용자 등 다양한 정체성을 가진 개인들의 선택과 개입, 요구 역시 미디어 생태계 변화의 중요한 동인 중 하나이다.

1970년대 이래 최근 삼사십년 동안 때로는 완만하게, 때로는 급격하게 전개된 미디어 생태계 변화의 첫 번째 결정적 변곡점은 1990년대

중반의 인터넷 상용화, 두 번째 결정적 변곡점은 2000년대 후반 스마트폰이 널리 확산되기 시작한 때이다. 이 두 시기를 전후하여 미디어 생태계에는 변화의 물결이 소용돌이처럼 몰아쳐왔다. 변화의 물결은 지금도 여전히 진행 중이며 앞으로도 여전히 그러할 것으로 예상된다. 그렇다고 하여 전통 미디어들이 속절없이 무너져 내리는 것은 아니다. 이미 언급했듯 상시 나타나는 전통 미디어 소멸론은 지금까지의 역사적 경험과는 맞지 않는다. 예를 들어 지상파 방송들은 단순히 쇠퇴하는 것이 아니라 앞으로도 여전히 가장 강력한 콘텐츠 제작 및 제공자로서 자리 잡고 있을 것이다. 기존의 방식과는 매우 다른 조직을 갖춘 미디어 서비스 기업으로 존재하겠지만, 그것이 어떤 형식이 될 것인지에 관련해 뚜렷한 상이 보이거나 만들어지지 않고 있을 뿐이다.

누구나 경험하듯 지금 분명한 것은 이전에 비해 훨씬 많은 종류의 미디어가 만들어졌으며, 훨씬 많은 미디어 기업들이 같은 영역에서 생존과 성공을 위해 경쟁하게 되었다는 점이다. 앞서 짚어본 것은 최근에 전개되고 있는 단기적, 미시적 차원에서 벌어지고 있는 미디어 기업과 미디어 서비스 경쟁의 한 양상이다. 이러한 경쟁의 양상은 어떻게 정리될 것인가? 그리고 그것을 결정하는 가장 중요한 요소는 무엇일까?

가장 중요하게 고려해야 할 요소는 무엇보다 사용자들이다. 이미 많은 전문가들이 지적하듯 디지털 시대의 미디어판은 이용자 주도의 생태계로 변하였다. 두 번째 고려해야 할 요소는 네트워크와 플랫폼이다. 그것이 유선이든 무선이든 네트워크는 모든 미디어의 물리적 토대이다. 그리고 플랫폼은 미디어 기업이나 사용자들이 움직이는 공간으로, 그것은 네트워크와 동일할 수도 있지만 반드시 네트워크 소유자만의 공간은 아니다. 예를 들어 앱은 물론, 비디오 스트리밍 서비스를 제공하는 제 3

의 사업자는 언제나 필요하고 또 존속 가능하기 때문이다.

이렇게 본다면 개인 또는 집단별 이용자 데이터를 가지고 있는 미디어 기업, 그리고 그러한 데이터 수집이 가능한 네트워크와 플랫폼을 확보하고 있는 기업이 커다란 강점을 가질 것이라는 결론으로 이어진다. 2014년 이후 크게 성장한 '유튜브'와 '넷플릭스'는 그 점을 명료하게 보여주는 사례이다. 유튜브의 매출액은 이미 미국 방송사의 전통적 명가 중 하나인 CBS를 추월했고, 넷플릭스는 대표적 비디오 스트리밍 서비스로 현재 다른 어떤 텔레비전 네트워크나 서비스보다 많은 시청자를 확보하고 있다. 이들의 강력한 성장의 핵심은 타겟을 명료하게 설정한 소구와 서비스 전략에 있다. 이는 대규모의 사용자 데이터를 확보하고 있는 기업들이, 또 다양한 종류의 콘텐츠를 유통할 수 있는 유연한 네트워크와 플랫폼을 가진 기업들이 미디어 경쟁에서 상대적 우위를 차지한다는 것을 보여주는 좋은 사례이다. 여기에 우수한 품질의 콘텐츠를 가진 기업이 결합된다면 미디어 생태계의 게임은 결정된다고 보아도 크게 틀린 예측이 아니다. 이를 입증하듯 2018년 미국 최대의 통신기업인 AT&T와 콘텐츠 기업인 타임워너사가 합병하였다. 그리고 거의 같은 시기에 매스 미디어 오락 기업인 디즈니와 콘텐츠 기업인 폭스사 역시 합병하였다.[102] 물론 모든 곳에서 미국처럼 거대 기업 간 합병 형식으로 미디어판이 전개되지는 않을 것이다. 다만 이것이 미래를 관측해 볼 수 있는 중요한 시사점이라는 사실은 의심의 여지가 없다.

---

102   여기서 주목할 것은 이들이 스트리밍 서비스 '훌루(Hulu)'의 대주주이며, 또 통신기업인 컴캐스트와 AT&T도 훌루에 일정 지분을 가지고 있다는 점이다. 새로운 동영상 소비 형식으로 크게 주목받고 있는 스트리밍 서비스의 대형 주자인 넷플릭스와 훌루 간에 더욱 치열한 경쟁이 예상된다. 이 역시 미디어 산업의 지형이 현재 어떻게 변화하고 있는지를 분명하게 보여주는 사례이다.

크게 달라진 오늘날의 미디어 생태계 내에서 무수히 많은 미디어 기업들은 일일 24시간으로 한정되어 있는 이용자들의 주목을 끌기 위해 치열한 경쟁에 나서고 있다. 이러한 상황에서 이용자들을 정확하게 파악하고 그들이 필요로 하는 것을, 필요로 하는 곳으로, 필요로 하는 시간에 적절하게 제공해 주는 것이 최대의 경쟁력으로 작용한다. 그것을 수행하는 데 가장 요긴한 자원은 개인 이용자의 데이터이다. 마케팅의 핵심적 목표는 이러한 데이터의 집적과 분석을 통해 이용자를 이해하는 것, 바로 그것이다.

데이터 자본주의

오늘날 경제의 핵심적 자원은 정보와 지식이다. '정보 자본주의'는 정보와 지식에 기초한 경제적 가치 창출의 체제를 일컫는 용어이다. 19세기이래 산업 자본주의는 축적의 위기를 겪으면서 20세기 후반 이후 금융 자본주의와 정보 자본주의로 탈바꿈하였다. 데이터 자본주의는 정보 자본주의를 구성하는 핵심 요소이다. '데이터 자본주의'를 기능적으로 알기 쉽게 정리하면 개인이나 특정 집단의 데이터를 기초로, 개인이나 특정 집단에 최적화된, 또는 개인이나 특정 집단을 타겟으로 설정하고 그의 필요와 선호, 취향에 유연하게 대처하는 경제체제라고 할 수 있다. 앞서 몇몇 주요한 미디어 기업의 합병에 대해 언급했지만, 그것은 '규모의 경제(economies of scale)' 차원의 단순한 경영 전략이라기보다 정보 자본주의 맥락에서 이루어지는 복합적 결정이라고도 할 수 있다. 효율적 데이터 집적과 관리, 그리고 분석을 통해 소비자들과 시장에 대한 무수한 물음에 —개인적 차원이든 집단적 차원이든— 더 정확한 답변과 판단이 가능하며, 더 능률적으로 사안에 대응함으로써 더 많은 경제적 가치를 창출할 수 있다는 전략적 판단의 결과이다.

정보는 국가나 기업의 입장에서 항상 중요한 것으로 시장 동향, 상품 수요 등과 관련한 '기업정보(business intelligence)'라는 용어는 이미 19세기 후반에 등장하였다. 그러나 데이터 자본주의가 등장하는 기본적 배경은 표준화된 상품의 '대량생산-대량소비'를 기초로 하는 산업시대 조직 자본주의 체제에서 가장 두드러지게 나타나는 '공급과잉-상품적체'라는 문제 때문이다. 이를 해소하기 위해 소위 '유연 생산 체제', 또는 '다품종—소량생산' 등의 대안이 등장하는데, 이는 지역이나 나라별 소비자들의 동향, 선호도, 취향, 구매패턴 등과 같은 정밀한 데이터가 뒷받침되지 않는 한 의미 있는 성과를 발휘할 수 없다. 이렇게 생산과 소비를 재구조화하려는 기업과 국가의 노력이 1970년대 이후 서구 자본주의 체제에서 이루어지고, 그 즈음 빠르게 발전한 컴퓨터와 네트워크, 그리고 데이터 처리 소프트웨어가 여기에 크게 기여했던 것이다.

통계 기법이 다양해지고 컴퓨터의 처리 용량이나 속도가 증가하면서 오늘날 정보 자본주의는 더욱 정교하고 세련된 데이터 집적과 관리, 분석과 활용의 형태로 나타나고 있다. 소비자들의 거의 모든 행위가 네트워크 컴퓨터에 디지털 흔적으로 저장되는 작금의 상황에서 고객 또는 개인별 데이터의 수집은 너무나 용이한 작업이 되었다. 모든 종류의 미디어 사용에서 남는 개인의 디지털 흔적, 통신 서비스에서 쌓이는 데이터, 온갖 종류의 카드 기록 등, 지금의 네트워크 미디어 환경은 사용자 개인별로 너무나 많은 데이터를, 너무나 쉽게, 별도의 추가 비용 없이 수집할 수 있게 구성되어 있다. 그리고 데이터는 본래의 수집기업 외에 제3자에게 판매 또는 제공되어 또 다른 가치 창출의 원료로 활용되고 있다. 각종 소셜 미디어에서 이용자들이 작성하는 모든 기록은 네트워크

회로를 통해 자동적으로 관련 플랫폼 기업의 이윤 창출 자원으로 전유된다. 이용자들의 자발적인 미디어 활동은 정작 플랫폼 기업을 위해, 무급으로, 자본 축적의 원료를 생산하고 제공하는 과정이 되어버린 셈이다. 이런 점에서 인터넷이 플랫폼 기업의 사회적 공장 역할을 수행한다는 말이 틀린 것만은 아니다.

대략 세 가지 차원에서 데이터 자본주의 문제의 심각성을 짚어볼 수 있다. 첫째는 방금 언급했듯 데이터 자본주의 체제 속에서 미디어 사용자들은 의식하지 못하는 사이 이들 미디어와 인터넷 기업의 무급 노동자로 복무하고 있다는 점이다. 화려한 이름으로 치장되고 있는 디지털 경제는 사실 '이용자'로 불리는 데이터 생산자들의 열광적이고 자발적인 노동을 전유하는 착취의 방식으로 영위되고 있다. 둘째는 이러한 경제적 관계의 문제는 권력의 문제로 귀결된다는 점이다. 사용자들은 데이터 자본주의의 작동에 개입할 수 있는 수단이 사실상 없다고 보아야 한다. 이미 널리 구조화되어 있는 디지털 경제는 사실상 무급의 착취 노동에 기초하고 있지만 사용자들은 무방비 상태이다. 셋째, 데이터 자본주의의 실상과 문제는 잘 알려져 있지 않으며, 이에 대한 사회적 공론화도 충분치 않은 상태에서 진행되고 있다는 점이다. 이러한 문제가 발생하는 이유는 정책 당국은 물론 관련 기업들의 의도적 책임 회피이거나 일종의 사보타지 때문이라고도 할 수 있다.

이에 더해 데이터 자본주의에 비판적으로 주목해야 하는 이유는 그것이 가지고 있는 '팬-옵틱 빅 브라더 사회(Pan-optic big brother society)'의 실질적 가능성 때문이다. 즉, 집적된 데이터를 원용한 정치적 조작, 사회적 여론조작의 실제적 가능성 문제가 민주주의에 커다란 위협이 되고 있는 것이다. 지금까지 정보와 미디어 기술을 활용한 사찰과 감시는 상대적으로 불편하고 투박하며 둔탁한 방식의 사회공학이었다. 그러나 사회학자 한병철이 지적하듯 이제 데이터의 수집과 활용을 통해 사람들의 감정과 여론을 조작할 수도 있는, 참으로 유연한 '심리권력'이 출현하는 단계에까지 이르렀음을 감안한다면, 데이터 민주주의의 문제는 지금보다 훨씬 큰 정치적 주의와 염려를 요하는 사안이다.

미디어 기기와 인터페이스

미디어 산업의 지형도 변화와 함께 빠트릴 수 없는 문제는 '미디어 기기와 인터페이스의 미래'라는 물음이다. 지금 새롭게 등장하고 있는 미디어 관련 기기나 인터페이스 등을 종합해 볼 때 그 양상은 대략 두 가지로 집약된다. 첫째는 감각의 최대화를 지향하는 몰입형 미디어의 진전, 둘째는 사용성의 최대화를 지향하는 인터페이스의 신체 밀착화·내재화 경향이다. 뒤에 자세히 설명하겠지만, 이러한 양상은 미디어를 인간의 확장이라는 관점에서 바라본 맥루한의 관찰을 상기시킨다는 점에서 흥미롭다.

맥루한은 그의 책 『미디어의 이해』에서 미디어를 '인간 정신과 육체의 기술적 확장(extensions of man)'이라고 말한 바 있다. 이를테면 문자는 시각의 영토를 확장하는 것, 전화는 귀와 말소리의 확장, 텔레비전은 인간이 가진 감각들 간의 상호작용을 확장시키는 것 등으로 설명하고 있다. 여기서 확장(extension)이란 외부로 뻗어나간 '외연(outerings)'이라는 뜻을 가진다. 즉 인간의 감각기관을 외부로 확장한 것이 미디어라는 뜻이다. 그의 말대로 시각과 청각 등을 이용하여 정보를 인지하고 습득하며, 그에 기초한 사고와 판단 작용을 거치고, 이후에 입과 몸 등을 사용하는 언어로 상호 소통하는 것은 인간의 가장 기본적인 미디어적 과정이다. 이런 점에서 미디어의 본질에 대한 맥루한의 관찰은 지금 초기적 형태로 등장하고 있는 새로운 미디어 기기와 인터페이스를 가늠하고 예측할 실마리를 제공해 준다.

인간확장으로서의 미디어 1

미래 미디어의 형태와 관련, 인간 외연의 확장이라는 시각에서 먼저 생각할 수 있는 것은 몰입형 미디어와 몰입적 접속경험이라는 환경이다. 즉, 외연의 확장을 미디어를 통한 감각적 경험의 확장이라는 측면에서 바라보는 것이다. 이런 면에서 주목할 미디어들은 '가상현실(VR: Virtual Reality)', '홀로그램', '증강현실(AR: Augmented Reality)', 그리고 이들을 서로 융합하여 체험의 효과를 강화할 수 있는 '혼합현실(MR: Mixed Reality)' 등이다.

'가상현실'은 문자 그대로 실제가 아닌 컴퓨터가 만들어 내는 가상, 또는 인공적 체험 환경을 제공하는 미디어이다. VR 안경을 착용하고 컴퓨터가 만들어낸 가상의 공간으로 사용자가 진입해 실제 환경을 접촉하는 듯한, 인공 환경과의 몰입적 상호작용을 체험하는 것이다. VR 미디어를 새롭다고 하기에는 새삼스럽다. 이미 20년 정도의 역사를 가지고 있는 제법 오래된 것이기 때문이다. 또, VR 시청기기를 착용해야만 한다는 사용성의 문제, 경험 중의 어지럼증 등의 생리적 문제도 해결해야 할 과제이다. 그러나 '감각적 경험의 최대화'라는 사람들의 욕망을 변수로 감안한다면 미래의 잠재력은 충분하다고 할 수 있다.

한편, 체험의 환경 전체를 재구성하는 VR과 달리 현실의 공간 속에서 하나 이상의 가상적 체험을 추가, 또는 증강시키는 계열의 미디어인 '홀로그램 TV', 'AR', 그리고 이들의 중간적 활용 방식인 '혼합

현실(Mixed Reality)' 등도 점차 발전하고 있다. 아직 실험적 차원이지만 3차원 영상을 공중으로 직접 투사하는 —전문용어로는 '원격현전(telepresence)'— 형식의 홀로그램 TV 역시 시청각 경험을 확대할 수 있다는 점에서 주목받고 있다. 최근에는 이를 이용한 원격강연과 같은 의미 있는 시도들이 진행되면서 가능성을 가늠해보고 있는 상황이다.[103] 한편, 우리말로 '증강현실'이라 번역되는 AR은 스마트폰이 확산되면서 데이터와 현장을 혼합하여, 현장에 대한 보다 자세한 정보가 화면에 나타나면서 사용자에게 편리함을 제공하는 미디어 서비스이다. 여기에 더해 홀로그램과 동일한 방식의 기술도 AR에서 구현 가능함은 물론이다.

이들 몰입형 미디어가 어떤 방향으로 전개될지는 아직 초보적 단계에 있기 때문에 좀 더 두고 봐야 한다. 다만 미리 예측해본다면, 우선은 VR이나 홀로그램, AR 등이 서로 다른 별도의 미디어로 발전하게 되겠지만 일정 시간이 지난 후 이들은 서로 융합될 것으로 예상된다. 왜냐하면 공통적으로 활용하는 기술요소들이 적지 않기 때문에, 이를 함께 활용하여 상호 적절하게 섞이는—뒤에 언급할 '홀로렌즈'처럼—MR과 같은 융합형 미디어가 더욱 몰입형 감각을 제공하는 미디어로서 이용자들에게 우월한 경험과 사용성을 제공해주기 때문이다.

인간확장으로서의 미디어 2

인간의 확장이라는 미디어 발전 방향의 맥락에서 두 번째로 생각해볼

---

103 '홀로그램 TV', 또는 '홀로그래픽 TV'는 3차원 영상 TV를 말한다. 전통적인 3차원 TV가 눈과 스크린 사이에서 만들어 내는 착시현상을 기초로 하기 때문에 안경 같은 보조기기를 착용하고 시청해야 하는 것이라면, 홀로그램은 3차원 영상 이미지를 허공에 직접 투사해 실제로 대상이 눈앞에 나타난 듯한 시청경험을 제공하는 것을 말한다. 2018년 11월 영국 런던에서는 이런 장치를 사용해 미국 LA와 연결하는 원격 강연회를 시연해 보인 바 있다.

수 있는 것은 기기이자 동시에 인터페이스 차원의 아이디어로 제시되는 '웨어러블wearable'이다. 웨어러블이란 몸에 부착할 수 있는 미디어, 또는 컴퓨터 기기들을 지칭한다. 즉, 인터페이스를 인간 신체에 근접시키거나 아예 내부에 장착하여 미디어를 내재함으로써 인간이 미디어와 하나가 되는 것이다. 이는 몰입형 미디어보다 훨씬 유연한 형태라는 점에서 더 주목을 요한다. 좀 더 현실적으로 설명하면, 웨어러블 기기에 주목하는 이유는 스마트폰으로부터 시작된 손 안의 컴퓨터 시대가 앞으로 어떻게 전개될 것인가 하는 필연적 질문 때문이다. 웨어러블 디바이스는 '스마트폰 이후의 휴대용 컴퓨터의 형태가 무엇이 될 것인가?'라는 질문에 대한 하나의 답변이다.

웨어러블 디바이스로 우선 떠오르는 것은 '스마트 워치'이다. 그러나 미디어 기능의 차원에서 웨어러블 디바이스로 훨씬 적합한 사례는 '스마트 글라스smartglasses'이다. 지난 2015년 등장했던 '구글 글라스'가 대표적이지만,[104] 최근 마이크로소프트는 '홀로렌즈Hololens'라는 이름의 웨어러블 컴퓨터를 공개한 바 있다.(아래 사진 참조) 쉽게 말하면 안경 또는 헬멧형으로 컴퓨터를 만들어 몸의 일부처럼 부착해 컴퓨터의 기능을 수행하는, 사용성과 휴대성을 동시에 강조한 기기이다. 홀로렌즈의 특성 중 하나는 VR 또는 AR 기능을 동반하고 있다는 점이다. 사용자들에게 컴퓨팅의 최전선, 또는 미디어 사용의 최전선에

마이크로소프트 홀로렌즈

---

104   같은 맥락에서 지난 2012년 구글은 설계도 차원이기는 하지만, 눈 깜빡임으로 작동하는 초소형 카메라를 결합한 전자 콘택트렌즈의 특허를 출원한 바 있다.

해당하는 경험을 제공하는 것이다. 여기에 스마트폰의 기능이 자연스럽게 결합될 수 있음은 물론이다.

스마트글라스 계열의 미디어는 맥루한적 의미의 기기이다. 즉 '사람 몸의 외부로 뻗어나가 감각의 최대화를 꾀하는 외연의 확장'이라는 미디어의 뜻을 실현한 것이다.105 그러나 이와 반대로 인간 신체와 피부처럼 밀착하거나, 아예 신체 내부로 진입하는 내포적 확장 형태의 미디어 기기도 실험실 수준에서 만들어지고 있다. 대체로 '피부 전자공학 (epidermal electronics)'이라 불리는 정밀기술로 만들어지는 피부밀착형 기기는 사람 몸의 특정 부위—손목, 손등, 팔 등—에 유연한 재질로 극히 얇게 만들어진 부착형, 또는 문신형 전자기기를 이식해 이것을 통해 무선으로 연결된 모바일 기기나(예:스마트폰) 컴퓨터 등을 조작하는 것이다.(오른쪽 사진 참조)

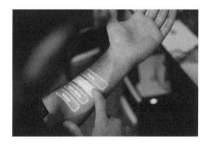

피부 부착형 전자기기

부착형 또는 문신형 기기보다 한 단계 더 나아간 것은 아예 사람의 몸에 필요한 기기를 주입하는 것이다. 소위 '생체 전자공학(bioelectronics)' 기술을 바탕으로 만들어진 기기로, 캡슐 크기의 초소형 무선 신분증 같은 '생체 인증(biometric

---

105 또 하나 매우 흥미로운 웨어러블 기기의 발전은 '제 6의 감각기술(sixthsense technology)'이라 불리는 휴대용 컴퓨터 인터페이스 시스템이다. '제 6의 감각기술'이란 용어는 컴퓨터를 활용하여 기존의 감각 기관보다 훨씬 수월하고 자유롭게 정보를 습득하고 활용할 수 있다는 의미에서 붙인 이름이다. 시스템을 간단히 설명하면 우선 사용자의 목걸이, 또는 모자나 헬멧에 컴퓨터를 장착하고, 그에 연결된 휴대용 카메라와 프로젝터를 정보를 입력 및 출력하는 기기로 사용한다. 그리고 무선 포인터 기능을 갖춘 전자 골무를 착용한 손가락은 이 기기들과 인터페이스 역할을 수행한다. 이렇게 사용자는 주변의 물리적 환경을 컴퓨터의 일부처럼 자유자재로 활용할 수 있게 된다. 예를 들어 손가락으로 틀을 만들어 사진을 찍고, 그 사진을 어느 평면이든 투사해 바로 확인해볼 수 있음은 물론, 무선으로 연결된 인쇄기에 사진을 전송해 인화 작업을 진행할 수 있다. 홀로렌즈가 미디어 기기에 모든 것을 집중하는 형식이라면 제6 기술은 그것을 넘어 주변의 환경과 사물까지를 미디어의 일부로 포괄하는, 보다 넓고 유연한 시스템이라고 할 수 있다.

identification)' 시스템이 대표적인 사례이다. 엄지와 검지 사이에 주입하는 이 캡슐형 기기는 지난 2016년 실험적으로 오스트레일리아에서 시도된 바 있다. 실험에 참가하는 사람들의 핵심적 동기는 '편의'이다. 신용카드나 열쇠, 또는 신분증을 별도로 가지고 다니지 않아도 분실의 위험 없이, 쉽게 출입하거나 사용할 수 있기 때문이라는 것이다. 이것을 통상적인 의미의 미디어라고 하기는 어렵지만, 여기에 스마트폰의 기능을 추가하거나 컴퓨터 조작 기능을 추가하는 것, 또는 다른 미디어 기기의 작동 기능을 담는 것은 전혀 어려운 작업이 아니다. 즉 인간의 신체를 미디어의 인터페이스로 활용하는 것이다. 맥루한적 의미에서 이는 외연으로의 확장이 아니라 정반대로 사람 신체 내부로의 미디어 확장 방식을 보여주는 사례이다.

육화되는 미디어?

앞서 말한 사례들이 미래 미디어의 전형적인 모습이라 단언할 수는 없다. 또 이것들이 사회적으로 어떤 파장을 불러일으킬지도 쉽게 짐작할수 없다. 아직 초보적 형식과 내용에 머물러 있기 때문이다. 그러나 분명한 것은 우리의 예상을 뛰어넘는 다양한 미디어 기기들이 미래의 미디어로 —대중화 여부에 관계없이— 우리 주변에 다가올 것이라는 점이다.

큰 틀에서 두 가지 양상으로 요약해 볼 수 있는 미래 미디어의 모습중, 사회적으로 더욱 긴급한 주목을 요하는 것은 두 번째, 곧 몸의 일부로 설계되는 미디어이다. 몰입형 미디어가 문자 그대로 사용자의 감각적 차원에 초점을 둔 것이라면 육화된 미디어는 —사이보그형 기기에더욱 가까운 듯한— 개인적, 집단적 생활 양식 전반에 관계되는 것이기때문이다. 사실 피부 전자공학 또는 생체 전자공학 등의 기술로 만들어져 사람 몸에 이식되는 생체 기기에 '미디어'라는 칭호는 부족하다. 오히려 인체의 기능을 다차원적으로 증대시킨다는 의미에서 '사이보그 공학적 기기'로 보아야 한다.

구글은 지난 2015년 '구글 글라스'를 만든 동기를 이렇게 설명하였다. '스마트폰 같은 휴대용 컴퓨터 기기와 사용자가 다른 방식으로 접속, 즉 새롭게 관계 맺는 방식을 고민한 결과이다. 구부린 자세로 전화기 화면을 내려다보거나 들여다보는 것이 아니라 자연스럽게 밖을, 세계를 바라보는 방식과 자세로 기기를 쓸 수 있도록 하자는 것이 설계의 가장 중요한 취지였다.' 현재의 모바일 미디어는 사용성과 사용경험의 관점에서 시야를 기기에 집중해야 한다는 한계, 같은 이유로 드러나는 가청 공간의 한계, 또 손에 쥐고 눈을 집중해야 하는 사용 방식으로 빚어지는 움직임의 한계 같은 문제가 있다. 손에 들고 다니는 것은 물론 지금까지의 사용 방식 자체가 일종의 부담이고 부자연스러운 자세라는 것이다. 이런 점에서 신체 밀착형, 나아가 신체 내장형 웨어러블 디바이스는 미래 뉴 미디어, 나아가 사이보그형 기기라는 점에서 관심의 대상이 아닐 수 없다.

물론 구글 글라스는 시장에 정착하지 못했다. 그러나 중요한 것은 흥미로운 첨단 기술, 또는 미래주의적 개념을 담은 미디어 기기 또는 보조 기기들이 실험적인 차원에서 다양하게 제작되고 있고, 일부는 이미 실용화 단계에 접어들었다는 점이다. 미디어 학자 이광석이 지적하듯 사람은 이미 스마트폰과 결합된 '모바일 생체 기계'이다. 신원 확인을 위한 안면 인식과 홍채 기술이 단말기와 결합되고, 그 단말기 데이터와 우리의 신원이 일치하는 것으로 판명되는 정황이라면, 먼 미래의 이야기처럼 들린다 해도 인간이 '모바일 생체 기계'라는 말이 어색하지만은 않다.

이렇게 볼 때 미디어는 이제 일반적 의미의 매개자가 아니라, 공상과학 영화의 사이보그처럼 육화된 형태로 인간과 결합하여 인간 자체가 미디어로 변모하리라는 예상도 충분히 가능하다. 그때 미디어는 그 이름을 잃고 다른 것으로 불리게 될 것이다.

여기서 잊지 말아야 할 것은 앞으로 어떤 기기가 만들어진다 해도 지금과 같은 모양의 텔레비전, 라디오, 영화, 책, 신문 등은 여전히 생생하게 살아있을 것이라는 점이다. 산업 또는 기업 차원에서의 텔레비전, 라디오, 신문, 영화, 책 등에 관해 기업의 형태와 운영 방식, 위상이 달라질 뿐 그것들은 앞으로도 꾸준히 존속할 것이며, 이는 우리의 역사적 경험이기도 하다.

디지털의 배신과 희망? — 미래에 드리운 그림자, 그리고 빛

지금이 '기술사회'라고 말하는 것은 동어반복이다. 이제 기술은 떼려야 뗄 수 없는 삶의 일부가 되었다. 당분간의 차단 또는 휴식은 가능하겠지만, 이제 인간은 촘촘한 기술 체제의 틀 밖으로 나갈 수 없다. 우리는 손 안의 스마트폰을 통해 이러한 상황을 매일 적나라하게 실감한다.

서구 유럽에서 16세기 무렵 시작된, 전에 없던 과학과 기술의 발전으로 인류는 새로운 지식과 사상체계를 만들었고, 온갖 종류의 도구와 기술체제를 만들며 '근대'라는 새 시대를 열었다. 과학과 기술은 근대 사회의 물리적 기초를 구축하였으며, 오늘날도 이 역사의 거대한 기본틀은 유지되고 있고, 이것이 우리의 미래를 규정할 것 역시 의심할 수 없다. 과학과 기술 영역 중에서도 특히 정보, 디지털 기술, 나노, 사이보그 기술, 생명 유전공학 등이 미래에 주도적인 분야로 등장한다는 것이 전문가들의 전망이다. 최근 화두가 되고 있는 4차 산업혁명의 내용도 이와 유사하다. '인공지능', '로봇공학', '사물 인터넷', '자율주행차', '블록 체인', '3D 프린팅', '바이오텍', '뇌신경 공학' 등이 그 주역으로 거론되는 이름들이다. 미디어는 이중 하나로, 미래의 사회와 개인을 추동할 과학과 기술의 가장 중요한 영역으로 자리할 것이다.

내용으로 살펴볼 때, 이 같은 기술과학 발전 양상의 핵심은 두 가지 정도로 요약된다. 첫째는 가능한 한 인간을 배제하거나, 인간의 역할 또는 인간의 개입을 최소화하는 환경을 만드는 것이다. 로봇, 사물인터넷, 자율주행, 인공지능 등이 사례이다. 둘째는 인간의 생물학적 조건을 개조하여 새로운 인간 종을 만들려는 것이다. 생명공학, 바이오텍, 뇌신경 공학 등이 사례이다. 과거 기술과 과학이 극복하고자 하는 대상은 자연이었다. 이제 현대의 과학과 기술이 극복하고자 하는 대상은 인간 자체인 듯하다. 1950년대 사이버네틱스 연구를 도약시킨 N. 위너는 기계를 '인간이 마주친 자연이라는 한계 또는 도전을 극복하는 과정에서 만들어진 인간의 동료'라고 불렀다. 그의 말을 확장하여 우리는 이렇게 물을 수 있다. 지금 인간이라는 한계 또는 도전을 극복하고자 만들어지는 인공지능과 같은 무수한 기술과학의 산물을 우리는 여전히 인간의 동료라고 할 수 있을 것인가?

이쯤에서 생각하지 않을 수 없는 것은 우리가 목격하고 있는 미디어 무한 시대의 모순이다. 미디어에 대해 우리가 거는 희망은 그것이 서로의 소통을 통해 사회의 정치적 수준을 고양시킬 것이라는 점이었다. 또 미디어가 개인과 집단의 이익에 복무하면서 사회의 긍정적 발전에 기여할 것이라는 기대 역시 지극했다. 그리하여 열린 소통의 광장과 풍성한 커뮤니케이션의 채널, 그리고 정보의 바다가 우리 눈앞에 펼쳐질 것이라는 생각이 헛된 것만은 아니었다. 나아가 디지털 경제는 실리콘밸리의 IT 기업들, 그리고 이전에 없던 '공유경제' 등의 이름으로 한편으로는 신기하고 화려하며 엄청난 기회가 열리는 듯 우리에게 다가왔다.

그러나 정작 소통의 광장은 혐오와 차별이 재생산되는 증오의 음산한 골목으로 둘러싸였고, 풍성한 채널은 역설적으로 빈곤한 소통으로 위축되기도 했으며, 정보의 바다는 오히려 생각하는 능력을 둔화시키는 결과도 빚어내었다. 사람과 사람의 관계는 더욱 외로워졌고, 감시와 사찰은 상시화되었으며, 수평적 네트워크 사회는 이윽고 정당한 권위까지 흠집을 내면서 사회는 예의 없이 무질서해지고 전례 없이 혼란스러워졌다. 참여의 정치는 클릭의 정치로, 개인은 데이터 생산 노동자로, 모바일 시대 노동은 쉴 틈 없이 단속적으로 이어지는 불안정한 형태의 임시적 일거리로 전락하였다. '객관적 처리 기준'이라는 이름으로 알고리즘은 개인에 대한 차별을 구조화하고 있으며, 그 작동은 종종 인간이 개입할 수 없는 방식으로 새로운 문제를 일으키고 있다.[106] 디지털 미디어와 IT는 정교한 만큼 복잡하기 때문에 필연적으로 오작동의 위험을 안고 있으며, 그 위험은 사회 전체의 재난으로 이어질 수도 있다. 그리고 정보 미디어 기술과 그 기술을 소유하고 운영하는 지배 집단은 소셜 미디어의 알고리즘을 재조정해 여론과 감정까지도 조작할 수 있는 심리권력의 위치로까지 올라서려 하고 있다.[107]

---

106 인공지능은 인간이 이해할 수 없는, 또는 판단능력을 벗어나는 행동을 할 수 있다. 2016년 한국에 큰 화제를 불러일으킨 바둑 인공지능 '알파고'는 이를 보여주는 매우 분명한 사례이다. 알파고는 바둑을 두면서 바둑 전문가들, 즉 인간이 이해할 수 없는 수를 두었다. 이는 알파고가 인간의 이해 범위 바깥에 있는 지식 또는 판단 역량을 구사했음을 보여주는 것이다. 기계가 인간의 통제 범위를 벗어날 수 있음을 보여주는 하나의 작은, 그러나 매우 분명한 사례이다.

107 2014년 페이스북은 '감정 전염(emotional contagion)'이라는 주제의 연구를 시행한 바 있다. 즉 사용자들에게 알리지 않은 채 뉴스피드를 처리하는 알고리즘을 조작, 긍정적 피드집단, 부정적 피드집단으로 나누고 심리적 효과를 측정해 본 것이다. 짐작할 수 있듯 긍정적 피드집단은 긍정적인 태도를, 반대의 집단은 부정적 태도를 가지게 된다는 것이 확인되었다. 사용자들에게 알리지 않은 채 실험 연구를 진행했다는 점에서 페이스북은 윤

이러한 현상을 통틀어 '디지털의 배신'이라 부를 수 있을 것이다. 찬란하게 시작되었던 PC의 시대, 드넓게 열린 지식 광장으로서의 인터넷, 민첩하면서도 안정적인 생활의 존재감을 부여해주는 모바일의 시대, 새로운 기회의 문을 열어주는 디지털 경제의 이면에는 길고 어두운 그림자가 있다. 오늘날 우리들은 '새로운 미래', '4차 산업혁명'이라는 이름으로 첨단 미래형 기술과 과학을 향한 환호성을 듣는다. 그러나 고개를 더 멀리 들면 그 환호성의 뒤편, 지평선 너머에 어른거리는 '분노하는 대중의 사회'도 볼 수 있다.

사실 인류가 이룩한 과학과 기술의 발전은 이중적 모순의 형국이다. 통제할 수 없는 가공할 힘의 상징이면서 동시에 인류의 삶에 무한한 이득의 상징이 바로 과학과 기술이다. 여기서 인간은 주춤하거나 모호해질 수밖에 없고, 이 때문에 우울한 예측이나 낙관적 예측은 모두 나름의 근거가 있다. 기술 또는 기계를 둘러싼 가상의 미래 시나리오는 인간의 역사에서 늘 반복되어 왔다. 장밋빛 미래기술의 '놀라운 신세계'든 음울한 빅브라더의 '1984'든 가상의 시나리오는 대개 과도한 상상의 산물이며, 현실은 거의 예외 없이 두 극단의 중간에 자리하였다. 그러니 우리가 찾아야 할 것은 낙관이나 비관의 시나리오가 아니라, '지금까지 인류가 발전시켜온 기술과 과학이 왜 그간의 현실이 품고 있는 모순의 관성을 결코 벗어나지 못했는가?'라는 질문의 답이다. '어째서 무지갯빛 유토피아는 지평선 너머 더 멀리 물러나고, 현실의 모순은 더욱 확대·강화되었는가?' 하는 물음에 답하는 것이다. 또한 '지금 이 새로운 기술과 과학

리적 비난을 받았고 사과한 바 있다. 그러나 여기에서 눈여겨 볼 것은 이런 식으로 사람들의 감정 조작이 가능하다는 점이다.

의 혁명이 오늘날의 사회문제를 어떻게 해결하며, 어떻게 보다 나은 사회를 만들 수 있을 것인지'에 대한 정교한 물음과 답변이다.

우리는 동일한 질문을 미디어에 던져야 한다. 그리고 미디어의 역사를 만들어온 주체로서 인간을 다시 불러 세우는 것, 새로운 미디어의 시대와 사회의 전망을 만드는 것, 그리고 거기에 동의하는 개인들이 정치적 프로젝트 집단을 구성하는 것, 그 전망 속에서 미디어와 사회를 개혁하고 만들어 나가는 일은 현재 우리에게 주어진 과제이다. 인간이 장구한 역사의 수레바퀴를 밀고 오늘에 이를 수 있었던 가장 큰 원동력은 공동체와 커뮤니케이션이었다. 미디어가 바로 공동체와 커뮤니케이션의 토대이자 경로라는 점을 우리는 항상 재확인해야 한다.

9-2. 왜 거의 모든 것은 미국에서 시작되었을까?[108]

미디어 발명의 사회사의 마지막 화두는 미국이다. 사실 이 책은 특정 국가나 사회의 미디어 편력을 주제로 한 것이 아니기 때문에 '미래의 역사'라는 제목으로 미디어의 미래 환경을 생각해 본 앞의 장으로 사실상 마무리 된 것이나 마찬가지다. 그런데 굳이 미국에 대한 물음을 던지는 것은 이것이 이 책이 묻고 있는 질문 그 이후의 질문이기 때문이다.

앞서 몇 차례 언급했듯 19세기 이후 미디어의 근현대사는 미국의 역사와 중첩된다. 어떻게, 왜 거의 모든 전기전자 미디어는 미국에서 비롯되었을까? 또 어떻게 미국은 오늘날 가장 중요한 기술과학 중 한 부분인 IT 영역에서 압도적 패권을 유지하고 있는가? 이는 미디어의 역사와 현재를 서술하는 데 가장 흥미로운 동시에 중요한 질문이며 가장 답하기 힘든 질문 중 하나이다. 이는 미국이라는 나라 전체에 대한 질문이기도 한 때문이다. 달리 말하면 정답이 있을 수 없는 질문이다. 그러나 동시에 그만큼 여러 실마리를 찾아볼 수 있고, 여러 답변을 찾아낼 수 있다는 뜻도 된다. 또 어떤 관점에서 답을 찾아가느냐에 따라 전혀 상반되거나 모순적인 내용의 답이 만들어질 가능성도 높다. 이는 질문 자체로도 흥미롭지만, 설득력 있는 답을 찾아가는 과정 자체도 의미 있는 학습이 될 것이다.

---

108 이 장의 제목은 지난 2013년 메디치미디어에서 번역출판한 이케다 준이치의 책 『왜 모두 미국에서 탄생했을까: 히피의 창조력에서 실리콘밸리까지』에서 빌려왔다. 필자와 동일한 물음을 던진 책을 읽는다는 것은 즐거운 경험이었다. 물론 책의 품질에 대해 충분한 점수를 매기기는 어렵지만 적어도 의미 있는 물음 자체는 크게 인정받아야 한다.

한편 한국사회의 입장에서 이 질문은 한국이 미국에 대해 얼마나 이해하고 있는가 하는 문제와 상통한다. 미국을 무조건 추종하거나 제국이라 비난하고 비판하는 것 말고, 한국사회는 정말 미국에 대해 무엇을 알고 있을까? 성급한 결론이고 과장된 지적일 수도 있지만 단적으로 말해 한국사회는 아직 미국의 힘을 설명할 역량을 기르지 못했고, 따라서 미국으로부터 무엇을 배워야 할지 잘 모른다는 것이 솔직한 답이다. 사실 미국에 대해 잘 모른다는 점을 먼저 인정하는 것이 미국을 이해하는 출발점이다.

　과학과 기술의 관점에서 근대라는 역사적 빅뱅의 요체는 '전기'이다. 본격적인 전기시대는 지금으로부터 불과 200년 전에 그 문을 열었다. 그 문은 물론 유럽에서 열렸고 유럽에서 크게 확장되었다. 그러나 전기를 활용하여 만들어진 전신, 전화, 무선전신, 라디오와 텔레비전, 그리고 컴퓨터, 인터넷, 스마트폰 등의 역사에서 확인할 수 있는 한 가지 매우 중요한 사실은 이들의 개발과 성장, 혁신의 역사가 곧 미국에서 전개된 역사라고 해도 과언이 아니라는 점이다. 오늘날도 그 상황은 여전하다. 미디어 네트워크나, 미디어와 IT 기기, 관련 부품, 장비 같은 하드웨어뿐 아니라 이들을 구동시키거나 활용하는 소프트웨어 등을 포괄한 정보 서비스 영역, 나아가 콘텐츠 분야까지 미디어 전 영역에 걸쳐 미국의 힘은 압도적이다.

　하드웨어 분야에서 IBM, 인텔, 시스코, 델과 HP, 애플. 소프트웨어, 정보 처리 등의 정보 서비스 산업 영역에서 MS와 구글, 아마존, IBM, 오라클 등. 네트워크 서비스 분야에서 각종 통신, 케이블 사업자들과 방송 사업자들, 그리고 콘텐츠 분야에서 디즈니와 할리우드의 각종 프로덕션들. 더 이상 설명이 불필요한 이름들이다. IBM은 재론의 여지없이 하드웨어와 소프트웨어를 망라하는 제일의 정보 서비스 기업이라 해도 과언이 아니며, 반도체 분야의 인텔, 퀄컴, 브로드컴 같은 기업들, 그리고 네트워크의 시스코, PC의 HP나 델, 가전의 애플 등이 하드웨어 시장의 가장 강력한 존재들이다. 또 정보 서비스 분야의 경우 마이크로소프트, 오라클, 구글, 아마존 등, 할리우드나 디즈니로 대변되는 콘텐츠 분야, 일명 인터넷의 4대 천황이라 불리는 구글, 아마존, 애플, 페이스북 등. 물론 이들 기업의 정치적 행보나 사회적 책임 수행과 같은 가치 판단의 문제에 대해서는 다른 논의가 필요하지만 적어도 이들 기업의 역량 자체만큼은 압도적이다. 또 이미 다국적화된 이들 기업을 '미국 기업'이라고 부르는 것이 정확한 호명이 아닐 수도 있다. 그러나 그 시작과 성장은 미국이었다는 점에서 이들이 미국의 역사적 유전자를 내재하고 있음은 분명하다.

여기서는 IT 분야에서 찾을 수 있는 몇 가지 사례와 이야기를 중심으로 상식 수준에서 질문을 던지고 답을 찾아보고자 한다. 앞서 미국 기업의 기술 경쟁력과 서비스 역량에 대해 간략하게 언급했지만 그 출발점은 첫째, 미국사회가 키워온 실용적 발명의 전통이다. 발명의 전통은 미국의 역사와 함께 시작된다. 광대한 대륙 크기의 영토를 자신들의 것으로 일궈나가는 과정에서 가장 중요한 동력원은 사람의 노동과 기계였다. 기계와 기술의 필요성과 기능, 역할이 필수적인 사회에서 필요한 물건과 도구를 만들어내고, 그러한 직업과 일에 종사하며, 그에 대해 긍정적이고 적극적인 태도를 가지는 것은 D. 부어스틴이 말하듯 미국이라는 '새로운 기계 공화국'에서 필수적인 인식이자 덕목이었다.

두 번째는 이러한 역사적 전통 안에서 미국이 새로운 IT 분야의 패러다임을 만들어내고 정교한 기술력을 바탕으로 그것을 현실로 구현하였다는 점이다. '윈텔리즘Wintelism'이라는 컴퓨팅 체제의 표준을 만들어낸 사례가 그것을 보여준다. 국제정치학자 김상배가 지적하듯 윈텔리즘은 마이크로소프트에서 개발한 '윈도우즈' 운영체제와 컴퓨터의 핵심 부품인 마이크로프로세서를 설계·제조하는 '인텔'의 이름을 합성하여 만든 용어로, 1970년대 후반 이래 이들이 만들어낸 PC 컴퓨팅 환경을 지칭하는 단어이다. 애플이 일부의 영역에서(예: 데스크톱 출판) 힘을 발휘하고는 있지만 윈텔리즘은 모바일 컴퓨터 환경이 만들어지기 전까지 컴퓨팅 영역에서 게임의 룰, 즉 컴퓨터를 만들고 운용하는 표준을 결정지은, 일종의 거대 권력이었다. 한편 윈텔리즘은 인터넷 시대가 만들어진 2000년대 이후 '구글아키'라는 용어로 이어진다. 구글아키란 '구글google'이라는 기업의 이름에 위계질서를 의미하는 '하이어라키hierarchy'라는 단어를 합한, 즉 구글의 질서체제를 뜻하는 용어이다. 이는 인터넷 시대의 환경을 사실상 장악하고 있는 구글의 기업적 역량을 지칭하는 단어이다. 이어 최근 등장하고 있는 클라우드 컴퓨팅이라든가 빅데이터, 사물인터넷, 인공지능 등 그동안 미국은 IT 분야의 패러다임을 이끄는 사고 체계와 운영의 틀을 만들어왔고 새로이 만들어 가고 있다.

세 번째, 사업가 정신(entrepreneurship)과 비즈니스 역량 역시 미국이 가진 힘의 주요한 원천이다. 아이디어와 사업에 대한 도전적 태도가 미국사회를 이끄는 주요한 특징임은 일찍이 A. 토크빌이 1830년대 미국사회를 관찰한 역저 『미국의 민주주의』라는 책에서도 언급하고 있는 부분이다. 초기 이민자들부터 서부개척 시대, 그리고 19세기 후반의 황금광 시대, 또 오늘날의 실리콘밸리까지 사업가 정신은 미국의 역사와 함께 해온 요소이다. 1920년대 대통령 C. 쿨리지가 '미국의 과제는 곧 사업이다.(Business of America is business!)'라고 한 말은 그 역사를 한 마디로 요약한 것이다. 익히 잘 알려진 구글, 아마존, 애플, 페이스북의 성장 과정, 그리고 그들이 발휘하는 막대한 영향력은 기술 역량과 도전적인 사업 아이디어, 사업을 구현하는 실력을 보여준 것으로, 그것이 어제 오늘에 짧게 이루어진 것이 아니라 미국사회를 이루어온 토대의 한 부분에서 비롯된 것임을 짐작할 수 있다.

결국 오늘날 미국이 보여주는 미디어나 IT 분야의 막강한 역량은 이와 같은 실용적 발명의 전통과 도전 정신, 그리고 사업적 자질과 역량을 발휘할 수 있는 환경과 같은 여러 요소가 결합된 결과물이다. 한편 미국의 역량과 관련한 논의를 좀 더 구체적 맥락에서 비교해볼 수 있는 사례는 인도이다.

인도 이야기

미국의 IT 분야 이야기에서 빠지지 않는 화제 중 하나는 미국의 소프트웨어 엔지니어 셋 중 하나가 인도사람이라는 이야기이다. 지식을 핵심으로 하는 IT 분야에서 가장 중요한 자원은 사람이다. 다시 말해 인도는 IT 관련 인적 자원의 핵심인, 제대로 교육받은 소프트웨어 엔지니어들을 풍성하게 보유하고 있다는 뜻이다. 그렇다면 이어지는 질문은 '인도에는 왜 구글이나 애플 같은 기업이 없는가?'이다.

지금까지 나온 논의들을 정리하면 그 질문에 대한 답은 미국과 인도의 사회 환경과 문화의 차이로 집약된다. 첫째, 국내시장의 규모자체가 크다는 점, 둘째, 벤처 캐피털로 대변되는 자본력이 풍부하다는 점, 셋째, 통신 네트워크의 품질이 우수하고 비용이 상대적으로 저렴하다는 점, 넷째, 혁신과 위험부담에 대한 적극적이고 긍정적인 문화가 형성되어 있다는 점, 다섯째, 우수한 인력자원이 풍부하다는 점 등이 미국이 소프트웨어 분야에서 다른 어느 나라보다 앞서있는 중요한 배경이다.

인프라의 문제는 여기서 의미 있는 비교의 대상이라 할 수 없을 것이다. 필요조건인 통신 네트워크 인프라 부분에서 인도가 미국과 같은 수준이라 해도 다른 양상이 달라지지 않는다면 문제는 여전히 남아있기 때문이다. 우선 미국의 경우, 국내 시장이 크기 때문에 국내적 성공이 곧 세계적 범위로 도약하는 토대가 된다. 그런데 인도의 경우, 빼어난 IT 기업들이 있지만 능력 있는 인재들은 미국으로 빠져나가는 두뇌 유출 구조이다. 국내에서 성장한 인재들이 국내에 자리 잡기보다 미국으로 이전하는 배경에는 국내 기업들의 실력과 품질을 인정해 주지 않는 사회적 풍토도 큰 몫을 한다는 것이 전문가들의 지적이다. 그러다 보니 인도의 국내 기업들은 자투리 시장이나 하급 단계의 업무 정도만 수행하기 때문에, 엔지니어들은 국내 경력을 다른 곳으로 이전하기 위한 준비나 훈련 정도로 여기는 태도를 가지게 된다는 것이다.

실리콘밸리가 힘이 있는 중요한 이유 중 하나는 성공의 기회가 보장되어서가 아니라 도전과 위험, 혁신의 문화가 풍부하게 형성되어 있기 때문이다. 스타트업이란 본디 실패의 가능성을 안고 있는 위험한 조직이다. 그럼에도 인재들이 안정적이고 사회적으로 인정받는 대기업보다 오히려 실리콘밸리의 스타트업으로 가는 이유는 실패를 용인하는 그곳의 분위기가 성공의 기록을 풍부하게 만들어내기 때문이다. 이런 점은 인재들에게 매우 중요한 사회적 롤모델로 인식된다. 여기에는 또 실패의 경력을 귀중한 학습의 기회로 이해하고 인정해주는 미국사회의 태도가 작용하고 있기도 하다.

한편, 자본력은 미국과 인도의 차이가 확연하지만 여기서도 중요한 것은 자본의 유무나 규모라기보다 벤처 캐피털을 둘러싸고 있는 문화적 환경이다. 미국에서 벤처 캐피털은 단지 수익을 노리며 투자하는 조직이라기보다 장래의 인재들을 기르는 일종의 멘토 조직으로도 기능한다. 말할 나위 없이 모든 벤처 캐피털이 그런 것은 아니다. 벤처 캐피털은 기본적으로 신속한 이익의 회수라는 도식이 작동하는 곳이기 때문에 투자를 받은 기업은 고속성장과 수익창출의 압력에 빠질 위험성이 적지 않다. 그럼에도 불구하고 좋은 아이디어를 가진 우수한 인력들을 길러내는 것이 벤처 캐피털의 미션이라는 인식이 자리를 잡고 있고, 이들이 장래의 인재들에게 멘토의 역할을 하고 있다. 미래의 인재들은 이들로부터 성공과 실패를 학습하고 좋은 사업 기획안을 만드는 것, 좋은 인력을 확보하는 것, 그리고 좋은 경영 원칙을 만들어내는 것이 무엇보다 중요하다는 점을 배운다. 벤처 캐피털은 이들에게 그 부분이 해결되면 자금 문제는 얼마든지 해결할 수 있다는 인식을 심어주고 있다. 이러한 벤처 캐피털 문화의 차이가 인재들이 많음에도 불구하고 인도가 큰 성공 사례를 만들어내지 못하는 이유라는 지적이다.

지식 네트워크의 힘

'지식 네트워크'라는 개념 역시 미국 정보기술 역량의 토대로서 종종 거론되고 있다. 즉, 미국 사회가 유지하고 있는 사회적 지식 네트워크, 즉 관련 산업계—학계—군대/국방 관련 부분 간의 수직/수평적인 협업 네트워크을 지칭한다. 이것이 의미 있게 유지·가동되면서 미국의 과학기술 발전과 혁신에 매우 중요한 역할을 하고 있다는 주장이다. 일종의 혁신공유 시스템이 국가적 차원에서 잘 구성되어 있으며 이것이 미국 IT 분야가 가진 힘의 토대라는 설명이다. 지식으로서의 기술 생산력도 뛰어나지만, 제도로서의 기술 생산력 역시 잘 갖추어져 있는 곳이 미국이라는 이야기이다. 제도로서의 기술이란 공유를 통해서 기술의 수준과 내용을 한발자국 더 혁신시킬 수 있도록 하는 논의의 틀이 잘 갖추어져 있다는 의미이다.

이것이 미국 사회가 구축하고 있는 기술역량의 핵심 토대 중 하나임은 분명하다. 잘 알려져 있다시피 인터넷 연구는 군사 프로젝트였음에도 오히려 군사적 특성과는 가장 거리가 멀다할 수 있는 지식 사회 프로젝트로 귀결되었다. 그것은 프로젝트를 추진한 정부는 물론, 참여집단 간의 유연한 태도와 접근에서 가능했던 일이다. 또 기초분야에 대한 폭넓은 연구는 미국 대학이 국가의 막대한 지원을 바탕으로 수행하는 중요한 역할 중 하나이다. 이것이 관련 분야로 널리 확산되면서 미국사회 과학기술 성과를 키우는 토대로 작동하고 있다. 한편, 기업의 내부 연구소라 해도—AT&T의 벨 연구소가 대표적인 사례인데—자신의 필요나 돈 되는 것만을 찾아 과제를 수행하지는 않는다.[109] 극히 이론적인 주제부터 매우 실용적인 주제에 이르기까지 혁신의 관점에서 추상적, 기능적 연구를 망라한 전통을 가지고 있는 것이다.

사회적 지식 네트워크론은 얼핏 오래전 아이젠하워 대통령이 미국사회가 당면하게 될 큰 문제로 지적했던 '군-산-학 복합체(military-industrial-academic complex)'를 연상케 한다. 요즘은 정치를 하나 더 보태 '군산학정 복합체'라 부르기도 하는데, 군대와 군수산업, 그리고 거기에서 나오는 재정적 지원으로 연구용역을 수행하는 대학과 연구소, 나아가 그 연관고리에 정치권이 개입하여 또 하나의 이해관계 집단을 형

---

109   빅뱅이론이 오늘날 우주생성을 설명하는 정설의 이론으로 자리잡는데 가장 크게 기여한 기관이 바로 벨 연구소이다. 1964년 연구소는 빅뱅이론의 가장 중요한 증거인 '우주배경복사파(cosmic microwave background radiation)'을 발견했다.

성하고 있다는 것이 비판이 골자이다. 이는 오늘날에도 여전히 진실이다. 그러나 최근 마이크로소프트나 아마존, 구글 등의 컴퓨터 엔지니어들이 군사적 연구에 나서는 경영진 결정에 반기를 들고 실행을 거부한 사태에서 보듯이, 지식 네트워크가 현실의 광장에서 지배권력과 이권의 복합체 역할만 하는 것은 아니다.

사실 어느 사회의 경우든 지식 네트워크의 중요성은 아무리 강조해도 지나치지 않다. 왜냐하면 그것이 곧 지식이 양과 질의 측면에서 성장하는 기본 경로이기 때문이다. 문제는 이 같은 미국의 제도적 환경을 다른 곳에 이식하는 것이 가능한가 하는 점이다. 앞의 인도 이야기에서도 지적했듯이 지식 네트워크는 이론적으로는 충분히 이식 가능하지만 현실의 토대에서, 예를 들면 한국에서는 불가능하다고 보는 것이 합리적이고 상식적인 판단이다.

누구나 알다시피 한국에 지식 네트워크가 없지 않으며, 오히려 전문가들의 네트워크가 공식·비공식적으로 한국처럼 작동하는 곳도 없을 것이다. 마피아 조직을 방불케 하는 온갖 종류의 전문가 네트워크들이—모피아, 철피아, 핵피아 등—한국형 지식 네트워크의 모습이다. 전문가 네트워크는 본질적으로 그럴 이유가 없음에도 한국의 경우는 폐쇄적 이권과 배제, 탐욕의 '엘리트 부패 카르텔'로 기능한다. 말할 나위 없이 미국의 사회적 지식 네트워크가 모두 건강하고 바람직한 모습은 아니며, 정파적 관점에 따라 이합집산을 거듭하는 곳임은 말할 나위 없지만 문제는 그 정도와 성격의 차이이다.

용광로와 다양성

미국을 상징하는 가장 대표적인 단어 중 하나는 '멜팅 팟Melting Pot'이다. 모든 것을 섞고 녹여 합하는 '용광로'라는 뜻이다. 지금은 다소 철지난 용어로 분류되지만, 이민자의 나라인 미국은 한동안 세계 각지 인종들의 다양한 문화가 혼합된 멜팅 팟으로 불렸다. 최근에는 '샐러드 보울 Salad Bowl'이라는 표현을 쓰기도 하는데, 멜팅 팟과의 차이가 있다면 '팟'은 완전한 융합이라는 의미로, '보울'은 각자의 독특한 색깔은 그대로 유지하면서 조화를 이룬다는 의미로 사용된다. 그러나 어느 쪽이 되었든 미국이 포용의 사회임을 나타내주는 용어임은 분명하다. 그리고 현실에서 유용한 힘을 발휘할 수 있는 것이라면 그것이 누구의 아이디어이고 어디에서 온 것인지는 중요하게 생각하지 않았던 미국의 역사적 경험과 맥이 닿아 있는 말이기도 하다.

그러나 다른 한편으론 미국이 포용의 사회가 아닌 것 또한 분명하다. 인종차별이 가장 극심한 나라가 미국이며, 19세기 초부터 시작된 인디언 원주민 추방과 그 이전부터 고착되어 있던 흑인 노예제가 보여주듯, 백인이 아닌 사람들에 대한 편견과 억압과 배제와 불평등의 역사는 미국이 결코 씻어낼 수 없는 통절한 피와 눈물의 그림자이다. 이 그림자는 인종차별 문제가 완화되었다는 오늘날에 이르러서도 이민 문제라는 틀을 쓰고 다시 나타나면서 국수주의적, 백인 우월주의적, 파시스트적 형태로 솟아나고 있다. 특히 2016년 공화당의 D. 트럼프가 대통령으로 당선되면서 그동안 감춰져있고 공공연히 드러낼 수 없었던 미국사회의 어두운 그림자들이 거리낌 없이 전면에 내세워지고, 그로 인해 인종 간 갈등의 온도는 더욱 치솟고 있다. 이러한 정파적 현상에도 불구하고 인정해야 할 것은 '다양성과 조화, 포용'이라는 가치가 여전히 미국을 규정하는 매우 중요한 요소라는 점이다. 이러한 사회적 가치는 IT 미국의 역량이 성장하는 데 역사적으로 매우 중요한 역할을 했고, 지금도 크게 기여하고 있다. 이 점은 미국 스스로 뿐만 아니라 세계화 시대를 맞이하고 있는 다른 모든 사회 역시 새겨 들어야 할 부분이다.

전기전자 미디어의 발명과 확산은 적지 않은 경우 이민자들의 기여 속에서 탄생했다. 전화를 만든 벨은 스코틀랜드, 교류전기 시스템의 창안자인 N. 테슬라는 세르비아, 라디오 방송의 페센덴은 캐나다, 전자식 TV의 기초를 닦은 A. 즈보리킨은 러시아, 미국 방송 산업의 틀을 만든 D. 사르노프 역시 러시아, 1930년대 컴퓨터 과학의 터전을 닦은 J. 노이만은 헝가리, 인텔의 A. 그로브 역시 헝가리, 애플의 S. 잡스는 시리아 이민자의 아들, 구글의 S. 브린은 러시아 태생이다. 이외에도 미디어와 IT의 획을 그은 이민 1세대, 2세대 인물들은 헤아릴 수 없다. 뿐만 아니라 2016년 조사 결과 실리콘밸리에서 10억불(한화 1조원 대) 이상의 가치로 평가받는 스타트업의 절반 이상은 이민자들이(예; 인도, 캐나다, 영국, 이스라엘, 독일, 프랑스 출신) 설립한 기업이다. 또, 미국에서 가장 많은 특허를 출원하는 10개 대학을 살펴본 결과 거의 예외 없이 한 명 이상의 이민 발명가들이 해당 특허 연구에 동참하고 있었고, 이들 이민자들의 국적은 모두 88개국으로 확인되었다.

인종적 다양성, 사고와 문화의 다양성이 실제 어떻게 작동하여 이러한 결과를 낳는지 인과관계로 명료하게 설명하기는 쉽지 않다. 그러나 인종적, 문화적 다양성이 다채로운 아이디어의 유입과 새로운 기능의 발견, 그에 기초한 상품의 발명과 생산, 그리고 서비스 부문의 가치를 창출하는 데 긍정적인 결과를 낳는다는 연구는 적지 않게 발표되었다. 물론 사회 전반적으로 고루 확산되는 형태의 다양성이 아니라, 동질적 집단끼리 따로 뭉쳐 존재하는 폐쇄적 다양성이 오히려 분열과 갈등의 원인으로 작동하는 양상으로 나타날 수 있음도 이들 연구는 지적하고 있다. 그러나 일반적으로 다양성이 풍부한 사회와 문화적 환경이 사람들로 하여금 더 많은 통찰을 얻게 하고, 그것이 보다 생산적인 결과로 이어질 수 있다는 점은 특히 미국의 과학·기술 분야에서 확인할 수 있는 사실이다.

교육의 힘

IT 분야에서 차지하고 있는 미국 패권의 근본에는 통상적인 의미의 기술과 지식으로서의 기술, 두 가지를 모두 포괄하는 존재로서의 기술이 있다. 과학이 지식이라는 점에 이의를 달 사람은 없겠지만 기술이 지식이라는 주장은 그와 결이 다른 반응을 예상할 수 있다. 기술을 기능, 기계, 제품, 도구 정도의 수준에서 이해하기 때문이다. 그러나 기술과 과학은 기실 구분하기 어려우며, 구분의 의의도 크지 않을 뿐 아니라, 기술역시 과학과 마찬가지로 근본적으로는 지식에 속한다. 또 기술이 과학의 산물이기만 한 것이 아니라, 기술이 선행되고 과학이 뒤따르는 경우역시 매우 흔하다. 책의 서론에서 이야기한 망원경은 빛과 함께 '광학'분야의 발전을 낳은 중요한 계기가 되었으며, 증기기관 역시 '열역학'이라는 물리학 분야의 초석을 놓았다.

미국의 IT 역량도 크게는 지식의 힘, 즉 교육의 힘이다. 미국에서 과학·기술 교육이 본격적으로 시작된 시기는 19세기 중후반이다. 오늘날명성을 떨치는 동부와 중부의 공과대학 브라운과 다트머스, MIT, 예일, 코넬, 쿠퍼 유니언, 콜롬비아, 미시건 등은 모두 1840~1860년 사이에창립되었다. 존스 홉킨스, 펜실베이니아, 일리노이 등이 그 뒤를 이었고주마다 공립 공과대학들을 앞 다투어 세웠다. 이즈음 미국은 대륙의 원주민인 인디언들을 폭력적으로 정벌하고 추방하면서 서부로의 확장에박차를 가하던 시기이다. 또 1860년대 남북전쟁 이후 전개된 제 2차 산업혁명을 통해 전기, 화학, 철강 등의 산업을 중심으로 빠르고 엄청난 경제와 산업 성장을 거듭하고 있었다. 제 2의 미국혁명이 전개되고 있다는 평가를 받을 정도였다. 국가의 인프라 건설과 관리, 설치와 운용 분야를 담당할 고급 인력이 절실하게 필요해졌다. 성장하는 산업 영역 역시 인력 수요가 폭발적으로 증가했다. 이에 부응하듯 19세기 말과 20세기 초, 퍼듀, 칼텍, 조지아텍, 버지니아텍, 스탠포드, 프린스턴 등이 줄지어 공학과 과학교육 기관의 문을 열었다. 이 기간 동안 교육은 실용적인 차원에서 점차 이론을 강조하는 과정으로 전개된다. 그리고 2차 대전이후 1940~1950년대 이들 교육기관은 기업과 연방정부의 적극적인 연구지원을 바탕으로 컴퓨터, 전자, 핵에너지 등과 같은 최첨단 과학과 기술의 영역을 탐색하게 된다.

과학사학자 T. 휴즈는 '1870~1970년까지 100여 년간 과학기술의 발전 속에서 미국은 새롭게 태어난 나라가 되었다.'고 평가할 정도이다. 교육은 새롭게 확대되는 국가와 성장하는 산업의 인력 수요를 공급하는 원천으로 기능했다. 미국 IT의 역량 역시 대학교육의 결과물이다. 그러나 단순히 좋은 대학이 많아서가 아니라 교육의 방식이 인재를 만들어낸 것이고, 그것이 IT 분야에까지 힘을 발휘하고 있다는 것이 더욱 정확한 설명일 것이다.

미국 대학교육의 장점은 우리 사회에 잘 알려져 있다. 큰 틀에서 줄여 말하면 미국의 교육은 참여, 토론, 대화, 질문, 과정 등이 핵심이지 강의, 암기, 시험, 경쟁, 결과가 핵심이 아니라는 데 있다. 미국이 아니더라도 자유롭게 본인의 생각을 키우고 다른 학생들과 토론하면서 자신의 생각을 다듬고, 문제를 발견하며, 그것을 통해 새로운 지식을 생산해내는 경험이 무엇보다 중요하다는 것은 교육 전문가라면 누구나 인정한다. 교수 역시 자신의 생각과 정답을 강요하는 것이 아니라 학생의 생각을 인정하고 존중해주며, 자신의 기준으로 학생을 쉽게 판단하거나 평가하지 않는다는 것을 좋은 교육방식의 사례로 자주 언급한다. 설령 프로젝트가 끝까지 완성되지 않더라도 그 과정을 더욱 중시하면서 학생들 스스로 문제를 발견하고 개선의 기회를 주는 것 역시 마찬가지이다. 기존의 통념이나 상식과 다른 생각이나 아이디어를 그 자체로 존중해주며, 그것을 교정하려 하지 않고 계속 밀고 나가도 전혀 거리낄 것 없는 분위기, 그것이 창의력을 길러낼 수 있는 교육이라는 것도 알고 있다. 물론 미국의 교육이 최고는 아니며 각 나라의 역사와 문화, 관습과 필요, 철학과 제도 등에서 서로 충분히 다를 수 있다. 그러나 앞서 이야기한 미국의 교육이 가지고 있는 몇 가지 중요한 차이가 좋은 교육의 지향점이라는 사실을 부정하기는 어렵다.

세계 대학의 순위 평가표와 그 안에 들어 있는 미국의 대학 숫자가 미국 교육의 전부는 아니다. 그 평가는 대체로 연구기관으로서의 대학에 대한 역량 평가이지 교육기관으로서의 대학에 대한 역량 평가는 아니다. 연구중심 대학과 교육중심 대학은 분명히 다르며 이를 한데 섞어 평가하고 순위를 매기는 일은 부적절한 일이다. 이는 순위 평가표에 대한 비판들이 이미 지적하고 있는 부분이다. 그러나 높은 순위 때문이 아니라 미국의 대학교육에는 본받을 만한 점들이 있으며, 그것이 오늘날 미국이 IT 분야는 물론, 다른 분야까지 포괄하는 지식의 패권—반드시 나쁜 의미만은 아닌—을 유지하고 있는 요인이라는 점이다.

IT와 자유 또는 저항문화

『왜 모두 미국에서 탄생했을까?』라는 흥미로운 제목의 책이 있다. 부제는 「히피의 창조력에서 실리콘밸리까지」이다. 지금 여기서 묻는 것과 같은 질문을 던지는 책이다. 부제가 말해주듯 오늘날 미국 IT 역량을 이룬 핵심 요소를 '자유', '반권위의 철학', '저항의 정신' 등에서 찾고 있다. 책은 자유, 반권위, 또는 저항의 철학과 같이 미국 IT 분야의 혁신을 가져온 출발점은 미국의 문화와 역사의 산물이라고 말한다. 실용주의적 정신, 전통적인 동부와 다르며 독립적인 서부의 분위기 등이 IT 분야를 키운 중요한 정신적 기원이라는 것이다. 미래에 대한 도전적 문화, 자유분방하고 개방적인 작업 환경의 기원 역시 '히피'로 대변되는 1960년대 미국사회의 역사적 경험으로까지 거슬러 올라간다. 기존 문화에 대한 대항 또는 대안의 존재, 나아가 반존재(antithesis)로서의 히피문화, 그리고 그들이 내걸고 있는 '다양성과 평등'이라는 철학 역시 IT 미국의 역량을 설명할 수 있는 요체라고 말하고 있다.

책은 매우 중요한 점을 우리에게 환기시켜준다. 다만 권위에 대한 저항의 철학과 정신이 IT와 어떻게 연결되는 것인지에 대한 설명이 빠져있다는 점은 아쉽다. IT 분야의 꽃은 소프트웨어다. 여기서 말하는 소프트웨어는 단순한 의미의 프로그램부터 각 분야에서 전체적인 게임의 질서를 만들어내는 기술표준까지 다 포함한다. 단순한 프로그램보다 더 중요한 것은 물론 게임의 질서를 만들어 내는 기술표준이다. 앞서 말한 윈텔리즘(PC 시대의 윈도우즈+인텔), 구글아키(인터넷 시대의 Google+hierarchy=구글체제) 같은 것이 적절한 사례다. 다시 말하면 IT 분야 기술 패권의 핵심은 바로 이 부분, 즉 해당 분야의 전체적 게임의 질서를 만드는 표준으로서의 소프트웨어를 말한다.

소프트웨어는 지식의 집약체이다. 소프트웨어에서는 연구와 개발, 실험과 관찰, 분석과 오류정정 등이 공정의 핵심이다. 반면 하드웨어는 일관성과 순차적 연속성이 제조공정의 핵심이다. 따라서 소프트웨어는 공정의 각 단계에서 정보와 지식을 상호 교환하고 공유하는 논의의 틀, 즉 수평적 분산형 관리체제의 구축이 매우 중요하다. 한편, 선형적 일관 작업 체제가 필요한 하드웨어의 경우 각 작업 공정에 신속하게 개입하고 통제해야 하는 필요상 수직적 중앙집중형 구조를 요한다. 즉 소프트웨어는 지식과 정보의 교환과 공유, 자유로운 논의와 토론 속에서 만들어지는, 본래부터 수평적이고 분산적인 것이기 때문에 수직적 중앙집중형 생산 공정 체계를 요구하는 일반적인 의미의 물리적 기기, 즉 통상적인 수준의 하드웨어와는 근본적으로 다른 속성을 가진 기술이다. IT의 꽃인 소프트웨어는 바로 이러한 환경에서 피어나며 이것이 자유, 반권위의 철학, 저항의 정신과 IT가 통하는 지점이다.

한국처럼 제조업에 강한 국가는 이 지점에서 가장 취약하다. 한국이 IT 강국이라 내세우고 적지 않은 사람들이 그렇다고 믿지만, 그것은 물리적 기기의 가공과 조립이라는 제조업 수준에서 그렇다는 이야기다. 이것이 가능했던 이유는 한국이 수직적 중앙집중형 생산 공정 체제에 매우 익숙한 나라이기 때문이다. 그러나 제조업의 한계는 금방 다가온다. 이것이 한국을 대표하는 기업 중 하나인 '삼성' 위기론의 출발점이다. 그래서 소프트웨어를 강조하지만 그러기 위해서 무엇보다 중요한 것은 위계적 체계와 다른 수평적이고 자유로운, 분산형 질서의 구조와 환경, 문화를 구축해내는 일이다. 즉, 권위에 대한 저항의 철학과 정신을 키우는 것이 소프트웨어 육성 정책의 핵심이 되어야 한다는 뜻이다.

IT 소프트웨어 관련 기업들이 건물 모양이나 내부 설비, 공간 배치와 각종 시설 등에서 거의 북카페와 비슷한 분위기를 갖추는 이유, 또 경영 방침이나 조직 운영 방식이 위계적인 서열형이 아니라 상대적으로 유연한 이유는 이들이 경제적으로 잘 나가는 기업이기 때문이 아니라 그들이 다루는 기술이 본래 그러한 속성을 가지고 있고 또 그에 걸맞은 환경과 철학, 태도 등을 요구하기 때문이다. 그리고 바로 이런 속성 때문에 중앙집중형 수직적 위계질서 문화의 한국과 소프트웨어가 잘 맞지 않는 것이다. 물론 구성원의 서열이 아니라 역할을 중시하는 수평형 조직이나, 사용자 편의적인 건물 디자인 같은 것이 형태만 다를 뿐 노동자의 역량을 최대한 추출해 활용하고자 하는 경영적 고려임에는 틀림없다. 그렇다 하더라도 노동과 일터의 환경과 형식을 업무의 성격과 조화롭게 유지하려는 노력에 가치를 부여하지 않을 이유는 없다.

무엇을 배울 것인가

지금까지 미국 IT 역량의 원천과 관련하여 생각해볼 수 있는 여러 요소들을 짚어보았다. 요약하면 그것은 첫째, 미국이 이룩해온 실용적 발명의 전통, 그리고 발명품을 현실에 적용시키고 상품화하여 기업으로 키워내는 역사, 둘째, 새로운 아이디어와 사업에 대한 도전적 태도, 셋째, 기업의 인재 육성 풍토와 실패를 용인하는 혁신의 문화, 넷째, 미국사회가 구축한 사회적 지식 네트워크, 다섯째, 용광로로 표현할 수 있을 만큼 다양성을 포용하고 그것을 풍성한 토양으로 만들어내는 사회 분위기, 여섯째, 미국의 교육방식과 그것이 기초하고 있는 자유의 철학과 문화, 일곱째, 이러한 역사적 전통과 사회적 환경, 그리고 정교한 기술력이 IT 분야로 확장되면서 새로운 패러다임과 게임의 룰을 구축해온 점 등이다.

미국 IT 역량에 대한 관찰이 우리에게 주는 함의는 무엇일까? 미디어 발명의 사회사를 주제로 한 책에서 굳이 미국 IT 역량을 짚어보는 까닭은 지금까지 미디어와 IT의 역사를 주도해온 힘의 원천이 무엇인가를 살피고, 그에 기초하여 미래의 길을 닦기 위해 한국사회는 무엇을 할 것인가 생각해 보기 위해서이다. 우선 첫째는, 그러한 질문을 던져야 한다는 것이다. 지금까지 살펴본 것은 하나의 답에 지나지 않는다. 우리 사회의 정부, 기업, 학계, 개별 전문가 등은 미국으로부터 무엇을 배워야 할 것인가? 경쟁에서 승리하기 위해서, 앞서가는 기술 강국들을 따라잡기 위해서와 같은 단순한 차원의 질문이 아니라, '그들이 이룩한 업적과 성취가 우리에게 주는 교훈은 무엇일까? 무엇을 배워야 할 것인가? 우리가 실천할 수 있는 배움은 무엇일까?'라는 보다 깊이 있는 질문을 던지고, 그에 대한 답을 찾기 위해 더 노력해야 한다.

둘째는 미국 사례의 직접적 이식 불가능성에 대한 깊은 인식이다. 미국의 경험은 한국에 들여올 수 없다. 이식 가능한 성공의 방정식이란 없다. 어느 사회든 각자 고유의 역사가 있고 그것이 구조적 틀―제약의 틀이든 진흥의 틀이든―로 작용하기 때문에 한쪽에서 가능한 일이 다른 쪽에서도 가능한 것은 아니다. 따라서 한국사회가 풀어야 할 과제는 앞선 곳이 앞서가는 이유와 맥락에 대해 꼼꼼히 분석하고, 한국사회가 이룩하지 못한 이유에 대한 반성적 성찰이다. 사실 우리 사회에는 이와 같은 관점에서 문제를 다룬 연구 성과들도 상당히 축적되어 있다. 문제는 그것이 현실의 과학기술 정책으로 의미 있게 연결되지 않고 있다는 것이다. 그렇다면 왜 구체적 정책으로 이어지지 않고 있는가에 대한 또 다른 질문과 공부가 요구된다.

셋째, 미래를 위해 우리가 반드시 해야 하는 것이 무엇인가를 찾아내고 그에 집중하는 일이다. 말할 나위 없이 그것은 교육과 지식 네트워크다. 교육은 언제 어느 곳에서나 해당 사회의 미래를 위한 투자이다. 그리고 지식 네트워크는 사회 전체의 이성적 수준을 높이고 역량을 강화하는 매우 요긴한 경로이다. 사실 교육문제 만큼 한국사회를 뜨겁게 달구는 과제도 없다. 바꾸어야 한다는 점에는 누구나 동의하지만 '어떻게'와 관련해서 합의가 이루어지지 않고 있다. 네트워크 역시 마찬가지다. 적절한 인력 자원들이 관련 있는 주제와 사안들을 가지고 모여서 지식과 정보를 공유하고, 필요하다면 사회적 실천 과제나 어젠다를 던지는 방식의 틀은 사회의 합리적 진전에 필수적인 요체이다. 이런 점에서 오염된 현재의 교육과 지식 네트워크를 건강한 교육과 합리적 지식 네트워크로 견인하려는 정책적 노력은 필수적인 작업이다.

넷째, 당연한 이야기이지만 미국에 대한 비판적인 시각을 길러야 한다. 비판적인 시각은 미국을 배운다는 뜻이다. 배운다는 것은 날카로운 시각에서 미국사회를 해부한다는 뜻이지 미국을 추종한다는 의미가 아니다. 그럼에도 불구하고 미국은 한국사회에서 성역으로 남아 있다. 미국을 숭상하는 분위기, 사고방식, 행태가 지배적이고 그것도 매우 공격적인 양상으로 나타난다. 미국에 대한 반대나 비판을 한국사회의 적으로 생각한다. 기이한 것은 이러한 미국 숭배의 분위기 속에서 정작 미국을 제대로 아는 사람은 드물다는 것이다. 숭배하다보니 바라보기만 할 뿐 공부하지 않기 때문이다. 미국에 대한 비판 역시 마찬가지다. 제국주의라는 용어로 미국을 설명하면서 미국을 배척하는 것이 대부분이다. 때문에 숭배든 비판이든 미국에 대한 의미 있는 학습을 찾아보기는 어렵다. 미국을 따르면서, 또는 미국을 비판하면서도 정작 미국을 모르고 미국의 행동과 의도에 무지한 현상이 벌어지고 있다. 미국이라는 나라와 가장 밀접한 관계를 가지고 있으면서 정작 미국에 대해 잘 모르는 희비극이 교차하고 있다. 미국은 인류 역사상 최대의 패권국가다. 그 패권

하에 묶여 있으면서도 정작 그 패권국가를 모른다는 것만큼 비참한 일
은 없다.

　19세기 이래 미디어의 역사는 우리로 하여금 미디어 분야의 역사
를 넘어 미국의 역사까지 돌아보게 한다. 정치와 경제뿐 아니라 한때 미
국은 세계를 비추는 도덕적 등불처럼 행세했고, 또 그렇게 보이기도 하
였다. 그러나 역사학자 P. 케네디가 지적하듯, 미국은 '동부에서 서부
로 확장하는 시점부터 이미 정복을 추구하는 제국'이었다. 태어날 때부
터 제국이었던 미국의 역사는 인디언의 추방과 학살, 흑인 노예에 대
한 억압과 차별, 유색 인종에 대한 탄압과 멸시의 길고 긴 어둠으로 고
스란히 남아있다. 19세기 중반에 벌어졌던 남북전쟁의 상처와 원한은
아직도 미국의 뒷덜미를 잡고 있다. 흑백 차별 폐지를 중추로 전개됐던
1950~1960년대 민권운동 역시 아직 미완의 과제로 남아 있다. 자유와
희망의 상징으로서의 미국은 이미 오래 전에 희미해졌고, 국제적 권위
마저도 이젠 한껏 추락한 상태이다. 그러나 다시 강조하지만, 그럼에도
불구하고 과학과 기술 패권을 일궈온 미국의 역량에 대한 진중한 관찰
만은 결코 놓치지 말아야 할 과제이다.

참고문헌 (도서, 논문, 동영상 자료 포함)

입문 차원의 교재이자 교양서라는 점을 감안, 책의 저술 과정에서 도서, 논문, 자료 등의 직접 인용은 최소화하였다. 여기에 정리한 참고문헌은 각 장별로 내용과 설명의 근거와 출전을 밝히는 것은 물론 해당 주제에 관심 있는 독자들을 위한 책 소개 또는 안내 성격의 목록이다.

1장. 미디어, 기술, 역사 그리고 사회

과학사, 기술사, 서양 문화사 관련

송성수, 『한 권으로 보는 인물 과학사: 코페르니쿠스에서 왓슨까지』(북스힐, 2015)

제이콥 브로노프스키, 『서양의 지적 전통: 다 빈치에서 헤겔까지』, 차하순 옮김 (학연사, 2003)

크레인 브린튼 외, 『세계 문화사』, 민석홍 옮김, (을유문화사, 1995)

J. Challoner (ed), *1001 Inventions that changed the world* (NY: Penguin, 2009)

J. McClellan and H. Dorn, Science and technology in world history: *An introduction* (Baltimore: Johns Hopkins University Press, 2006)

H. Butterfield, *The origin of modern science 1300-1800* (Cambridge: G. Bell and Sons, 1949)

W. Bijker and J. Law (eds), *Shaping technology/Building society* (Cambridge: The MIT Press, 1994)

W. Bijker, T. Hughes, T. Pinch (eds), *The social construction of technological systems: New directions in the sociology and history of technology* (Cambridge: The MIT Press, 1987)

미디어 역사, 미디어 기술 일반 관련

강상현, 『커뮤니케이션과 사회 변동-미디어 기술이 과연 세상을 바꾸는가』 (컬쳐룩, 2015)

조맹기, 『커뮤니케이션의 역사』 (서강대학교 출판부, 2004)

한근우, 『일렉트릭 빅뱅: 전기가 이끄는 제4차 산업혁명』 (사과나무, 2017)

데이비드 보더니스, 『일렉트릭 유니버스: 전기는 세상을 어떻게 바꾸었는가』 김명남 옮김 (글램북스, 2014)

데이비드 크라울리, 폴 헤이어, 『인간 커뮤니케이션의 역사 기술·문화·사회』, 김지운 옮김 (커뮤니케이션북스, 2012)

요시미 순야, 『미디어 문화론』 안미라 옮김 (커뮤니케이션북스, 2006)

제임스 글릭, 『인포메이션: 인간과 우주에 담긴 정보의 빅히스토리』, 박래선, 김태훈 옮김 (동아시아, 2017)

A. Briggs and P. Burke, A social history of media (NY: Polity, 2002)

A. Grant and J. Meadows, *Communication technology update andfundamentals* (London: Routledge, 2016)

B. Winston, Media technology and society: *A history from the telegraph to the Internet* (London: Routledge, 1998)

M. McLuhan, *Understanding media: Extensions of man* (The MIT Press, 1964)

M. McLuhan, *The Gutenberg galaxy* (Toronto: University of Toronto Press, 1962)

S. Lubar, *Infoculture* (NY: Houghton Mifflin Co., 1993)

2장. 지식의 여명, 문명의 진화 - 문자의 성장

앤드류 로빈슨, 『문자이야기: 고대부터 현대까지 명멸했던 문자들의 수수께끼』,

박재욱 옮김 (사계절, 2003)

에른스트 곰브리치, 『서양 미술사』, 최민 옮김 (열화당, 1971)

W. Ong, *Orality and literacy: The technologizing of the word* (London: Routledge, 2002)

3장. 지식혁명과 근대의 시작 – 인쇄기술과 책

강명관, 『조선시대 책과 지식의 역사』 (천년의 상상, 2014)

이희수, 『이희수 교수의 이슬람』 (청아출판사, 2011)

로널드 디버트, 『커뮤니케이션과 세계 질서: 양피지, 인쇄술, 하이퍼미디어』, 조찬수 옮김 (나남, 2006)

톰 스탠디지, 『소셜 미디어 2,000년 파피루스에서 페이스북까지』, 노승영 옮김 (열린책들, 2015)

필립 아리에스, 조르쥬 뒤비, 로제 샤르티에, 『사생활의 역사: 르네상스부터 계몽주의까지』, 주명철, 전수연 옮김 (새물결, 2002)

E. Eisenstein, *The Printing revolution in early modern Europe* (NY: Cambridge University Press, 2005)

J. Habermas, *The structural transformation of public sphere: An Inquiry into a category of bourgeois society*, T. Burger and F. Lawrence, trans. (Cambridge: The MIT Press, 1989)

J. Thompson, *The media and modernity: A social theory of the media* (Stanford University Press, 1995)

P. Saenger, *Space between words: The origins of silent reading* (Redwood City: Stanford University Press, 1997)

4장. 근대의 팽창과 과학기술 – 전신, 전화, 무선전신

주경철, 『문명과 바다: 바다에서 만들어진 근대』 (산처럼, 2009)

데이바 소벨, 윌리엄 앤드류스, 『해상시계: 측정가능한 시간과 공간의 발명사』, 김진준 옮김 (생각의 나무, 2001)

세스 슐만, 『지상 최대의 과학 사기극: 알렉산더 그레이엄 벨의 모략과 음모로 가득 찬 범죄 노트』, 강성희 옮김 (살림, 2009)

요시미 순야 외, 『전화의 재발견』, 오석철, 황조희 옮김 (커뮤니케이션북스, 2005)

C. Cherry, The telephone system: Creator of mobility and social change. I. Sola Pool *The social impact of the telephone*, pp. 109-126 (Cambridge: The MIT Press, 1981)

C. Fisher, *America Calling: A Social History of the Telephone to 1940* (Berkeley: Univ. of California Press, 1994)

E. Hobsbawm, *The age of revolution 1789-1848* (London: Weidenfeld & Nicolson, 1975)

E. Hobsbawm, *The age of capital 1848-1875* (London: Weidenfeld & Nicolson, 1962)

E. Hobsbawm, *The age of empire 1875-1914* (London: Weidenfeld & Nicolson, 1987)

E. Hobsbawm, *The age of extremes: The short 20th century 1914-1991* (London: Michael Joseph, 1994)

H. Innis, *Empire and communications* (Toronto: Dundurn Press, 1950)

J. Carey, *Communication as culture: Essays on media and culture* (London: Routledge, 1989)

S. Graham and S. Marvin, *Telecommunications and the city: Electronic spaces, urban places* (London: Routledge, 1996)

5장. 사회의 확대와 대중의 성장: 사진, 영화, 라디오 그리고 TV

김희석, 김성욱 외, 『영화와 사회』 (한나래, 2012)

주은우, 『시각과 현대성』 (한나래, 2003)

롤랑 바르트,『밝은 방: 사진에 관한 노트』, 김웅권 옮김 (동문선, 2006)

바네사 슈바르츠,『구경꾼의 탄생』, 노명우, 박성일 옮김 (마티, 2006)

아르놀트 하우저,『문학과 예술의 사회사 세트』, 백낙청, 염무웅, 반성완 옮김 (창작과비평, 2016)

앙드레 바쟁,『영화란 무엇인가』, 박상규 옮김 (시각과 언어, 2001)

프리드리히 키틀러,『광학적 미디어: 1999년 베를린 강의 예술, 기술, 전쟁』, 윤원화 옮김 (현실문화, 2011)

J. Beniger, *The control revolution* (Cambridge: Harvard University Press, 1986)

R. W. Burns, *Television: An international history of the formative years* (Stevenage UK: The Institution of Engineering and Technology, 1998)

S. Douglas, *Inventing American Broadcasting 1899-1922* (Baltimore: The Johns Hopkins University Press, 1989)

S. Smulyan, *Selling radio: The commercialization of American broadcasting 1920-1934* (Washington DC: Smithsonian Institution Press, 1996)

S. Sontag, *On photography* (NY: Farrar, Strauss and Giroux, 1977)

6장과 7장. 디지털 혁명까지의 긴 여로—컴퓨터와 네트워크 / 정치경제적 변동과 디지털 혁명—인터넷과 웹

강상현, 〈정보사회 담론의 지형학—정보통신 기술과 사회변화의 관계에 대한 관점의 분류와 비교〉,《언론과 사회》제5호, 116-162쪽, 1994

강태훈,『클릭을 발명한 괴짜들』(궁리, 2005)

윤상우, 〈현대 자본주의의 위기와 재구조화: 세계화-정보자본주의의 등장과정〉,《사회과학논총》제13집, 125-151쪽, 2013

이종구, 조형제, 정준형 외,『정보사회의 이해』(미래M&B, 2005)

임혁백, 〈서구 자본주의 재생산 체제의 변천: 자유자본주의, 조직자본주의, 탈조직 자본주의〉, 《계간 사상》, 가을호, 181-218쪽, 1993

정지훈, 『거의 모든 IT의 역사: 세상의 패러다임을 바꾼 위대한 혁명』 (메디치미디어, 2010)

정지훈, 『거의 모든 인터넷의 역사: 우리가 지금껏 알지 못했던 인터넷 혁명의 순간들』 (메디치미디어, 2014)

한병철, 『투명사회』, 김태환 옮김 (문학과 지성사, 2014)

도런 스웨이드, 『톱니바퀴 컴퓨터』, 이재범 옮김 (지식함지, 2016)

D. Harvey, *The Condition of Post-modernity* (Oxford: Wiley-Blackwell, 1989)

J. Markoff, *What the dormouse said: How the sixties counterculture shaped the personal computer industry* (New York: Penguin, 2006)

M. Campbell-Kelly and W. Aspray, *Computer: A history of the information machine* (NY: Basic Books, 1996)

M. Castells, *The rise of the network society* (Oxford: Wiley-Blackwell, 1996)

P. Shields. R. Samarajiva, "Competing frameworks for research on information-communication technologies and society: Toward a synthesis", *Annals of the International Communication Association* 16:1, pp. 349-380, 1993

V. Bush, "As we may think", *Atlantic Monthly*, PP. 112-124, July 1945

V. Mosco and J. Wasko, *The political economy of information* (Madison: The University of Wisconsin Press, 1988)

8장. 개인의 부상과 사회의 후퇴 - 모바일 미디어스케이프

강수돌 외, 『우리는 왜 이런 시간을 견디고 있는가: 삶을 소진시키는 시간의 문제들』 (코난북스, 2015)

김상배, 황주성, 『소셜 미디어 시대를 읽다』 (한울, 2013)

김평호, 〈이동성과 사인주의—이동전화의 사회적 함의〉, 《언론정보학보》 18호, 37-61쪽, 2002

김현미, 강미연 외, 『친밀한 적: 신자유주의는 어떻게 일상이 되었나』 (이후, 2010)

김홍중, 〈미디어스케이프와 모바일 성찰성〉, 《문화와 사회》 10권, 135-173쪽, 2011

리처드 왓슨, 『퓨처 마인드: 디지털 문화와 함께 진화하는 생각의 미래』, 이진원 옮김 (청림출판, 2011)

S. Turkle, *Alone together: Why we expect more from technology and less from each other* (NY: Basic Books, 2011)

T. Gitlin, *Media unlimited: How the torrent of images and sounds overwhelms our lives* (NY: Henry Holt and Co, 2002)

9장. 두 개의 큰 질문

김대식, 『인간과 기계: 인공지능이란 무엇인가』 (동아시아, 2016)

백욱인, 〈서비스 플랫폼의 전유 방식 분석에 관한 시론-'플랫폼 지대와 이윤'을 중심으로〉, 《경제와 사회》 104호, 174-196쪽, 2014

이광석, 『데이터 사회 비판』 (책읽는수요일, 2017)

이지평, 최동순, 〈IT 미국의 화려한 부상과 그 의미〉, 《LGERI Report》, 1-21쪽, 2010

인병진, 『미국의 주인이 바뀐다』 (메디치미디어, 2016)

조현석, 김상배 외, 『인공지능, 권력변환과 세계정치』 (삼인, 2018)

이케다 준이치, 『왜 모든 것은 미국에서 탄생했을까』, 서라미 옮김 (메디치미디어, 2013)

D. Boorstin, *The republic of technology: Reflections on our future community* (NY: Harper & Row, 1978)

D. Hounshell, *From the American system to mass production 1800-1932* (Baltimore : The Johns Hopkins University Press, 1984)

D. Noble, *America by design: Science, technology, and the rise of corporate capitalism* (Oxford: Oxford University Press, 1979)

J. Hart and S. Kim, "Explaining the resurgence of US competitiveness: The rise of wintelism", *The information society* 18, pp. 1-12, 2011

K. Baker, *America the ingenious: How a nation of dreamers, immigrants, and tinkerers changed the world* (NY: Artisan, 2016)

M. Bauerlein, *The dumbest generation: How the digital age stupefies young Americans and jeopardizes our future* (NY: Penguin, 2008)

N. Wiener, *The human use of human beings: Cybernetics and society* (Boston: Houghton Mifflin Harcourt, 1954)

S. Kim, Wintelism vs. Japan: Standards competition and institutional adjustment in the global computer industry, Ph.D. dissertation (Indiana University-Bloomington, 2000)

T. Hughes, *American genesis: A century of invention and technological enthusiasm 1870-1970* (NY: Penguin Books, 1989)

T, Roszak, *The making of a counterculture* (Berkeley: University of California Press, 1995)

Y. Harari, *Sapiens: A brief history of mankind* (NY: Harper Collins, 2015)